스토리텔링성경 2

스토리텔링 성경

마
가
복
음

스토리텔링 성경

2 마가복음: 섬기는 종으로 오신 메시아 예수

2022년 9월 30일 초판 2쇄 발행

지은이 김영진, 강정훈, 천종수
발행처 (유) 성서원
일러스트 김천정
교정 · 교열 유영일
출판등록 1997년 7월 8일 (제300-1997-79호)
창업일 1972년 2월 1일
주 소 경기도 고양시 덕양구 덕은로 60-12 우) 10541
전 화 (02)765-0011~17
팩 스 (02)743-6811
성서원 홈페이지 www.biblehouse.co.kr
페이스북 · E-mail saebut-9106@hanmail.net

ISBN 978-89-360-2675-2 03230

스토리텔링성경 • 신약
2

성경 전 장章을 이야기로 풀어 쓴

스토리텔링 성경

지은이
김영진 강정훈 천종수

마가복음

섬기는 종으로 오신 메시아 예수

성서원

차례

마가복음

섬기는 종으로 오신 메시아 예수

사람들은 섬기기를 싫어하고
섬김받기를 바라지만
낮은 자세로 사람들을 섬긴
희생과 섬김의 종이 여기 있네

사람들의 연약함을 밝히 아시고
치유의 삶으로 채워 주신
하나님의 존귀하신 독생자 예수
이 땅에 낮고 낮은 종으로 오시네

잠시도 쉬지 않고 보살피시는
섬김의 종은 하나님의 독생자
한 몸 고단함도 돌보지 않고
사람들의 종이 되어 일하시네

십자가에서 희생되신 예수 그리스도
자신을 버리고 참되게 살도록
구원의 문을 여시고
온전한 섬김의 길을 보여주시네

1

세례와 전도

예수는 갈릴리 호수에서 고기를 잡는
시몬과 안드레를 보시고 말씀하시네.
"너희는 나를 따르라.
내가 너희를 사람을 낚는 어부가 되게 하리라."

세례 요한의 선포 (1:1-8; 마 3:1-12; 눅 3:1-9; 요 1:19-23)

'으흠, 참으로 세월이 빠르구나. 그렇다면… 이젠 더는 미루지 말고 서둘러야겠다. 우리 주님의 가르침과 행적을 그대로 기록하여 후세의 모든 이들에게 알려야겠다….'

예수께서 부활하시고 승천하신 지도 어언 30년 이상의 세월이 훌쩍 흘렀다. 세월의 흐름과 함께 예수님의 삶과 죽음, 부활과 승천을 직접 목격하고 증언하던 1세대의 증인들 중에는 이미 세상을 떠난 이들도 있었고, 남은 사람들도 이제는 모두 나이가 많았다. 그러자 후대의 사람들을 위해 예수님의 생애를 기록으로 남겨놓아야 할 필요성이 절실히 요구되었다. 그렇다면 누가 그런 임무를 수행할 것인가?

그 임무는 당연히 예수님과 함께 3년을 동행하며 가까이서 직접 보고 듣고 가르침을 받은 사람들의 몫이었다. 이에 해당되는 사람들이 베드로, 야고보, 요한 같은 12사도들이다. 그러나 사도들이라고 해서 모두 필력(筆力)을 갖춘 것은 아니다. 그래서 마태, 마가, 누가, 요한이 성령의 감동으로 예수님의 생애를 기록하는 임무를 맡게 된다. 이른바 '복음서'를 기록한 네 명의 저자들이다. 이들 중 마태와 요한은 예수님의 12제자에 속하는 사도들이고, 마가와 누가는 그런 사도들의 수종자들이요 동역자들이며 제자들이다.

마가복음은 복음서의 두 번째 책이다. 하지만 대략 주후(AD) 60~70년경에 기록된 것으로 추정되는 마가복음은 사복음서 중에서 가장 먼저 기록되었다. 신약성경의 첫 번째 책인 마태복음보다 먼저 기록되었는데, 마태는 마가복음을 토대로 삼아 마태복음을 기록하였다. 이처럼 마가복음이 마태복음보다 앞서 기록된 것임에도 신약성경에서 두 번째 순으로 편집된 것은, 마태복음은 특별히 유대인을 대상으로 삼은 복음서이기 때문이다.

유대인은 메시아 예수의 혈통이요, 율법의 보관과 유통을 맡은 자들이다. 특히 유대인은 아브라함의 혈통으로 인류 구원의 역사를 위해 하나님에 의해 택함 받은 선민이다. 비록 그들이 율법을 널리 유통시키지 못하고, 메시아 예수를 자신들의 구세주로 영접하는 것을 거절하여 이방인의 손을 빌려 십자가에 못 박아 죽이는 불신을 자행했지만, 선민 이스라엘을 향하신 하나님의 사랑과 긍휼은 변함이 없다. 그래서 유대인을 위한 마태복음은 마가복음보다 기록 연대가 늦지만, 신약성경 27권 중에 첫번째 자리를 차지한다. 말하자면 유대인에 대한 예우다.

마가복음을 기록한 이는 마가(Mark)다. 마가는 성경의 다른 곳에서는 '요한' 또는 '요한 마가'로도 불리는데, 그는 지중해의 키프로스(Cyprus) 섬 출신으로, 마리아의 아들이자 바나바의 생질(甥姪)이다. 비록 예수님의 직계 제자는 아니었지만, 예수님의 수제자였던 베드로의 사랑을 받은 제자이며 그의 통역자로, 초대교회 당시에 베드로와 바울을 신실하게 도운 복음의 조력자였다. 그는 비교적 부유한 집안 출신으로 교육을 잘 받아 유대인의 생활 사정과 전통에 매우 밝았으며 아람어에도 능통했다.

마가복음은 마가가 신실하게 따르고 모신 사도 베드로의 기억을 바탕으로 기록된 것이다. 베드로는 '내 아들 마가'라 불렀을 정도로 그를 아꼈고 신뢰했다. 마가는 바울의 제1차 전도여행 때는 동행했으나, 제2차 때는 바울의 반대로 동행하지 못했다. 그 일로 바울과 바나바는 크게 다툰 뒤 헤어졌고, 바울과 마가는 서로 어색한 사이가 되었다. 하지만 바울이 나이가 점점 들면서 마가를 받아주었고, 로마 감옥에 갇혀 있을 때에는 그의 시중을 받기도 했다. 그러니 마가는 성경 저자로서는 최고의 자격을 구비하게 된다. 베드로에게서는 예수님의 행적에 관해 자세히 전해 들었고, 바울에게서는 그런 행적 속에 담긴 십자가 복음을 전해 들었기 때문이다.

예수님의 행적에 관해 기록한 복음서(마태복음, 마가복음, 누가복음, 요한복음) 중에서 요한복음을 제외한 세 권(마태복음, 마가복음, 누가복음)을 특별히 '공관복음(共觀福音)'이라 일컫는다. 그렇게 불리게 된 것은, 세 권 모두가 공통적인 서술 관점을 가지고 예수님의 생애와 교훈을 전하고 있기 때문이다. 그렇지만 공관복음이라 할지라도 각 저자들(마태, 마가, 누가)의 개성과 필치에 따라 기록된 내용이나 관점의 독특함이 나타나므로, 세 권의 책을 서로 비교하고 참조하면서 읽어나간다면 독자는 한층 깊이 있게 예수님의 행적과 말씀에 관해 파악할 수 있을 것이다(그래서 이야기의 소제목마다 관련된 다른 복음서의 대목을 제시해 주었다).

마태복음과 마가복음의 시작 부분은 전혀 다른 출발점을 갖는다. 마태복음은 "누구는 누구를 낳고…."하는 족보로 시작되지만, 마가복음은 그런 족보를 생략하고 곧바로 예수님의 공생애 사역으로 나아간다.

이는 수신하는 대상이 다르기 때문이다. 마태복음은 수신 대상이 유대인이다. 유대인에게 있어 메시아는 반드시 아브라함과 다윗의 족보에서 나와야 했다. 아무리 가르침의 내용이 좋고 그 사람의 능력이 탁월하다 해도 그가 아브라함과 다윗의 자손이 아니면 메시아의 자격을 지닐 수 없었다. 마태는 혈통을 매우 중시하는 유대인의 전통을 잘 알고 있었기에 족보로 시작한 것이다. 그래서 예수님은 구약에서 약속된 기름 부음을 받은 자(메시아, 그리스도)로서, 아브라함과 다윗의 후손이자 유대인의 왕이요 인류의 구세주라는 사실을 선포한 것이다.

마가복음은 다르다. 마태복음이 '약속된 왕으로 오신 메시아'의 모습에 카메라 앵글을 맞추고 있다면, 마가복음은 '섬기는 종으로 오신 메시아'의 모습에 그 초점을 맞추고 있다. 이처럼 마가는 종으로서 예수님이 갖는 인격과 사역에 그 초점을 맞추고 있으므로, 설교보다는 이적에 더 강조점을 두고 있다. 그래서 마가복음은 행동의 복음이다. 마가는 예수께서 행하신 18개의 이적을 기록하고 있다. 이는 마가복음 전체의 3분의 1을 차지한다. 1장에만도 다섯 개의 이적이 언급될 정도다.

로마에서 기록된 마가복음의 수신 대상은 로마 전역에 살고 있는 사람들이다. 당시 로마제국 하에는 수많은 노예들이 있었다. 노예들은 낮은 자들이고 주인을 위해 봉사하고 희생하는 종들이었다. 그래서 마가는 예수님을 '종'이라는 파격적인 신분으로 소개한다. 이는 마가복음을 대하는 독자의 눈을 휘둥그레지게 할 정도로 충격적인 것이었다. 자, 그렇다면 앞서 마태가 살펴보고 기록한 '마태복음'에 이어, 이제 마가의 입장에서 그의 눈과 귀로 지켜보고 듣고 기록한 예수님의 행적에 관해 살펴보자.

마가복음은 이렇게 시작한다.

"하나님의 아들 예수 그리스도에 관한 복음의 시작은 이러하다."

사람의 몸을 입고서 이 땅에 오신 하나님의 아들 예수 그리스도, 곧 성육신하신 메시아 예수에 관한 복음의 시작은 이러하다는 것이다. 이 선언적 문장은 본서를 기록할 당시 저자가 죽음을 각오했음을 단적으로 보여준 신앙고백이다. 아무런 뜻 없이 상투적으로 표현한 언급이 아니라, 예수 그리스도가 하나님의 아들 되심을 증언하려는 철저한 목적이 있음을 맨 먼저 밝힌 것이다. 나아가 하나님의 아들이신 예수 그리스도가 하시는 모든 말씀이 곧 '복음'이라는 사실을 선포하고 있는 것이다. 복음(福音)이란 말에 주목하라!

복음이란 '좋은 소식(good news)'이다. '좋은 소식'의 내용은 이렇다. 하나님의 크신 자비와 은혜로 하나님의 아들(독생자)이신 예수께서 인간의 죗값을 대신 갚아주셨으므로, 누구든지 그분 예수님을 자신의 구주로 믿고 받아들이면 죄 사함을 받아 구원과 영생을 얻을 것이라는 것이다. 즉, 메시아 예수의 대속(代贖) 사역으로 말미암아 하나님께서 죄인 된 우리에게 심판과 죽음 대신에 구원과 영생을 약속하신 것이다.

그러니 어찌 아니 기쁘고 좋은 소식이 아니랴! 복음이란 이토록 좋고 기쁜 것으로, 거저 주시는 하나님의 은총의 선물이다. 그러하기에 사도 바울은 '빚진 자의 마음으로' 세상 모든 이들에게 이 복음 전하기를 갈망하였다. 이 같은 복음의 구체적인 내용이 이제 그 막을 올리고 있다. 찬란한 빛을 발하는 '복음의 시작'이다. 인류 구원을 위한 하나님의 새로운 시대가 시작된 것이다.

이렇게 시작된 예수님의 복음은 지배적 특권층이나 비교적 안정을 누리고 있는 중류층보다는 주로 가난한 자, 고아, 과부, 병자, 세리, 창녀 등, 사회에서 소외되고 천대받은 이들에게 쉽게 받아들여졌다. 그건 어느 시대, 어느 나라에서나 같은 현상이다. 잘 먹고 잘 살고 있다면, 굳이 다른 기쁨에 눈 돌릴 이유도 필요도 없는 것이다. 그러나 가난하고 소외된 자들이라 하여 모두 복음을 기쁘게 받아들이진 않는다.

그러므로 진리는 이것이다. 빈부귀천을 떠나 정녕 영적으로 마음이 가난한 자들이야말로 복음을 기쁘고도 적극적으로 받아들인다. 그래서 예수님은 산상수훈에서 "심령이 가난한 자들은 복 있도다!"라고 하셨다. 이제 우리도 나의 보잘것없음과 죄인 됨을 겸허하게 인정하고 영원한 구원과 생명을 간절히 바라는 가난한 심령으로 이 복음을 접해보도록 하자.

너른 요단 들판의 햇빛은 강렬했다. 바람은 한 점도 불지 않고 이글거리는 태양의 따가운 햇볕으로부터 잠시 몸을 숨길 만한 곳도 없다. 가도 가도 끝이 없을 것 같은 광야다. 멀리 요단강이 보이지만, 요단 강물에 발을 담그려면 한 나절은 걸어가야 한다.

앗, 그런데… 아무 것도 없는 것처럼 보이는 황량한 빈 들판에 사람의 움직임이 있다. 이 들판에도 사람이 살 만한 공간이 있는지, 바위틈에서 한 사내가 걸어 나온다. 얼핏 보아 30세 정도다. 멀리 요단강을 바라보는 그의 눈빛이 광야의 태양빛만큼이나 이글이글 살아있다. 무더위에 지쳐 온몸이 축 쳐질 시간인데도 그의 몸에서는 힘이 흘러나온다.

그 사람의 모양새가 무척 특이하다. 낙타 가죽으로 만든 옷을 입었고, 먼 길을 떠날 사람처럼 단단하게 허리를 조이고 있는 허리띠 역시 가죽끈이다. 광야에서 목축으로 살아가는 베두인이나 단순한 유목민은 아닌 것 같다. 누구일까? 거친 모래바람 부는 황량한 들판에서 저리도 강렬한 눈빛을 지니고 있는 저 사람은 누구일까? 그는 '세례 요한'이다. 복음서는 대개 이 사람 세례 요한에 관한 이야기로부터 시작된다. 그가 누구이기에 예수님의 이야기에 앞서 거론되고 있는 것일까.

주전 8세기 초엽에서 7세기 말엽에 남왕국 유다에서 활동한 유명한 선지자 이사야는 일찍이 이렇게 외쳤다. 그러니까 세례 요한이 유대 광야에 출현하기 대략 700여 년 전에 예언한 것이다.

"보라! 내가 너보다 먼저 내 심부름꾼을 보내어 너의 길을 준비하도록 하겠노라"(말 3:1).

"광야에서 외치는 자의 목소리가 있으니, 외치기를 '너희는 주의 길을 닦고, 그분께서 오실 길을 곧게 하여라!' 하도다"(사 40:3).

이 예언에서 '심부름꾼'이나 '광야에서 외치는 자'가 바로 '세례 요한'을 가리킨다. 그리고 세례 요한이 먼저 와서 준비하고 닦은 그 길로 나중에 오실 '주(主)'는 복음서의 주인공이신 '메시아 예수'를 가리킨다. 그렇다. 예수보다 6개월 먼저 태어난 세례 요한, 그는 예수께서 본격적으로 공생애를 시작하시기 직전에 유대 광야에 출현하여 회개의 메시지를 선포하고 사람들에게 세례를 베풂으로써 그분께서 사역하시기 편하도록 사람들의 거친 마음밭을 일구고 편편하게 닦아 놓았다.

구약시대의 선지자들인 이사야(주전 739-680년경 활동)와 말라기(주전 435년경 활동), 그들은 성령의 감동을 받아 똑같이 이와 같은 내용을 예언했다. 그런데 여기서 마가(Mark)는 세례 요한에 관한 말라기의 예언과 이사야의 예언을 각각 인용한 다음에, 그것을 한데 묶어 사람들에게 보다 널리 알려진 이사야 선지자의 메시지로 소개한 것이다.

과연 이사야와 말라기의 예언은 그대로 이루어졌다. 주후(AD) 27년경, 어떤 선지자가 홀연히 유대 광야에 출현하였다. 구약시대의 마지막 선지자인 말라기 이후로 근 400년이 넘도록 하나님의 계시도, 꿈도, 환상도, 선지자도 없던 기나긴 침묵의 시절에, 이 선지자의 출현은 가히 놀랍고도 충격적인 사건이었다.

이 선지자의 모습과 생활방식은 아주 독특했다. 광야의 기인(奇人) 같은 모습이었다. 몸엔 낙타털을 걸치고, 허리엔 가죽띠를 둘렀으며, 메뚜기와 야생 꿀을 먹으면서 거칠고 메마른 광야에서 거주하였다.

영락없이 구약시대의 엘리야 선지자 같은 모습이었다. 그래서 이 사람은 '신약시대의 엘리야'로 불린다.

광야에서 회개의 메시지;를 외치는 세례 요한.

이 사람의 본래 이름은 '요한'이다. 그런데 이 사람이 자신에게로 나아오는 수많은 사람들에게 '세례'를 베풀었다고 해서, 사람들은 그를 '세례 요한'이라 불렀다. 사실, 성경에는 숱한 '요한(John)'이 등장하기 때문에 혼동을 피하기 위해서라도 굳이 '세례 요한'이라 표기하는 게 좋다.

메시아 예수께서 오실 길을 미리 준비한 선구자, 세례 요한! 이 사람에 대하여 좀 더 자세히 알아보자. 그의 이름인 '요한'은 '여호와는 은혜로우시다'란 뜻인데, 그의 부모가 노년에 하나님의 은혜로 얻은 아들이므로 지은 이름이다. 아비야 반열의 제사장인 사가랴와 아론의 자손인 엘리사벳 사이에서 태어났는데, 예수님보다는 6개월 먼저 태어났고, 어머니 쪽으로 예수님과는 친척 관계다. 그는 헤롯 대왕(주전. 37-주후 4년)의 통치 시기인 주전(BC) 5년경에 출생하여 예수와는 거의 동시대에 활동했다(주후 27-30년경).

제사장 가문에서 태어난 세례 요한은 율법에 통달했고, 30세쯤에 예언자적 사명감을 가지고 유대 광야로 나가 사람들에게 회개의 메시지를 선포함으로써 (구약 선지자들의 예언대로) 메시아 예수의 오실 길을 준비했다. 무엇보다 그는 자신의 메시지를 듣고 회개하는 사람들에게 세례를 베풀었는데, 마침내 자신에게 나아온 예수께도 세례를 베풀고 모든 사람들에게 그분을 '하나님의 어린 양'으로 소개했다.

그는 당시 예루살렘의 성직자들이 물질, 권력, 명예에 탐닉한 것과는 달리, 약대 털옷을 입고 메뚜기와 야생 꿀을 먹으며 거친 광야에 거주하면서 회개의 메시지를 선포한 청빈하고 검소한 인물이었다. 또 자신에게 세례를 요청하는 예수님에게 자기 한계를 인정하면서 이를 적극 만류하려 한 것으로 보아, 당대의 선구자로서 매우 겸손한 성품의 소유자였다. 또한 동생의 아내를 탈취한 분봉왕 헤롯 안디바를 통렬하게 책망한 것으로 보아, 그는 광야의 선지자답게 불의와 부도덕을 묵과하지 않는 강직하고 정의로운 인물이었다. 그리고 결국 이 일로 그는 헤롯 안디바와 그의 아내 헤로디아에게 크게 밉보여 붙잡혀 투옥되고 마침내 순교를 당하게 된다.

때는 주후(AD) 27년경, 장소는 삭막한 모래 바람이 일고 있는 거칠고 메마른 유대 광야, 거기에서 오늘도 평소처럼 세례 요한이 출현하여 회개의 메시지를 힘차게 외치고 있다.

"여러분! 각자 지은 죄를 회개하시오! 속히 회개하고, 세례를 받도록 하시오! 그리하면, 죄를 용서받을 것이오!"

주전 435년경의 느헤미야 시대에 활동했던 구약시대의 선지자 말라기 이후로 더는 선지자의 외침이 없는 기나긴 침묵의 세월이 흘렀기에, 당시 이스라엘 백성들은 하나님의 계시를 전달해 줄 선지자의 출현에 심히 목마른 상태였다. 그런 시기에, 유대 광야에 홀연히 나타난 세례 요한의 존재는 백성들에게 가히 충격적이었고 최대의 소식이었다.

그리하여 예루살렘과 유대 땅 전역에서 수많은 사람들이 세례 요한에게로 구름떼처럼 몰려왔다. 그들은 세례 요한의 메시지를 듣고는 양심의 가책을 받아 자신들의 죄를 고백하였다. 그런 뒤에 유대 광야 부근에 있는 요단강으로 내려가서 세례 요한에게 세례를 받았다. 이때 세례 요한이 사람들에게 베푼 세례는 온몸을 물속에 잠시 잠그는 침례(浸禮)의 형식이었다.

그렇다면 왜 세례 요한은 사람들에게 회개한 뒤에 세례를 받으라고 외쳤을까? 세례는, 어떤 사람이 죄로부터 돌이킬 때 임하는 죄 씻음과 새롭게 됨을 상징하는 의식으로, 눈에 보이는 분명한 표식(標識)이었다. 이런 표식으로 세례 요한은 머잖아 뒤이어 오실 메시아 예수의 복음 사역이 순탄하게 이루어지도록 준비해 놓았던 것이다. 이때 또 세례 요한은 자신에게 나아오는 사람들에게 이렇게 외쳤다.

"여러분, 머잖아 나보다 더 크고 능력 있는 분께서 내 뒤에 오실 것입니다. 그분께 비하면, 나는 몸을 굽혀 그분의 신발 끈을 풀어 드릴 만한 자격조차 없습니다. 지금 나는 여러분에게 물로 세례를 주고 있지만, 그분께서는 성령으로 세례를 주실 것입니다."

"네에? 물이 아니라 성령으로 세례를 베푸신다고요? 그게… 그러니까 성령 세례? 그건 대체 무슨 말씀이신지…?"

"아니, 세례 요한보다 더 위대하신 분이 오셔서 성령으로 세례를 베푸신다고? 거참, 알쏭달쏭한 말이로세."

사람들은 저마다 고개를 갸웃했다. 여기저기서 수군거리고 웅성댔다. 물로써 세례 받는 '물세례'란 말은 익히 듣고 보아서 잘 알고 있지만, 성령으로써 세례 받는 '성령 세례'란 말은 생전 처음 들어보는 말로 지금껏 본 적이 없었기 때문이다. 그렇다면 세례 요한이 외친 '성령 세례'란 무엇일까?

성령 세례는 세례 요한이 베푸는 '물세례'와는 분명히 구별되는 것으로, 곧 성령의 역사로 인한 참된 마음의 회개와 내적(內的) 변화를 가리킨다. 성령 세례는 '불세례'로도 불리는데, 그 까닭은 성령 세례를 받은 자는 마치 불이 모든 더러운 것을 태워 정화시키듯 성령의 불로써 모든 죄악을 태워 정결케 되기 때문이다. 그러므로 성령 세례를 받은 자는, 성령으로 새롭게 되어 자기 안에 거하시는 성령으로 말미암아 거룩한 삶을 살아갈 수 있는 새로운 힘을 공급받게 되는 것이다.

이렇게 볼 때, 세례 요한에게서 받는 물세례는 죄 사함이나 구원을 가져다주지 않는다. 마치 구약시대의 희생제사가 영원한 죄 사함을 가져다주지 않듯, 신약시대의 물세례 역시 죄 사함, 구원, 영생 등을 가져다주지 않는다. 물세례는 단지 마음속의 신앙을 밖으로 드러내 보이는 하나의 종교의식일 뿐이다.

그렇지만 물세례도 분명한 가치는 있다. 물세례를 통해 표현된 그 신앙이 예수님을 메시아로 영접할 수 있게끔 인도하고, 그리하여 마침내 메시아 예수로 말미암는 성령 세례를 통해 자기 마음속에 예수님을 자신의 구주로 영접하게 만들어주기 때문이다. 그리고 그렇게 될 때 비로소 죄 사함, 구원, 영생 등을 얻게 되는 것이다.

예수께서 세례를 받으심 (1:9-11; 마 3:13-17; 눅 3:21-22)

'아, 오늘은 뭔가 좋은 일이 생길 것 같다….'

그 날도 세례 요한은 평소처럼 광야에서 하나님의 메시지를 외치기 위해 자신의 처소를 떠날 준비를 하고 있는데, 웬일인지 이른 아침부터 설렘을 감지했다. 반가운 귀인(貴人)을 만날 것 같은 설렘이다. 옛 친구라도 찾아오는 것일까? 하지만 옛 친구를 기대한다는 것은 거의 불가능했다. 일찍 출가하여 광야에 은둔해서 외롭게 수행을 쌓아온 요한에게는 기다릴 만한 친구가 없었다. 어쩌면 오늘의 반가운 손님은 부모님이거나 두 분 중의 한 분일 수도 있을 것이다.

어머니의 얼굴이 눈에 밟혔다. 집을 떠나던 날, 어머니의 애처로운 표정을 잊을 수가 없다. 제사장 가문에서 태어난 세례 요한은 적당히 처신하기만 해도 승승장구하여 예루살렘의 종교 지도자가 될 수 있었고,

잘하면 산헤드린(유대 최고의 의결기구)의 정회원이 될 수도 있었다. 어머니는 세례 요한에 대해 기대가 컸다. 구약시대의 사무엘 선지자처럼 분명 새로운 시대를 여는 큰 인물로 쓰임 받게 될 것이라고 믿었다. 더구나 아들의 출생 당시에 천사가 일부러 방문해서 그 사실을 전해주지 않았던가!

그러나 성인식이 끝나고 전문적인 제사장 수업으로 들어가려 했을 때, 아들은 느닷없이 집을 떠나 광야로 나가겠다고 했다. 부모에 대한 실망이나 집이 싫어진 것이 아니라, 광야에서 누군가가 자신을 자꾸 부르는 것 같다는 것이었다. 요한 자신도 광야의 부름을 외면하려 했지만, 그 끌림이 너무나 강력해서 도무지 거절할 수가 없다고 했다. 그런 뒤, 어느 날 작심하고 부모님 집을 떠나 홀연히 광야로 떠나갔던 것이다. 그렇게 세월은 흘렀고….

'아, 이 강렬한 설렘과 떨림은 무엇이지? 여태 이런 적은 없었는데….'

요한은 그날따라 뭔가 좋은 일이 생길 것 같은 느낌을 간직한 채 유대 광야로 나가 평소처럼 회개의 메시지를 힘차게 선포하고 있었다. 자신의 메시지를 듣고 양심의 가책을 받아 회개하는 자들을 데리고 인근의 요단강으로 내려가서 그들에게 한창 세례를 베풀고 있을 무렵, 어떤 사람이 세례 요한에게 세례를 받으러 멀리서 천천히 나아오고 있었다. 그런데 그 모습이 아주 범상치 않았다. 얼핏 보기엔 그냥 시골 지역의 평범한 목수 같았지만, 가만 보면 누구도 감히 범접치 못할 고결한 품위를 지니고 있었다. 세례 요한은 자신에게 세례 받으러 나아오는 그 사람을 보고, 흠칫 놀라며 당황한 듯 말한다.

"그대는… 예수, 나사렛 예수가 아니시오?"

"그렇소! 오랜만이구려."

"그런데 그대가 왜 여기에…?"

"아버지께서 아버지의 일을 하라고 나를 불러내셨소."

"아버지라면…?

"그렇소. 하늘에 계신 아버지가 부르셨소."

"그렇다면… 혹시 다, 당신이 바로 내 뒤에 오시기로 약속된 그분…, 메시아?"

"그렇소. 선생의 생각이 맞소. 이제 부모형제의 집을 떠나 하늘 아버지의 일을 시작하려 하오. 그러니 내게 세례를 베풀어 주시오."

그렇다. 세례 요한에게로 나아온 그 젊은이의 이름은 '예수'였다. 그는 이스라엘 북쪽의 갈릴리 지방인 나사렛에서 살았다. 그에 대해서는 어머니를 통해 일찍부터 전해들은 이야기가 있었다. 어머니 엘리사벳이 예수를 잉태한 친척 마리아의 예방을 받았을 때, 태중에 있던 자신이 펄쩍펄쩍 뛰었다는 것이다. 어머니는 그건 분명 기쁨으로 뛰는 동작이었다고 말해주었다. 그런 어머니의 말이 항상 세례 요한의 마음에 여운처럼 남아 있었다. 언젠가는 반드시 예수와 만나게 될 것이라 기대하고 있었는데, 그 날이 바로 오늘이었다.

그러니까 예수께서는 조용히 보내시던 개인적인 삶을 접고, 본래 이 땅에 오신 목적대로 복음 전도의 공생애를 시작할 때가 이르렀음을 세례 요한에게 말씀하신 것이다. 이때 예수님의 나이는 30세(주후 27년).

본질상 하나님의 독생자이시지만, 인류 구원의 사명을 띠고 사람의 몸으로(곧, 성육신하셔서) 이 땅에 오신 메시아(그리스도) 예수, 갓난아이 적에 헤롯 대왕의 핍박을 피해 부모(요셉과 마리아)의 품에 안겨 이집트로 피신했다가, 헤롯 대왕이 죽자 갈릴리 지방의 나사렛으로 돌아와 그곳에서 줄곧 성장했다. 이 기간 동안, 예수님은 목수인 아버지 요셉을 도와 집안의 장남으로서 목수의 일을 하셨다.

성경은 예수님의 갓난아이 때 사건 이후로 계속 침묵을 지키다가, 12살 되던 해에 부모와 함께 유월절을 맞아 예루살렘에 올라온 일화만 잠깐 소개할 뿐이다. 그리고 그 이후에 또다시 예수님의 생애에 대하여 줄곧 침묵을 지키다가, 예수님의 나이 30세가 되었을 때인 지금, 세례 요한에게 세례를 받기 위해 요단강에 그 모습을 드러내신 청년 예수님을 소개하고 있는 것이다. 예수께서 세례를 받기 위해 요단강의 물속으로 내려앉으려 하자, 세례 요한은 많은 사람들이 자신을 주시하고 있다는 것도 잊은 채 손사래를 친다.

"아, 안 됩니다! 이 몸은 당신의 신발 끈을 푸는 것조차 감당치 못할 비천한 존재입니다. 그러할진대 어찌 감히 당신께 세례를 베풀 수가 있단…."

"아니오, 사양치 마시오. 그렇게 하는 것이 하늘 아버지의 뜻을 선히 이루는 것이라오. 그러니 더는 사양치 마시고, 내게 세례를 베풀어 주시구려. 자, 어서요."

"아! 정히 하나님의 뜻을 이루는 것이라면…. 그렇다면 염치 불구하고 이 몸이 세례를 베풀도록 하겠습니다. 그럼, 이쪽으로 오십시오."

당시의 세례는 온 몸을 물속에 잠시 동안 푹 잠그는 침례(浸禮)의 방식이었다. 세례 요한의 집전에 따라 예수께서 요단 강물에 몸을 푹 잠그신 후 밖으로 막 올라오실 때였다. 그런데… 앗, 보라! 갑자기 저

요단강에서 세례 요한에게 세례를 받으시는 메시아 예수님.

높은 곳의 하늘 문이 활짝 열리면서 성령이 비둘기 같은 형태로 예수님의 머리 위로 내려오고 있는 것이 아닌가! 그리고 그와 동시에 하늘에서 하나님의 우렁찬 음성이 들려왔다.

"너는 내 사랑하는 아들이고, 내 마음을 몹시 기쁘게 하는 아들이니라."

하나님의 이 음성은 세례 요한에게서 세례를 받고 이제 막 인류 구원을 위해 위대한 공생애의 첫 발을 내딛는 예수님을 그 일의 적격자로 인정하는 하나님의 공식 인준이었다. 지은 죄로 인해 영영 멸망당할 인류를 그들의 죄로부터 구원하는 그 일은 오직 하나님의 아들만이 온전히 감당할 수 있기 때문이다. 동시에 하나님의 이 음성은, 장차 메시아 예수께서 하나님의 아들로서 이 땅에 임하시고, 또한 그분은 성부 하나님께로부터 성령 충만함을 받게 될 것이라는 구약시대 선지자들의 예언이 그대로 성취되었음을 보여준다.

여기서 주목할 만한 사항이 또 하나 있다. 성령이 '비둘기' 형상으로 임하셨다는 사실이다. 그 이유가 무얼까? 성령은 영(靈)이시다. 본래 영은 사람들의 눈에 보이지 않는다. 그래서 성령이 나타나실 때에는 사람들이 눈으로 볼 수 있는 형태를 취한다. 그렇게 보일 수 있는 형태들 중에서 '비둘기'는 아주 적합하다. 예로부터 비둘기는 평화와 순결의 상징이기 때문이다. 그리고 평화와 순결은 성령님이 믿는 자들에게 가져다주는 은사이기도 하다.

예수께서 시험을 받으심 (1:12-13; 마 4:1-11; 눅 4:1-13)

요단강에서 세례 요한에게 세례를 받으신 직후, 예수께서는 성령의 인도함을 받아 거칠고 황량한 유대 광야로 나가셨다. 이글거리는 태양 빛이 작렬하는 곳, 그런 태양 빛을 피할 그늘 한 점 없는 거친 유대 광야는 예루살렘 동쪽으로 광활하게 펼쳐진 거칠고 황량한 벌판이다. 요단강 양편을 비롯하여 사해의 서쪽 해안까지 뻗어 있는 이 광야는 예루살렘과 여리고 사이에 위치해 있다.

신약성경에서 흔히 '광야' 또는 '빈 들'로 표현된다. 크고 작게 굴곡진 바위가 끝도 없이 이어진 곳으로, 급격한 계단 모양의 단구(段丘)와 단층애가 특징이다. 단층애(斷層崖)는 연속된 절벽이나 가파른 경사지로, 주로 한 방향으로 향하고 침식이나 단층에 의해서 생긴다.

유대 광야의 메마른 대지는 마치 죽어 있는 땅처럼 보인다. 하지만 광야는 숨을 쉬고 비도 내린다. 비 한 방울 내리지 않는 건기에도 라벤더와 로뎀나무가 잘도 자란다. 그래서 높은 지대에서는 겨울철에 양과 염소를 방목할 수 있다. 남쪽과 동쪽의 외진 곳은 끝을 모르는 사막으로, 양치기들도 가기를 꺼려하는 황무지다. 현재는 16만 명의 베두인들이 유대 광야 곳곳에서 살고 있다. 베두인은 아랍계 종족으로 주로 중동의 사막 지역에서 유목생활을 하는 부족이다. 이스라엘 경내의 베두인들은 유대 광야의 거주민들을 포함해서 약 32만 명이다.

이스라엘 국토의 대부분은 황무지와 사막이다. 그래서 황무지 같은 유대 광야 속에는 많은 이야기들이 숨어 있다. 눈에 보이는 세계보다 사막 속에 있는 보이지 않는 세계가 유대인들에게는 훨씬 깊고 넓은 땅이다. 하나님은 종종 광야에서 자기 백성들에게 많은 말씀을 하셨다. 율법의 대부분도 광야에서 받은 것이다.

그래서 광야는 하나님께서 말씀하시는 장소다. 유대인들은 하나님의 음성을 듣고 싶으면 광야로 나가곤 했다. 광야에는 잡음(雜音)이 없다. 고요함이 흐르는 침묵의 공간이다. 그 침묵에 귀를 기울일 때 비로소 하나님의 음성을 들을 수 있다. 이런 의미에서, 예수님에게 광야는 선택이 아니라 필수였다. 공생애를 본격적으로 시작하기 위해서는 요한의 세례보다 더 중요한 것이 있었다. 사탄의 시험을 통과해서 예수님이야말로 인류의 소망이요 세상의 구주가 되심을 증명해 보여야 했다.

공관복음(마태복음, 마가복음, 누가복음)의 세 기자들은 예수께서 세례를 받으신 직후에 성령의 인도하심을 받아 유대 광야로 나간 사실을 모두 기록한다. 예수님은 들짐승들과 함께 지내면서 40일 동안 금식하셨다. 광야에는 뱀, 이리, 표범, 여우, 하이에나 등이 살았다. 들짐승들은 벗이 아니라 언제 덤벼들지 모르는 적(敵)이었다. 사나운 들짐승들이 눈에 보이는 적이라면, 사탄은 눈에 보이지 않는 적이었다. 예수님은 광야에서 들짐승들 가운데 지내시면서 40일 동안 금식하셨다. 금식하시면서, 맡은바 인류 구원의 사명을 위해 하나님께 불철주야 기도하셨고, 또한 사탄에게 시험을 받으셨다.

유다 광야에서 메시아 예수를 시험한 사탄! 이자는 누구인가? 흔히 '마귀'로도 불리는 자로, 옛적에 하나님의 자리를 노리고 하나님께 대적하다가 천사장 미가엘이 이끄는 하늘군대에 패하여 지상으로 쫓겨난 타락한 천사장이며, 모든 귀신들의 왕이다. 그렇다면 성령께서는 왜 사탄에게 시험받도록 예수님을 광야로 이끄셨을까?

사탄과의 일대 격전은 피할 수 없는 운명이었기 때문이다. 예수께서 인류 구원의 위대한 사명을 온전히 성취하기 위해서는 그것을 필사적으로 저지하려는 사탄과 필연적으로 맞서야 했다. 그래서 성령은 본격적인 공생애 사역을 앞둔 예수님으로 하여금 광야에서 사탄과 정면으로 맞서게 했다. 그리하여 예수님과 일대일로 맞선 사탄(마귀)은 사력을 다해 예수님을 유혹했다. 사탄은 40일 금식으로 허약해진 예수님의 육신이 가진 약점을 노렸고, 또한 세상의 빛나는 명예와 찬란한 부귀영화로 미혹했다. 그러나 그런 유혹을 받을 때마다 예수님은 하나님의 말씀의 검으로 사탄을 공격하여 물리치셨다.

결과는 사탄의 참담한 패배였다. 이로써 예수님은 사탄의 모든 유혹을 능히 물리칠 수 있는 분임을 분명히 보여주셨다. 거짓의 아버지요 모든 궤계의 왕인 사탄은 태초에 인류의 조상(아담과 하와)을 유혹하는 데는 성공했지만, 제2의 아담으로 오신 예수님을 유혹하는 데는 철저히 실패했던 것이다. 예수님이 휘두르신 말씀의 검에 깊은 상처를 입고 사탄이 기겁하여 꽁무니를 빼자, 하늘의 천사들이 내려와 40일 금식으로 인해 지칠 대로 지친 예수님을 정성껏 시중들었다.

첫 사람 아담은 '에덴동산'이라는 좋은 환경에서도 사탄의 미혹에 넘어갔지만, 예수님은 사방에 위험이 도사리고 있는 거친 광야에서도 잘 견뎌내셨고, 사탄과의 일전에서 승리하였다. 이때 예수님은 신성을 지니신 하나님의 아들로서 맞서 싸우신 것이 아니라 우리처럼 온전한 인성을 지니신 사람의 아들로서 맞서 싸우셨다. 기도와 금식과 묵상의 힘이었다. 그래서 천사들도 위로하며 축하하는 마음으로 찾아와 예수님이 몸을 추스르는 일에 기꺼이 수종을 들었던 것이다. 하나님의 영적 위로를 전달하고, 오랜 금식으로 주리시고 탈진하신 몸에 양식을 공급하는 일로 시중을 들었다.

예수께서 갈릴리 사역을 시작하심 (1:14-15; 마 4:12-17; 눅 4:14-15)

주후 27년의 겨울 무렵, 세례 요한이 헤롯 안디바의 군사들에게 붙잡혀 감옥에 갇혔다. 이유는 이러했다. 때에 갈릴리 지역과 베레아 지방을 다스리던 분봉왕 헤롯 안디바(주전 4년-주후 39년)는 자신의 이복동생인 헤롯 빌립의 아내 헤로디아와 눈이 맞아 그녀를 자신의 아내로 취했다. 말하자면 불륜과 근친상간의 죄를 저지른 것이다.

회개의 메시지를 선포하던 광야의 선지자 세례 요한, 그가 그런 죄를 지은 헤롯 안디바와 헤로디아의 부도덕성을 그냥 묵과할 리 없었다. 아무리 권력자라 해도 조금도 눈치 보거나 위축당하지 않고, 그들의 죄를 신랄하게 지적하면서 회개할 것을 외쳤다. 그러니 어찌 밉보이지 않을 수 있겠는가. 헤롯 안디바보다도 불법적으로 그의 처가 된 악녀 헤로디아가 더욱 독기를 품고 세례 요한을 붙잡아 죽이려 했다. 그리하여 세례 요한은 옥에 갇힌 뒤 오래 지나지 않아 결국 헤로디아의 농간으로 참수를 당하고 만다.

그렇지만 구속사적인 맥락에서 살펴보면, 메시아 예수의 등장과 본격적인 공생애 사역으로 인해 그분의 길을 예비한 세례 요한은 맡은바 소임을 온전히 마치고 역사의 뒤안길로 퇴장한 것이라고 볼 수 있다. 이처럼 세례 요한이 투옥되어 더는 활동하지 못하고 손발이 묶여 있게 된 때에, 예수께서는 나사렛의 고향집을 떠나 갈릴리 지역을 주요 무대 삼아 하나님 나라의 복음을 활발하게 전파하셨다. 공생애를 시작하신 예수께서 사람들에게 외친 첫 메시지는 이러하다.

> "때가 왔고, 하나님의 나라가 가까이 이르렀습니다. 그러니 모두 회개하고, 복음을 믿으십시오!"

태초부터 계시되었고, 그 이후에도 꾸준히 준비되어 왔던 하나님의 구원의 때가 마침내 가까이 이르렀으므로, 죄를 회개함으로써 천국 복음을 받아들여 믿는 자들을 위해 준비된 그 구원의 은총을 받아들이라는 메시지다. 이 같은 메시지는 이후에 펼쳐질 예수님의 모든 전도사역을 간략히 요약한 것이라고 할 수 있다.

예수께서 어부들을 제자로 부르심 (1:16-20; 마 4:18-22; 눅 5:1-11)

'흐흠… 후일 내가 이 땅에 없을 때를 대비하여 제자들을 뽑아 훈련시키고 가르쳐야겠구나….'

예수님은 자신의 지상 사역 중에서 세 가지 일을 집중적으로 하셨다. 하늘나라의 교훈을 전파하는 것, 제자들을 세우고 훈련시키는 것, 그리고 각종 병자들을 고쳐주시는 것. 세 가지 사역 중에서도 제자 훈련을 가장 중요하게 여기셨다. 장차 십자가 사역이 완료되면 예수님 자신은 부활하고 승천하여 이 땅을 떠나갈 터인데, 그때에는 자신을 대신하여 사람들에게 천국 복음을 가르치고, 그들을 올바른 진리의 길로 인도할 복음 사역자가 반드시 필요할 것이기 때문이다.

하루는 예수께서 갈릴리 바닷가를 지나가고 계셨다. 그때, 예수님은 갈릴리 호수에서 배를 타고 그물을 던지고 있는 두 사람을 보셨다. 시몬(베드로)과 그의 동생 안드레였다. 그들은 오래전부터 갈릴리 호수에서 어부로 살아온 사람들이었다. 예수께서 그들을 불러 말씀하신다.

"너희 둘은 나를 따라오라. 내가 너희를 사람 낚는 어부가 되게 하겠노라."

그러자 시몬과 안드레는 그 자리에서 즉시 배와 그물을 버리고 예수를 따라 나섰다. 예수님의 부르심에 즉각 따라 나선 시몬과 안드레, 그들은 어떻게 해서 예수님의 부르심을 받자마자 아무런 지체 없이 즉각 제자로 따라 나설 수 있었을까? 충동적인 감정으로 그렇게 했을까?

그렇지 않다. 요한복음의 기록에 의하면, 시몬(베드로)과 안드레는 이 부르심의 사건이 있기 전에 제한적인 의미에서 이미 예수님을 따랐음을 보여준다. 말하자면 시몬과 안드레는 예수님의 크신 권능을 이미 체험한 바 있었으므로, 이제 예수님의 공식적인 부르심을 접하고는 망설임 없이 즉각 소명에 응했던 것이다. 그렇다. 예수님과 베드로 형제와의 만남은 우연히 마주친 것처럼 보이지만, 사실은 예수께서 어떤 의도를 가지고 일부러 그들을 방문하신 것이다. 예수님과 베드로 형제와의 만남은 초면이 아니었다.

베드로는 타고난 성격이나 직업과는 달리 동생 안드레를 따라 한때는 세례 요한의 열렬한 추종자였다. 세례 요한이 죽음을 각오하고 외치는 한 말씀 한 말씀에 속이 다 후련했다. 무거운 세금에 힘들었고, 로마제국에 편승하여 살아가는 매국노들을 보면 화가 치밀었다. 그런 시국에 홀연히 광야에 나타나 새로운 세상이 열리고 있다면서 권세를 누리고 있는 이들을 신랄하게 비판하는 세례 요한의 추상같은 외침을 들었다. 속이 뻥 뚫린 것 같았다. 그래서 뱃일을 잠시 내려놓고 여러 날을 동생과 함께 보리떡 점심을 싸들고 쫓아다녔다. 그런데 베드로보다 더 열심인 것은 아우 안드레였다.

그러나 몇 주가 지나자 베드로는 다시 바다가 그리워졌다. 자기가 있어야 할 곳은 광야가 아니라 갈릴리 바다라는 생각이 들었다. 그는 그 바다를 떠날 수 없었다. 광야에서 세례 요한의 말씀을 들으려고 오는 사람들을 보면 갈릴리 바다의 고기떼가 생각났다. 그래서 베드로는 다시 뱃사람으로 돌아왔고 세례 요한에 대해서도 더는 마음을 쓰지 않았다. 그러나 안드레는 시간이 날 때마다 부지런히 따라다녔다. 그런 동생까지야 말릴 수 없었다. 동생 안드레는 자기보다 심성이 부드럽고 종교심이 강했다.

그런데, 다시 광야로 나가게 되는 일이 생겼다. 하루는 안드레가 엄청 흥분한 얼굴로 달려왔다. 드디어 메시아가 나타났고, 자기가 그 메시아를 만났다고 했다. 그래서 베드로는 아우를 따라 순순히 나섰다. 이스라엘이 오랫동안 기다리고 기다려 왔던 구세주가 정말 오신 것이라면, 뱃일이고 뭐고 다 때려치우고 그분을 따라갈 용의가 있었다. 그래서 광야에서 예수님을 만났다.

예수님은 세례 요한과는 여러 모로 달랐다. 처음에는 회개와 심판을 외치는 모양새가 유사한 것 같았는데, 가만히 들어보면 요한은 심판과 정죄를 강조한 반면, 예수님은 용서와 사랑을 전했다. 용서하고 사랑하라니…. 베드로가 기대했던 것은 용서와 사랑으로 세상을 품고 가는 메시아가 아니라, 로마제국을 응징하고 다윗과 솔로몬 왕국을 재건할 영웅으로서의 메시아였다. 하지만 예수님은 너무 약했다. 그래서 이번에도 별 흥미를 느끼지 못하고 갈릴리 바다에서 평소에 하던 뱃일에 열심을 내고 있었다.

그런데, 예수님이 갈릴리 바다까지 베드로를 찾아온 것이다. 밤새도록 그물을 던졌지만 고기를 한 마리도 잡지 못해 무척 속상해 하던 참이었다. 예수님이 자신에게 다가오면서 알은체했다.

'어? 여러 청중들 사이에서 고작 몇 번 보았을 뿐인데… 나를 알아보다니….'

베드로는 나사렛 예수가 기억력이 뛰어난 사람이라는 생각이 들었다. 예수님은 배를 타고 깊은 곳으로 나가 배 오른쪽에 그물을 던지라고 했다. 하지만 그 위치는 고기가 있을 장소도 아니었고 시간도 아니었다. 그래도 그분의 말씀에는 쉽게 거역할 수 없는 힘이 서려 있었다. 베드로와 안드레는 배를 타고 다시 나가 예수님이 지시한 방향으로 그물을 던졌다. 바로 그때, 그물이 찢어질 만큼 많은 고기를 잡을 수 있었다. 베드로와 안드레는 크게 놀라 어찌할 바를 모르고 있는데, 그 순간에 예수께서 말씀하신 것이다.

"너희 둘은 나를 따라오라. 내가 너희를 사람 낚는 어부가 되게 하겠노라."

베드로는 처음에는 그 말을 제대로 이해하지 못했다. 사람을 낚는 어부가 되게 해 주겠다니…. 그분의 의중을 정확히는 알 수 없었지만, 어쨌든 그분의 요청을 수락하고 싶어졌다. 바다를 운동장으로 삼고 고기떼들만 바라보고 살아왔던 날들을 청산하고, 이제는 산과 들을 운동장 삼아 사람들을 동원하는 일에 힘을 쏟고 싶었다. 그러다보면 그 일이 유대의 독립을 위하는 일이 될는지 누가 알겠는가. 그래서 예수님의 부르심에 기꺼이 응하게 된 것이다. 베드로와 안드레는 즉시 배와 그물을 버려두고 예수님을 따라 나섰다.

시몬(베드로)과 안드레를 제자로 삼으신 뒤, 예수님은 조금 더 가시던 길을 가셨다. 그렇게 두 제자와 함께 갈릴리 바닷가를 걸으시다가,

이번에는 세베대의 두 아들인 야고보와 요한이 배에서 그물을 깁고 있는 것을 보셨다. 예수께서는 그들 두 사람도 제자로 부르셨다. 그러자 야고보와 요한도 즉시 아버지 세베대와 일꾼들을 배에 남겨둔 채 예수를 따라 나섰다. 이렇게 해서 예수님은 처음 네 사람(시몬=베드로, 안드레, 야고보, 요한)을 제자로 삼으셨다. 그리고 이후에 여덟 명을 더 제자로 삼아 모두 12명의 제자를 두셨다.

예수님의 공생애 내내 예수님과 동행하면서 예수님에게서 직접 천국 복음의 진리를 전해 듣고 배운 이들 12명의 제자를 일반 제자들과 구별하여 특별히 '사도(使徒, Apostle)'라 칭한다. 그런데 이들 가운데 가룟 유다는 나중에 예수님을 배신함으로써 사도의 반열에서 탈락하게 되고, 예수님의 승천 이후에 가룟 유다를 대신하여 '맛디아'가 제비 뽑혀 12사도를 그대로 구성하게 된다.

그런데 초대교회에서 복음 전도자로 크게 활동한 '바울'도 사도로 불린다. 비록 그는 다른 12사도처럼 예수님의 생애 동안에 함께한 사람은 아니었지만, 다마스쿠스 도상에서 환상 가운데 예수님을 직접 뵙고, 그분 예수님께로부터 직접 전도자의 소명을 받았다는 사실에 근거하여 사도로 불리는 것이다. 이리하여 예수님의 부활 승천 후에 초대교회는 모두 13명(12제자 + 바울)의 사도를 두게 된다.

예수께서 귀신 들린 사람을 고치심 (1:21-28; 눅 4:31-37)

어느 날, 예수님 일행은 가버나움 성읍으로 갔다. 갈릴리 호수 북서쪽에 위치한 가버나움은 예수님의 초기 공생애 사역의 중심지로서, 갈릴리 지역 일대에서 가장 큰 성읍이다. 이곳 가버나움에서 전도 활동을 펼치던 중 안식일이 되자, 예수께서는 가버나움 회당에 들어가셔서 사람들을 가르치셨다.

회당(會堂)에 해당하는 헬라어 '쉬나고게'는 '함께 모이는 곳'이란 뜻이다. 회당은 이스라엘 백성들이 나라가 망한 후에 이방 땅에 포로로 잡혀가 세상 도처에 흩어지기 시작하면서 생겨났다. 그곳은 예배와 기도 모임뿐만 아니라 자녀 교육과 재판이 행해지는, 그 지역 유대인 공동체의 중심으로 자리잡아 갔다.

회당 안에서의 주요 계층은 회당장과 핫잔, 랍비로 나뉜다. 회당장은 회당의 우두머리로, 집회를 인도하고 건물을 유지, 보수, 보존을 책임지며 예배 질서와 신성함을 유지하는 책임을 맡았다. 또한 율법(토라)의 낭독이나 설교 등을 할당해 줄 권리를 갖고 있었다. 핫잔은 회당에서 서열 2위로, 회당장을 보좌하여 제반 직무를 수행하고 정리하며 종교회의에서 조정자 역할을 했다. 후대에는 기도를 암송하는 일과 성서를 낭독하는 일을 수행했다. 그리고 랍비는 전문적인 랍비 학교를 졸업하고 안식일에 회당에서 율법의 난해한 내용들을 해석해 주고 가르쳤다.

회당은 유대교를 오랫동안 지속시켜 준 기반이며, 기독교 초창기에는 이 회당을 근거지로 삼아 복음이 전파되었다. 당시 가버나움 회당은 활짝 개방되어 있었으므로, 예수님은 이곳을 초창기 복음 전파의 근거지로 삼아 계속적으로 가르쳤다. 오늘날까지도 회당은 율법 교육의 터전이 되어 유대교 신앙의 전통을 이어오고 있다. 성전은 예루살렘 한 장소에만 허용되지만, 회당은 유대인이 사는 곳이고 일정한 수만 모인다면 세계 어느 나라에서나 설립되고 운영될 수 있었다. 이런 배경 하에서 예수님과 사도들에게 유대인 회당은 복음 전파의 중요한 거점이 되었다.

회당에서 예수님의 가르침을 듣고 사람들은 저마다 경탄하였다.

"예수님의 가르침은 참으로 놀랍고 신선하다!"

"지금껏 우리는 이 같은 가르침을 들은 적이 없다! 새롭고도 은혜롭다!"

기존의 바리새인들이나 율법 교사들의 딱딱하고 엄격한 교훈과는 달리, 예수님의 가르침에서는 영적 권위와 심령의 감화가 느껴졌기 때문이다. 예수님이 한창 천국 복음에 관해 가르치고 있을 때, 그 회당에 들어와 있던 악한 귀신 들린 사람 하나가 큰 소리로 외친다.

"오오, 나사렛 예수여!"

영악한 귀신들은 예수에 대하여 '나사렛 사람'이라 큰 소리로 불렀다. 당시 일반 사람들의 통념에 '나사렛 사람'은 경멸의 뜻으로 인식되었다. 나사렛은 종교, 정치, 문화적으로 예루살렘 및 유대 지경과는 동떨어진 이방의 초라한 고을이었기 때문이다. 빌립의 전도를 받았던 나다나엘까지도 "나사렛에서 무슨 선한 것이 날 수 있으랴!" 하고 반문했을 정도였다. 그는 예수께서 인정하신 '참 이스라엘 사람'이었기에, 더욱 그런 고정관념에 사로잡혀 있었던 것이다. 예수께서 그런 귀신들의 속셈을 알고 가만히 주시하자, 귀신들은 더욱 큰 목소리로 소리를 내지른다.

"당신은 우리에게 무엇을 바라십니까? 우리를 모조리 없애려고 이 땅에 오신 것입니까? 나는 당신이 누구인지 잘 압니다. 당신은 하나님께서 보내신 거룩한 분이십니다!"

악한 귀신은 누구인가? 그들은 타락한 천사들이다. 본래 천사장이었던 사탄이 하나님을 거슬러 대적할 때 그 타락한 천사장을 편들어 함께 하나님을 거역하다가 사탄과 더불어 하늘에서 쫓겨난 자들로, 말하자면 사탄의 졸개들이다. 이런 귀신들은 폭력적이고 사악하여 신앙과 도덕을 붕괴시키고, 때로는 질병을 야기한다. 이처럼 귀신은 본질상 영적 존재 곧 영물(靈物)이므로, 예수님의 신분이 누구인지를 정확하게 알 수 있었다.

이때 악한 귀신이 나사렛 예수의 정체성을 공개적으로 밝힌 것은 믿음이 아니라 두려움에서 비롯된 것이다. 귀신들은 언젠가 메시아 예수가 자신들을 최종 심판할 것이라는 사실을 잘 알고 있었고, 이제 그 날이 가까이 이른 줄 알고 크게 두려워했던 것이다. 또한 예수님의 신성(神性)에 관한 귀신의 공개 선언은, 예수님을 사탄의 세력과 연루시켜 예수님을 모함하기 위한 사악한 의도일 수도 있다. 그래서 나중에 유대의 종교 지도자들은 예수가 귀신의 왕을 힘입어 귀신을 쫓아냈다고 고소하기도 했다. 어쨌든, 귀신이 외치는 소리를 듣고서 예수께서는 그 악한 귀신을 꾸짖으시며 명령하신다.

"너 귀신은 그만 입 다물고, 그 사람에게서 당장 나오라!"

이때 예수님은 하나님의 아들, 곧 메시아(그리스도)의 범접할 수 없는 절대적 권위로 악한 귀신을 향해 엄히 명하신 것이다. 공생애 시작 전에 이미 유대 광야에서 귀신들의 왕인 사탄(마귀)조차도 예수님에게 꼼짝 못하고 패배하여 도망쳤거늘, 한낱 사탄의 졸개에 불과한 귀신들이 예수님의 명령에 굴복하지 않을 수 없었다.

"아아아악! 아악!"

악한 귀신은 그 사람에게 발작을 일으켜 놓고 크게 비명을 지르며 그 사람을 떠나갔다. 그러자 회당 안에 있던 사람들이 모두 크게 놀라 서로 수군거린다.

"이게 대체 어찌된 일인가? 악한 귀신마저도 예수님께 복종하다니!"

"이런! 이런! 더럽고 악한 귀신조차도 예수님 앞에선 꼼짝 못 하는구먼! 정말 예수님은 대단하신 분이야!"

발 없는 말이 천 리를 간다고 했던가! 입에서 입으로 전달되는 소문은 아주 빠른 법. 예수님에 관한 놀라운 소문은 금세 갈릴리 지역의 모든 곳으로 퍼져나갔다.

예수께서 많은 병자들을 고치심 (1:29-34; 마 8:14-17; 눅 4:38-41)

악한 귀신을 내쫓으신 후 예수께서는 가버나움 회당에서 나오셨다. 그런 뒤 세베대의 두 아들인 야고보와 요한 형제와 함께 시몬과 안드레 형제의 집으로 가셨다. 시몬과 안드레 형제의 집이 가버나움에 있었기 때문이다. 그런데 그 집에는 시몬(베드로)의 장모가 열병으로 앓아누워 있었다.

시몬에게 장모가 있었다는 것은 그가 결혼했음을 말해준다. 로마 가톨릭교회가 주장하는 사제 독신주의는 베드로가 독신이었음을 전제로 한다. 그러하기에 그들의 사제 독신은 성경에서 비롯된 것이 아니라 바빌로니아 종교와의 야합에서 비롯된 것이거나, 가톨릭교회의 필요로 인해 생겨난 제도일 뿐이다. 시몬의 장모가 앓았던 열병은 무더운 지방에서 자주 발생하는 풍토병이다. 시몬이 장모님의 아픈 사정을 예수님께 자초지종 말씀드렸다.

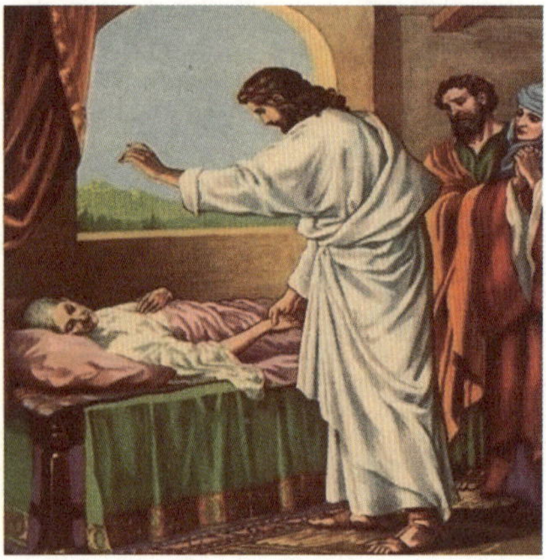

시몬(베드로) 장모의 열병을 고치신 예수님.

"흠, 그러했더냐…."

시몬의 말을 다 듣고서, 예수께서는 시몬의 장모 곁으로 다가가 그 여자의 손을 잡아 일으키셨다. 그러자 놀라운 일이 일어났다. 그 여자는 순식간에 열이 내려, 누운 자리에서 가볍게 일어나 예수님 일행의 시중을 들어주었다.

해가 저물고 날이 어두워지자, 사람들이 병든 사람들과 귀신 들린 사람들을 예수께로 데려왔다. 그리하여 온 마을 사람들이 시몬의 집 문 앞에 벌떼처럼 모여들었다. 예수께서는 몰려드는 온갖 병자들을 물리치지 아니하시고 일일이 고쳐주셨다. 귀신 들린 사람들에게서 이런저런 귀신들을 쫓아내시면서 귀신들에게 입을 다물라고 명령하셨다. 영적 존재인 귀신들은 나사렛 예수가 누구인지를 잘 알고 있었기 때문이다.

이처럼 예수님은 공생애 초기에는 메시아(그리스도) 된 자신의 신분을 밝히시지 않았다. 그 까닭은, 복음 사역의 초창기부터 자신의 신분을 둘러싸고 소모적인 오해, 시비, 논쟁, 모함 등을 불러일으킬 필요가 없다고 판단하셨기 때문이다.

예수님의 전도 여행 (1:35-39; 눅 4:42-44)

이튿날 새벽, 예수께서는 날이 밝기도 전에 시몬(베드로)의 집을 빠져나와 한적한 곳으로 홀로 나아가 기도하셨다. 그러자 뒤늦게 예수님이 없다는 사실을 알아차린 시몬과 그의 일행 몇 명이 예수님을 찾아 이리저리 돌아다니다가 예수님을 만나자 큰 소리로 외친다.

"선생님! 여기 계셨군요! 모두들 선생님을 열심히 찾고 있었습니다!"

"허허, 그랬더냐? 자, 이제 근처의 다른 마을로 가자꾸나. 거기에서도 하나님 나라의 복음을 전해야 한다. 나는 복음 전하는 일을 하기 위해 이 땅에 온 것이다."

예수께서는 제자들을 데리고 가버나움 마을을 떠나 다른 마을로 전도 여행을 떠나셨다. 이렇게 예수님 일행은 갈릴리 온 지방을 두루 돌아다니시면서 회당에서 가르치시고, 또 귀신들을 쫓아냄으로써 귀신 들린 사람들을 고쳐주셨다.

여기서 잠깐! 악한 영인 귀신은 원하기만 하면 어떤 사람들에게나 얼마든지 들어갈 수 있는가? 그렇지 않다. 예수님 시대나 오늘날이나 사람들 중에 악령(귀신)에 사로잡힌 자들이 있는 건 사실이다. 하지만 귀신은 귀신을 받아들이려는 사람들과 하나님을 영접하지 않으려는 사람들 안에만 들어갈 수 있다. 하나님과 그분의 아들이신 예수님은 사탄이나 사탄의 졸개들인 귀신들보다 훨씬 강하다. 따라서 하나님을 의지하고 예수님을 믿는 자들은 어떤 귀신들도 능히 물리칠 수 있다. 그래서 믿는 자들에게는 귀신이 감히 들어와 그 마음속에 자리 잡지 못한다.

이때 유의해야 할 점이 있다. 신경쇠약, 불면증, 강박증, 우울증 등

이른바 의학적인 정신과 질병으로 인한 비정상적인 행동을 '귀신 들림'으로 오해하지 말아야 한다는 사실이다. 정신과에 속하는 질병은 축사(逐邪) 행위를 통해서가 아니라, (기도를 동반한) 의학적인 치료를 통해 고침 받아야 한다.

예수께서 나병환자를 고치심 (1:40-45; 마 8:1-4; 눅 5:12-16)

예수께서 제자들과 함께 갈릴리 지방을 두루 돌아다니시면서 복음 전도의 사역을 한창 진행하고 있던 무렵, 하루는 어떤 나병환자가 예수께 나아왔다. 나병(癩病)! 성경에 언급된 나병은 악성 피부질환 같은 다른 형태의 병까지 포함하지만, 기본적으로 나병은 오늘날 '한센씨 병(Hansen's disease)'을 가리킨다.

전염성을 지닌 이 병은 신체의 마비, 괴사(壞死, 생체 내의 조직이나 세포가 부분적으로 죽는 일), 괴저(壞疽, 혈액 공급이 되지 않거나 세균 때문에 비교적 큰 덩어리의 조직이 죽는 현상)를 초래하는 아주 지독하고 끔찍한 질병이다. 그래서 구약의 레위기 율법은 나병환자를 부정한 자로 규정했고, 예로부터 유대인들은 나병을 하나님께 저주받은 천형(天刑)의 표식으로 간주했다. 그 결과, 사람들은 나병환자를 비인간적으로 취급했다.

나병환자로 판명된 자는 옷을 찢고 머리를 풀어헤치며 윗입술을 손으로 가린 채 '(나는) 부정하다! 부정하다!' 곧 히브리어로 '타메! 타메!' 하고 외쳐야 했다. 옷을 찢고 머리를 풀어헤친 것은 극도의 슬픔을 표현하는 방식이고, 윗입술을 가린 것은 자신이 가증스런 존재가 되었음을 나타내는 자기비하의 표현이었다. 그리고 나병환자가 '부정하다!'라고 거듭해서 크게 외친 것은, 그렇게 해서 다른 사람들의 접근을 막기 위함이었다. 그렇게 함으로써 위생학적으로는 병의 감염을 막았고, 정결 의식상으로는 다른 사람들이 부정케 되는 것을 방지하였다. 그런 나병환자가 예수께 나아와 무릎을 꿇고 간청한다.

"선생님, 선생님께서는 원하기만 하시면 얼마든지 저를 깨끗하게 해주실 수 있습니다. 그러하오니 제발 이 몸을 불쌍히 여기시고, 부디 저를 고쳐주십시오!"

지칠 대로 지치고 시달릴 대로 시달린 처량한 나병환자의 애타는 간청이다. 눈가엔 그렁그렁 눈물이 맺혀 있다. 예수께서는 그 나병환자에게 손을 내미신 후 부드럽게 만지시면서 말씀하신다.

"좋소, 그렇게 해주겠소. 내가 원하노니, 이제부터 당신은 나병에서 벗어나 깨끗하게 되시오."

바로 그 순간! 그 나병환자에게서 나병이 떠나갔다. 마치 귀신이 떠나가듯 어디론가 감쪽같이 사라졌다. 그 나병환자는 깨끗이 나아 건강한 몸을 되찾았다.

"아, 나병이… 나병이 없어졌다. 내가… 내가 나았다. 아, 이럴 수가…!"

그 나병환자, 아니 이젠 나병에서 고침 받은 그 사람은 건강하게 된 자신의 몸을 이리저리 살피며 믿을 수 없는 기적에 눈물겹도록 감격하고 있었다. 흐뭇한 미소로 잠시 그런 모습을 지켜보시다가, 예수께서는 그 사람을 보내시며 엄히 당부하신다.

"이 일을 아무에게도 말하지 마시오. 다만 제사장에게로 곧장 가서 당신의 몸을 보인 다음, 모세가 정한 대로 몸이 깨끗해진 데 따른 증거로서 예물을 바치도록 하시오."

레위기의 정결 율법에 따르면, 나병에서 완쾌된 사람은 가장 먼저 제사장에게 보이고 정결함을 판정받아야 했다. 그런 뒤에 하나님께 감사 예물을 바치고서야 공동체 사회에 편입되었다. 예수께서는 그런 회복의 절차를 밟으라고 말씀하신 것이다.

이때 예수님은 나병에서 고침 받은 그 사람에게 그 일을 아무에게도 말하지 말라고 당부함으로써 자신의 기적이 널리 알려지는 것을 원치 않으셨다. 이처럼 예수님은 백성들의 필요를 아시고 그들을 자상하게 돌보셨지만, 자신의 사역이 기적에 초점 맞추어지는 것을 원치 않으셨다. 만일 그렇게 된다면, 백성들은 자극적인 기적만을 계속 추구할 것이고, 예수님이 가르치시는 천국 복음의 진리에는 관심을 기울이지 않을 것이기 때문이다. 뿐만 아니라 기적들로 인해 수많은 백성들이 더욱 예수님을 따르고 열광할 경우, 때가 이르기도 전에 복음을 대적하는 자들의 적극적인 방해공작에 부딪혀, 십자가의 구원 사역이 차질을 빚을 수도 있었기 때문이다.

"이보게, 이보게나! 예수님이 내 병을 고쳐주셨다네. 글쎄, 그분께서 내 몸을 부드럽게 어루만지더니 '깨끗하게 되어라!' 하고 말씀하시니까, 바로 그 순간에 내 몸의 나병이 싹 사라지고 말았다네. 자, 보게나! 깨끗하지 않는가!"

나병에서 고침 받은 감격과 환희가 너무나도 컸기 때문이었을까? 완쾌된 그 사람은 예수님을 떠나가자마자 자신이 고침 받은 이야기를 온 사방에 널리 퍼뜨렸다. 그 후부터 예수께서는 드러내놓고 마을로 들어가시지 못하고, 마을 바깥의 외딴 곳에서 묵으셔야 했다. 그 까닭은, 사람들이 놀라운 기적에만 온통 정신이 팔려 복음 듣는 일은 뒷전으로 여기고 예수님에게서 기적만을 요구하였기 때문이다. 하지만 예수님이 마을 바깥의 외딴 곳에 머물러 있어도, 사람들은 어떻게들 알아냈는지 예수님이 계신 곳을 금방 찾아내어 벌떼처럼 우르르 몰려들곤 했다.

2

병자와 죄인의 친구

가버나움에서 중풍 환자를 고치시고
세리와 죄인과 식사하시는 예수
건강한 사람에게는 의사가 필요 없고
아픈 사람에게만 필요하다

예수께서 한 중풍병자를 고치심 (2:1-12; 마 9:1-8; 눅 5:17-26)

"여보게, 소문 들었는가? 예수께서 지금 마을에 들어오셨다네."

"그래? 사람들이 몰려들기 전에 얼른 가야겠군."

며칠 후, 예수께서 마을 바깥의 외딴 곳에서 나오셔서 다시 가버나움 성읍으로 들어가 베드로의 집에 머무셨다. 그러자 예수께서 읍내의 집에 머물고 계신다는 소문이 온 동네에 금세 퍼졌다. 이에 가버나움 성읍과 인근의 모든 마을에서 수많은 사람들이 앞 다투어 베드로의 집으로 몰려들었다. 집안은 발 딛을 틈조차 없었고 집 밖에까지 사람들로 넘쳐났다. 예수께서는 몰려든 사람들에게 천국 복음을 전하셨다.

예수께서 한창 말씀을 하고 계실 무렵, 네 사람이 중풍병자 한 명을 들것에 싣고 왔다. 중풍은 뇌의 혈관이 막히거나 터져서 몸의 일부나 전체가 마비되는 증세를 보이는 질병이다. 회복이 상당히 까다로운 질병으로, 중풍병자들은 일상생활을 영위해 나갈 수 없었다.

“어떡하지? 사람들이 너무 붐벼 예수님이 계시는 집 안으로 병자를 데려갈 수 없겠는 걸…. 아, 참으로 낭패다. 이 사람을 반드시 예수님께 보여 치료를 받아야 하는데….”

“여보게들, 이렇게 우물쭈물하다간 도저히 예수님이 계신 곳까지 이를 수 없겠네. 지붕을 뚫고서라도 이 병자를 예수님께 보이도록 하세!”

중풍병자를 들것에 실어온 네 사람은 집의 지붕을 뜯어 커다란 구멍을 내기 시작했다. 유대인의 가옥은 흙벽돌로 된 단층 슬라브 형식이다. 그들의 동작은 상당히 위험 부담률이 높아지는 상황이다. 문짝 하나를 뜯어도 고발당하고 변상해야 하는데, 지붕에 구멍을 뜯었다면 공사가 커진다. 한두 푼으로 해결될 일이 아니었다. 게다가 집회를 망가뜨렸으니 비난도 감수해야 한다. 그럼에도 그들은 주저함이 없이 지붕을 뜯고 병자가 누워 있는 침상(혹은 담요)을 아래로 달아 내렸다. 그렇다면 이 사람들이 아무 생각 없이 이런 행동을 했을까? 아니다. 그들은 여기 오기까지 엄청 많은 생각을 했을 것이다.

‘과연 예수님에게는 중풍병자를 치유할 능력이 있는 것일까?’

‘이게 우리에게 어떤 이익이 있고, 어떤 손해가 있을까?’

결국 그들은 작심하고 집의 지붕을 뜯어서라도 예수님 앞에 병자를 내려놓았다. 여기서 의문점이 든다. 어떻게 집의 지붕을 뜯어 사람을 달아 내릴 수 있단 말인가? 그게 가능한 일인가? 그렇다. 충분히 가능하다. 예수님 시대에 유대 지방의 가옥 구조를 보면, 지붕을 뚫어 구멍을 내는 일은 오늘날 우리가 생각하는 것처럼 그리 어려운 일이 아니다. 또한 지붕의 훼손도 그리 심각한 수준이 아니다.

당시에 팔레스타인의 일반적인 가옥의 지붕은 바깥쪽으로 난 계단을 통해 쉽게 오를 수 있었다. 지붕은 평평한 형태였는데, 보통 나무 들보를 골조 삼아 짚으로 엮어 그 위에 놓고 흙으로 채웠다. 또는 들보 위에 기와를 놓고 짚과 흙으로 덮기도 했다. 따라서 중풍병자를 멘 사람들은

지붕을 뚫고 매달려 내려온 중풍병자를 고치신 예수님.

바깥 계단을 통해 지붕에 오른 후, 흙과 짚과 판자 등을 떼어내어 커다란 구멍을 낸 다음, 드러난 들보 사이로 그 중풍병자를 달아 내릴 수 있었던 것이다.

"어이쿠, 이런! 지붕에서 병자가 내려왔네!"

집 안에 모여 있던 사람들은 지붕을 통해 병자가 내려온 것을 보고는 저마다 크게 놀라워했다. 이때 예수님은 그 중풍병자를 기필코 자신에게 보이려고 애쓴 친구들의 필사적인 노력과 함께, 그렇게 하면 반드시 환자의 병이 고침 받게 될 것이라는 그들의 믿음을 가상히 여기셨다. 예수님은 그 중풍병자를 향해 말씀하신다.

"아들이여, 당신의 죄가 용서받았소."

때마침 몇몇 율법 교사들이 거기에 앉아 있다가 그 광경을 보고는 미간을 잔뜩 찌푸리며 속으로 생각한다.

'죄를 용서한다고? 아니, 이 사람이 어찌하여 그런 말을 할 수 있단 말인가? 이것은 분명 하나님을 모독하는 참람한 말이다. 죄를 용서한다는 건 오직 하나님만이 가능한 일이 아닌가! 그런데 예수 저자가 감히….'

유대 신학에 의하면 메시아라도 죄를 사할 수는 없었다. 그런데 사람이 사람의 죄를 사해준다니…, 그건 천부당만부당한 일이었다. 서기관들은 인간 예수만 보았지, 하나님 예수를 보지 못했다. 인성 예수만 보았지, 신성 예수를 보지 못한 것이다. 마리아의 아들만 보았지, 하나님의 아들을 보지 못한 것이다. 편견이다. 편견은 좁은 생각으로 한쪽 눈을 감아버리는 것이다. 항상 좋은 쪽은 보지 않게 만들고 나쁜 쪽만 보게 한다. 그러니 편견을 가지면 일평생 생각이 좁은 인생을 살게 된다. 본질상 하나님의 아들이신 전능자 예수님, 그런 마음을 품고 있는 율법 교사들의 생각을 능히 알아차리셨다. 그래서 그들을 향해 말씀하신다.

"율법 교사들이여, 당신들은 왜 그런 생각을 품고 있는 것이오?"

"아, 아니, 선생! 우리가 대체 무슨 생각을 품고 있다고 그러시오?"

마음을 들킨 율법 교사들은 화들짝 놀라며 물었다. 그에 아랑곳없이 예수님은 그들을 향해 계속 말씀하신다.

"대답해 보시오. 중풍병자에게 '당신의 죄가 용서받았소.' 하고, 말하는 것이 쉽겠소, 아니면 '일어나서 들것을 들고 걸어가시오!' 하고 말하는 것이 더 쉽겠소?"

예수님의 이 물음은, 병 고치는 이적을 베푸는 것이 더 쉽다는 말을 강조해서 표현한 것이다. 죄 사함은 오직 하나님만이 가질 수 있는 권세이지만, 병 고치는 이적은 능력 있는 하나님의 사역자들도 능히 가질 수 있는 권세이기 때문이다. 그리하여 예수님은 자신이 병 고치는 이적을 베푸는 권세는 물론이고, 죄 사함의 권세까지도 가지고 있음을 분명히 선포하신다.

"잘 들으시오. 인자는 땅에서 죄를 용서하는 권세를 가지고 있소. 이제 내가 이 사람을 고쳐서, 그 증거를 당신들에게 보여주겠소."

그렇다. 예수님은 분명 죄를 사하는 권세를 가지고 계신다. 예수님은 근본적으로 하나님의 아들로서, 제2위이신 성자(聖子) 하나님이시기 때문이다. 예수님은 죄인들의 죄를 사하는 권세를 가졌을 뿐만 아니라, 그러한 권세의 명백한 증거로서 죄인들의 질병도 능히 치유하실 수 있었다. 예수님은 눈길을 돌려 들것에 실려 자신 앞에 누워 있는 그 중풍병자를 보시며 말씀하신다.

"내가 당신에게 말하겠소. 당신은 이제 일어나, 당신의 자리를 걷어 집으로 돌아가시오. 당신의 병이 다 나았소!"

예수님의 말씀이 떨어지자마자 놀라운 기적이 일어났다. 들것에 누워 옴짝달싹 못 하던 그 중풍병자가 마치 자다가 놀라 깬 사람처럼 벌떡 일어나더니, 사람들이 모두 지켜보는 가운데 자신의 들것을 들고 힘차게 방에서 걸어 나갔다. 일순간에 아주 건강한 사람이 되었다. 그런 모습을 보고, 그 자리에 있는 사람들이 모두 크게 놀라서 하나님을 찬양하며 크게 외친다.

"이런 일은 우리가 지금껏 본 적이 없다! 참으로 놀라운 기적이다!"

"아, 아니! 세상에, 저럴 수가! 어떻게 저런 일이…."

예수께서 레위를 제자로 부르심 (2:13-17; 마 9:9-13; 눅 5:27-32)

중풍병자를 고치신 뒤, 예수께서는 가버나움 성읍을 벗어나 다시금 갈릴리 바닷가로 나가셨다. 많은 사람들이 예수님을 뒤따라와 예수께로 계속 모여들었다. 그러자 예수님은 바닷가의 적당한 장소에 자리를 잡으시고는 모인 무리들에게 말씀을 전하셨다. 천국 복음의 진리에 관해 부지런히 가르치셨다. 말씀을 다 마치신 후에 예수님은 자리에서 일어나 길을 가셨다. 그렇게 길을 가시던 중에 예수님은 알패오의 아들 레위가 세관에 앉아 있는 것을 보셨다.

알패오의 아들 레위, 이 사람은 마태복음에서는 '마태'로 소개된 인물로, 당시 갈릴리 지역의 가버나움 세관에서 세리(稅吏)로 일하고 있었다. 예수님 당시에 세리들은 동족 유대인들에게서 미움과 멸시를 받았고 따돌림을 당했다. 왜냐하면 그들은 유대인들을 지배하던 로마 정부에 협력하여 동족에게서 여러 명목으로 세금을 거두어들였기 때문이다. 게다가 일부 부패한 세리들은 개인적인 치부를 위해 필요 이상의 세금을 과다 징수하였기에, 더욱 원성과 경멸의 대상이었다.

당시 세리들은 두 종류였다. 수입세와 인두세를 거두어들이는 세리와 교량이나 운하나 국도에서 통과세를 거두어들이는 세리인데, 통과세를 거두어들이는 세리가 더 증오의 대상이 되었다. 세금 부과를 임의로 정할 기회가 더 많았기 때문이다. 이런 점을 이용하여 탐욕스러운 세리들은 백성들의 고혈을 최대한 짜내 갔다. 그러니 당연히 죄인이라는 말을 들었다. 그러했기에 유대 사회에서 세리들은 증인이나 재판관이 될 수 없었고, 유대 공동체 회당에서 쫓겨나곤 했다. 그들에게는 항상 배신자와 매국노라는 꼬리표가 붙어 다녔다. 그런 치욕은 세리의 가족 전체에게도 해당되었다. 동족들로부터 철저한 경멸과 증오를 받는 계층으로, 창녀나 죄인 같은 취급을 받았다. 이때 레위는 다마스쿠스에서 가버나움을 거쳐 지중해 해변 쪽으로 나아가는 노상에 자리를 잡은 채 통행료를 징수하던 세리 책임자였다. 그런 세리 레위를 향해 예수님은 말씀하신다.

"자, 일어나 나를 따르시오."

예수께서 레위를 제자로 삼겠다고 하신 것이다. 그러자 레위는 자리에서 벌떡 일어나 예수님을 따라 나섰다. 앞서 부르심을 받은 시몬(베드로), 안드레, 야고보, 요한처럼 이제 레위(마태)도 예수님의 제자가 된 것이다. 예수님의 제자가 된 레위, 그는 날을 잡아 큰 잔치를 베풀었다.

이 잔치는, 레위가 예수님의 제자로서 새로운 출발을 다짐하는 자리이자, 옛 동료들인 다른 세리들과 이별하는 자리였다. 그 잔치 자리에는 예수님과 그의 제자들뿐만 아니라 예수님을 은근히 따르는 세리들과 죄인들도 많이 참석하였다.

원래 유대사회에서 '죄인'이라 함은 모세의 율법과 관련하여 바리새인들의 해석대로 따르지 않은 사람들, 곧 '하나님의 도덕률을 범한 자들'이다. 그들은 사회에서 떳떳하지 못한 신분이요 천민으로 여겨졌다. 비록 그런 처지이긴 했지만, 동료들끼리 모였을 때는 그런 경멸과 비하에 대한 자괴감을 잠시 잊어버릴 수 있었다. '동병상련'이라고, 같은 처지이기 때문이다. 그들은 이제 막 새로운 길을 걸어가려 하는 레위의 앞날을 축하하며 모두가 즐겁게 먹고 마셨다.

"아니, 저자들이 다함께 모여 대체 무엇을 하고 있는 것인가?"

바리새파에 속하는 율법 교사들이 그런 광경을 못마땅하게 지켜보았다. 예수가 죄인들과 세리들, 그리고 하찮은 부류들과 함께 어울려 흥겹게 식사하는 것을 보고는, 예수의 제자들에게 아니꼽다는 듯 묻는다.

"이보시오들, 당신네 선생이란 사람은 도대체 왜 저런 죄 많고 하찮은 인간들과 어울려 식사를 하는 것이오? 그래도 되는 것이오?"

경건하다고 자부하는 정통파 유대인들은 이방인들이나 죄인들과 식사를 하지 않는 것을 대대로 중요한 전통으로 지켜 왔기 때문이다. 때마침 식사하시던 예수께서 율법 교사들의 말을 들으셨다. 그래서 자세를 고쳐 잡으신 뒤 그들을 향해 진중하게 말씀하신다.

"율법 교사들이여, 내 말을 명심하시오. 건강한 사람에게는 의사가 필요 없지만, 병든 사람에게는 의사가 꼭 필요하오. 내가 이 땅에 온 것은 의인을 부르러 온 것이 아니라, 죄인을 부르러 왔소."

예수님은 비유를 들어 영적으로 말씀하신 것이다. 여기서 의사가 필요 없는 '건강한 사람'은 스스로를 '의인'이라 여기는 교만한 자들을 가리킨다. 바리새인, 율법 교사, 사두개인 같은 사람들이다. 그러나 의사가 필요한 '병든 사람'은 당시에 죄인으로 간주된 하찮은 부류의 사람들, 그러니까 세리, 창녀, 그리고 이런저런 숱한 죄인들을 가리킨다. 물론, '의사'는 병든 영혼을 치료하시는 메시아 예수를 가리킨다. 여기서 메시아 예수는 자신이 이 땅에 오신 목적을 밝히 드러내셨다. 그것은 '죄인의 구원'이다.

금식에 관한 예수님의 가르침 (2:18-22; 마 9:14-17; 눅 5:33-39)

그 무렵, 세례 요한의 제자들과 바리새파 사람들이 금식을 하고 있었다. 유대 사회에서 정통파 유대인들, 특히 종교 지도자들인 바리새인이나 율법 학자들은 금식을 중요한 신앙의 의무라고 생각했다. 금식은 구제 및 기도와 더불어 경건한 자들이 반드시 이행해야 하는 신앙의 3대 의무라고 여겼다.

모세의 율법에는 '속죄일'(7월 10일)에만 금식할 의무가 있다 했지만 포로기 이후 유대인들은 그 외에도 일년에 네 차례 금식을 했다. 예수님 당시에 살았던 바리새인들은 일주일에 두 번, 곧 월요일과 목요일에 금식했다. 그래서 그 시기에 세례 요한의 제자들과 바리새파 사람들이 다함께 금식 중에 있었다. 이런 사실에 근거하여, 몇몇 사람들이 예수께로 와서 묻는다.

"선생님, 세례 요한의 제자들과 바리새파 사람들은 지금 금식 중에 있는데, 왜 선생님의 제자들은 금식하지 않는 것입니까?"

이 질문을 받으시고 예수께서 그들에게 대답하신다. 예수님의 대답은 다분히 비유적이다.

"결혼 잔치에 참석한 신랑의 친구들이 신랑과 같이 있으면서 어떻게 금식을 하겠소? 신랑과 함께 있는 동안에는 금식을 할 수 없는 게 아니겠소."

여기서 예수님은 금식이 쓸데없다고 말씀하신 게 아니다. 다만 시기를 불문하고 자신의 경건함과 의로움을 드러내기 위한 금식, 다시 말해 유대인들의 전통에 기초한 그릇된 금식을 지적하신 것이다. 사실, 경건한 정통파 유대인들조차도 자신들이나 자신들의 친인척과 관련된 혼인 기간 중에는 금식하지 않는다. 신랑신부와 더불어 혼인 잔치의 기쁨을 즐긴다. 이런 배경 하에서 예수님은 현재 진행 중인 천국의 복음 잔치를 혼인 잔치에 비유하면서, 지금은 금식보다 더욱 중요한 복음의 천국 잔치를 즐겨야 할 때라고 교훈하신 것이다.

그러므로 이 비유에서 '신랑'은 천국 복음의 당사자인 메시아 예수를, '신랑의 친구들'은 예수님과 함께 천국 복음의 기쁨을 맛보고 있는 예수님의 제자들 및 구속함을 받은 자들을 가리킨다. 어째서 세례 요한의 제자들이나 바리새파 사람들처럼 금식하지 않는 것이냐고 묻는 사람들을 향해 예수님의 비유적인 교훈은 계속 이어진다.

"그러나 때가 이르면, 신랑을 빼앗길 날이 올 것이오. 그러면 그 날에는 신랑의 친구 된 자들도 크게 슬퍼하며 누가 뭐라 하지 않아도 스스로 금식할 것이오. 그러니 너무 걱정하지 마시오."

신랑을 빼앗길 날은 예수님이 십자가에 매달려 죽으실 때를 가리킨다. 즉, 예수님이 더 이상 육체적으로 우리와 함께하지 않으실 때를 가리킨다. 이런 때가 오면, 예수님을 따르는 자들이 저마다 알아서 금식하게 될 것이라는 의미다.

음식물을 스스로 끊는 금식(禁食)! 사실, 금식은 신앙생활에 많은 도움을 주는 행위다. 금식은 우리로 하여금 기도에 집중할 수 있게 하고, 영적 각성을 일깨워주며, 하나님과의 친밀한 교제를 가능케 한다. 또한 우리의 죄악과 연약함을 제대로 바라볼 수 있게 하며, 그 결과 하나님만을 더욱 전적으로 의존할 수 있도록 우리를 이끈다. 이처럼 금식은 우리의 영성(靈性) 개발에 매우 유익하다.

하지만 유의해야 할 점이 있다. 금식이 신앙생활과 영성 개발에 유익이 되기 위해서는 '참된 금식'이어야 한다. 참된 금식은 하나님께 대한 전적인 의뢰와 그분의 뜻에 대한 절대 순복을 표현하는 행위다. 예수님 당시의 종교 지도자들 곧 바리새인, 율법 학자, 사두개인처럼 자신의 경건함과 의로움을 다른 사람들에게 나타내려는 의도로 행하는 금식은 참된 금식이 아니다. 금식은 하나님 앞에 자신을 온전히 내맡기는 겸손과 순종의 행위여야 한다. 이제 예수님은 금식에 관한 가르침에서 한 걸음 더 나아가 보다 근본적인 교훈을 들려주신다.

"내 말을 잘 들으시오. 낡은 옷에다 새로운 천 조각을 대고 깁는 사람은 없는 법이오. 만일 그렇게 하면, 새로운 천 조각이 낡은 옷을 잡아당겨 이전보다 더 크게 찢어지지 않겠소? 이와 마찬가지로, 새 포도주를 낡은 가죽부대에 담는 사람도 없소. 만일 그렇게 한다면, 가죽부대가 터져서 포도주도 버리고 부대도 버리게 되지 않겠소? 새 포도주는 새 부대에 담아야 하는 법이오."

사실이 그러하다. 새 포도주를 낡은 가죽부대에 담으면, 새 포도주의 강한 발효성 때문에 낡은 가죽부대가 그 압력을 견디지 못하고 그대로 터져버리고 만다. 그런데 예수님은 여기서 왜 새로운 천 조각과 새 포도주에 관해 말씀하시는 것인가?

이 같은 비유를 통해, 예수님은 유대교의 낡은 전통이 예수님 자신이 가르치고 있는 생생하고 역동적인 천국 복음을 담기에는 적절치 않다는 것을 말씀하신 것이다. 새로운 천 조각을 낡은 옷에 붙인다든지, 새 포도주를 낡은 가죽부대에 담으면, 낡은 것들이 그 새로운 것들을 도무지 감당하지 못한다. 그렇듯이 활기차게 살아 역사하고 생명력 넘치는 예수님의 천국 복음은 결코 낡은 유대 전통이나 형식적인 사상의 틀에 얽매일 수 없다.

안식일에 관한 예수님의 가르침 (2:23-28; 마 12:1-8; 눅 6:1-5)

어느 안식일, 예수께서 제자들과 함께 어느 밀밭 사이로 지나가고 있었다. 때에 제자들은 몹시 시장기를 느끼고 있던 터였다. 그래서 제자들은 밀밭 사이로 지나가면서 밀 이삭을 잘라 비벼 먹었다. 모세 율법에는 배고픈 사람이 밀 이삭을 (도구를 사용하지 않고) 손으로 잘라서 비벼 먹는 것은 얼마든지 허용되었다. 그런데 제자들이 그렇게 밀 이삭을 잘라 비벼 먹는 것을 바리새인 몇 사람이 목격하였다. 그들은 다그치듯 예수께 따진다.

"선생, 보시오! 당신의 제자들이 안식일에 해서는 안 될 일을 하고 있소. 어디 그래서야 되겠소? 교육을 똑바로 시켜야 되지 않겠소!"

이때 바리새인들이 문제 삼은 것은, 제자들이 밀 이삭을 잘라 비벼 먹은 행위 자체가 아니라, 그런 일을 '안식일'에 행했다는 것이다. 모세 율법은 안식일에 노동하는 행위를 금했다. 그런데 바리새인들은 그 규정을 사소한 율법주의로 만들어 버렸다. 바리새인들은 안식일에 곡물을 자르는 것과 그것을 먹기 전에 손으로 비비는 행위를 추수와 타작의 노동 행위로 보고 안식일을 어긴 죄로 간주했던 것이다. 태초에 하나님은 안식일을 복된 날로 만드셨지만, 예수님 당시에 바리새인들은 그 날을 무거운 짐으로 바꾸어 놓았다. 바리새인들의 항의를 듣고, 예수께서 그들에게 대답하신다.

"당신들은 성경을 잘 알고 있으니, 다윗과 그 일행이 먹을 것이 없어서 굶주렸을 때 다윗이 어떻게 행동했는지 읽어보았을 것이오."

"물론이오! 우리가 잘 알고 있소."

"좋소. 당시 아비아달이 대제사장으로 있을 때, 다윗은 하나님의 성막에 들어가서 제사장 외에는 아무도 먹을 수 없는 빵, 곧 상 위에 차려놓은 빵을 먹었고, 그의 일행에게도 그것을 나누어주지 않았소?"

"맞소! 그런데 그 얘길 지금 왜 하는 것이오?"

"그렇다면 당신들 생각에는 그때에 대제사장 아비아달이나 다윗이 하나님의 율법을 어긴 자들이라고 생각하오?"

"그건… 그렇다고 볼 수 없는 게…. 그런데, 선생! 그 일이 안식일을 어긴 선생의 제자들과 무슨 상관이 있다고 그런 얘기를 하는 것이오?"

바리새인들은 예수님이 말씀하시는 참뜻을 이해하지 못했다. 지금 예수님은 인간의 생명과 직결된 필요는 의식법(儀式法)이나 형식적인 종교 행위보다 우선한다는 사실을 다윗의 예를 들어 교훈하신 것이다.

이런 맥락에서, 예수님은 또 다른 장소에서 안식일에 구덩이에 빠진 짐승을 건져 올리는 행위도 안식일을 어기는 노동이 아니라 마땅히 행해야 할 바라고 가르치셨다. 말하자면 예수님은 율법의 본래 정신을 가르치시고 있는데, 바리새인들은 단지 율법의 문자에 얽매여 있었기에 예수님의 교훈을 이해하지 못했던 것이다. 바리새인들의 물음에 아랑곳없이, 예수님은 그들을 향해 위대한 복음의 진리를 선포하신다.

"안식일이 사람을 위해 만들어진 것이지, 사람이 안식일을 위해 만들어진 것이 아니오. 그러므로 인자는 안식일에도 주인이오."

예수님은 안식일을 무시하거나 가볍게 여기신 것이 아니다. 도리어 안식일을 온전히 회복시키셨다. 예수님은 사람이 만든 안식일 규례를 따른 것이 아니고, 본래 하나님께서 의도하셨던 안식일의 참된 정신을 따른 것이다. 하나님은 사람을 위해 안식일을 휴식과 평강의 날로 만들었다. 하지만 바리새인들은 안식일을 딱딱한 규례와 기쁨 없는 종교의식으로 만들었다. 그래서 율법의 완성자인 예수님은, 안식일에도 배고픈 자를 먹이고 궁지에 빠진 자를 도와주는 것이 마땅하다는 것을 보여주심으로써 하나님께서 의도하신 안식일의 참된 의미를 일깨워주신 것이다.

그렇다. 진실로 예수님은 구약 율법의 완성자이시다. 그렇기 때문에 구약 율법에 속하는 안식일도 예수님 안에서 비로소 완성된다. 이런 점에서 안식일의 주인은 어디까지나 메시아 예수다.

3

열두 제자와 참 가족

어머니와 형제들이 예수를 찾네
누가 내 어머니이며 내 형제인가
누구든 하나님 뜻에 따르는 자
그가 내 어머니이며 형제다

안식일에 손이 오그라든 사람을 고치심 (3:1-6; 마 12:9-14; 눅 6:6-11)

예수께서 안식일에 다시 회당에 들어가셨을 때의 일이다. 회당에는 한쪽 손이 오그라든 사람이 와 있었다. 선천성 장애라기보다는 어떤 질병이나 사고로 근육이 마비되고 손이 말라 버려 활동력이 상실된 후천적 장애인이다. 외경(外經)에는 이 병자의 직업이 미장이로서 손으로 생계를 꾸려 나가는 사람으로 나온다. 그는 신체적 상해를 입었지만 충실하게 회당생활을 하는 경건한 유대인으로 보인다.

회당은 바빌로니아 포로생활에서 돌아온 유대인들이 이스라엘의 각 지역에 세운 예배와 교육을 위한 집회 장소다. 신약시대에 이르러서는 대부분의 도시와 비교적 큰 마을에 이 같은 회당이 세워져 있었다.

'어디 보자… 오늘이 안식일이렷다. 예수란 자가 안식일에도 과연 사람들의 병을 고쳐줄까? 어디 한번 지켜봐야지….'

예수를 고발할 구실을 호시탐탐 찾고 있었던 사람들, 그들은 그

날이 안식일인데도 예수가 그 장애인을 고쳐줄 것인지 눈여겨 지켜보고 있었다. 회당은 지방법정 역할까지도 수행했다. 그러기에 안식일에 회당 내에서의 치유 사역은 공연히 긁어 부스럼을 만드는 일이었다. 하지만 예수께서는 한쪽 손이 오그라든 사람에게 다가가서 태연하게 말씀하신다.

"자, 일어나서 사람들 앞으로 나오시오."

그는 오그라진 한쪽 손을 다른 손으로 보호하면서 앞으로 나왔다. 예수께서 그 사람을 보면서 따스한 미소로 안심시켰다. 이어 예수께서는 자신의 행동을 눈여겨 지켜보고 있는 사람들을 향해 물으신다.

"여러분, 안식일에 선한 일을 하는 것이 옳습니까, 아니면 악한 일을 하는 것이 옳습니까? 사람을 살리는 것이 옳습니까, 아니면 죽이는 것이 옳습니까?"

답이 너무나 명확한 질문이었다. 그런데도 아무도 대답하는 사람이 없었다. 그저 머뭇거리며 서로 눈치만 슬슬 살필 뿐이었다. 율법의 형식과 문자에 얽매인 복음의 적대자들은 참 진리에 대해서 답변조차 못 하는 무기력한 종교인들이었다. 그런 모습에 예수께서는 크게 마음이 상하셨다. 아무도 대답하지 않자, 예수님은 그들을 한번 둘러보시고 그들의 마음이 완고한 것을 탄식하시면서 그 장애인에게 말씀하신다.

"이제 당신의 손을 펴시오!"

안식일에 한쪽 손 마른 사람을 고쳐주신 예수님.

예수님의 말을 듣고 그가 손을 앞으로 내밀면서 억지로 펴려 하니 처음에는 쉽지 않았다. 그러자 예수께서 미소 지으며 어서 손을 펴라는 따뜻한 눈짓을 했다. 그 미소에 응답하여 그가 손을 펴자, 거짓말처럼 손이 멀쩡하게 회복되었다. 오랜 세월 동안 오그라든 상태로 있던 손이 얼마든지 펴고 쥐고 할 수 있는 정상적인 손이 된 것이다.

"와! 기, 기적이다. 어떻게 저런 일이…!"

회당에 모인 사람들은 저마다 놀라워하며 탄성을 내질렀다. 그러나 예수를 고발할 구실을 찾던 바리새파 사람들은 크게 당혹해하며 그 길로 회당에서 총총 빠져나갔다. 그런 뒤, 그들은 헤롯 당원들과 함께 어떻게 하면 예수를 죽일 것인지 음모를 꾸미기 시작했다.

헤롯 당원들은 당시 갈릴리 지역을 통치한 분봉왕 헤롯 안디바(주전 4년~주후 39년)를 지지하는 정치적 추종자들을 말한다. 그들은 로마 세력을 등에 업고 헤롯 왕가의 보존을 꾀한 집단으로, 자신의 기득권 유지를 위해 로마제국의 지배에 우호적인 입장을 취했다. 정통적인 유대 신앙보다는 헬라주의를 받아들이고, 이방인의 유대 통치를 인정하였다. 당시 그들은 혁신적인 가르침으로 군중들의 인기를 한몸에 받고 있는 예수를 크나큰 정치적 위협 인물로 여겼다.

그 반대편에 바리새파가 있다. 이들은 유대의 종교적 지도자들이며 율법을 고수하는 경건파 그룹인데, 이들 역시 예수의 종교적, 영적인 영향력에 대해서 크게 경계하고 있었다. 본래 헤롯 당원들과 바리새인들은 사상과 이념이 달랐기 때문에 서로를 적대시했지만, 공통의 위협 인물로 떠오른 예수를 제거하는 일에 관해서는 서로 협력했다.

갈릴리 바닷가에 모여든 무리들 (3:7-12)

회당에서 나오신 예수님이 제자들과 함께 갈릴리 바닷가로 가시자 많은 무리가 예수를 따라왔고, 갈릴리 지역의 사방에서도 숱한 사람들이 몰려왔다. 뿐만 아니라 예수께서 그동안에 행하신 놀라운 일들이 사람들의 입과 입을 통해 널리 알려지자, 유대와 예루살렘과 이두매(세일 산악지대로, 옛 에돔 족속의 거주지)와 요단강 건너편과 저 멀리 북쪽의 두로와 시돈 부근에서도 큰 무리가 예수께로 모여들었다.

이때 예수께서는 무리들에 에워싸이는 것을 피하시려고 제자들에게 작은 배 한 척을 준비하라고 이르셨다. 예수께서는 자신에게 나아오는 수많은 병자를 누구도 마다하지 않으시고 일일이 고쳐주셨기 때문에, 각양각색의 병으로 고생하는 사람들은 너도나도 예수님께 자신을 보이고 또 예수님을 한번이라도 만져 보려고 예수님이 계신 곳이라면 어디든지 우르르 몰려들곤 했다. 그뿐 아니라 악한 귀신 들린 사람들은 예수님을 보기만 하면 예수님 앞에 엎드려 소리를 질러댔다.

"아아, 예수여! 당신은 정녕 하나님의 아들입니다!"

사탄(마귀)의 추종자들인 귀신, 그런 귀신들은 사탄과 마찬가지로 영적 존재이기 때문에 메시아 예수의 신분을 단번에 알아보았던 것이다. 귀신들이 예수님을 보고 두려워 떨면서 그렇게 소리를 냅다 지르면, 예수께서는 귀신들에게 자신이 누구인지 말하지 말라고 엄하게 꾸짖으셨다. 아직은 예수께서 자신의 메시아(그리스도) 신분을 세상에 공개적으로 드러내실 때가 아니라고 생각했기 때문이다.

예수께서 열두 제자를 세우심 (3:13-19; 마 10:1-4; 눅 6:12-16)

하루는 예수께서 산으로 올라가셨다. 그런 뒤, 자신을 따르는 자들 가운데 평소에 마음에 두었던 사람들을 부르셨다. 그들이 부르심을 받고 예수께로 나아오자, 예수께서는 그들 중 열두 사람을 따로 뽑아 특별한 제자들로 삼으셨다. 즉, 그들을 '사도(使徒)'로 지명하셨다.

이렇게 하신 까닭은 분명했다. 열두 제자들로 하여금 항상 자신과 함께 있게 하셔서 천국 복음의 진리를 보다 깊이 가르치시고, 그런 후에 그들을 세상으로 내보내어 복음을 전파하게 하고, 아울러 악한 귀신을 쫓아내는 특별한 권세도 주시려고 했기 때문이었다. 특히 예수님의 죽음과 승천 이후에는 예수 그리스도의 생생한 증인이 되어, 이 땅 위에 교회를 세우고 신자들을 이끌어가게 하기 위함이었다. 이때 예수께서 자신을 따르는 무리 가운데 따로 지명하여 뽑으신 12제자는 이러하다.

① **시몬(일명, 게바)**. 예수께서 '베드로'라는 이름을 붙여주신 인물로, 혈기가 많아 때로는 충동적이지만 강직함과 우직함이 있다.

②, ③ **야고보와 요한**. 세베대의 두 아들로, 이들의 급한 성격 때문에 예수께서 '천둥(우레)의 아들들'이라고 부르셨다. 예수님과는 이종사촌지간으로 보이는데, 야고보는 리더십이 있고 요한은 사랑이 넘치는 사람이다.

④ **안드레**. 베드로의 친동생이다. 늘 없는 듯 조용한 것 같지만, 꼭 필요한 곳에는 항상 그가 있었다.

⑤ **빌립**. 계산적이며 실증적이다. 지성에서 영성으로 나아간 제자다.

⑥ **바돌로매(일명, 나다나엘)**. 빌립의 친구다. 여러 학자들은 '바돌로매'와 '나다나엘'을 동일인으로 본다.

⑦ **마태(일명, 레위)**. 마태복음을 쓴 저자다. 돈을 세던 손이 성경을 기록한 손이 된다.

⑧ **도마(일명, 디두모)**. 만성적인 의심주의자다. 그렇지만 주님의 사랑과 이끄심에 마침내 부활신앙을 고백하기에 이른다.

⑨ **야고보**. 세베대의 아들 야고보과는 구별되는 인물로, 이 사람은 알패오의 아들이다. 로마가톨릭에서는 예수님의 동생인 야고보와

동일인으로 보지만, 개혁주의교회에서는 동명이인으로 본다.

⑩ **다대오(일명, 유다).** 마태복음과 마가복음에는 '다대오'로, 누가복음(6:16)과 사도행전(1:13)에는 '유다'로 기록되어 있다.

⑪ **시몬.** 로마제국의 압제에서 이스라엘 주권을 회복하자는 독립운동을 펼친 셀롯인, 곧 열심당원이다. 열심당은 마카비 전쟁과 유다 반란의 주역으로 알려져 있다.

⑫ **가룟 유다.** 유일하게 남방 유다 쪽 사람으로, 나중에 자신의 기대와 어긋나자 스승인 예수님을 배신한다.

이들 열두 제자 가운데 베드로가 수석 제자로 인정받았고, 또한 베드로와 야고보와 요한이 예수님의 주요 세 제자로서 활동했다. 그리고 이들 세 제자 가운데에서도 요한은 예수께 가장 사랑을 많이 받은 제자로 여겨진다.

성령을 모독하는 죄(3:20-30; 마 12:22-32; 눅 11:14-23; 12:10)

하루는 예수께서 어떤 집으로 들어가셨다. 그러자 이번에도 역시 수많은 사람들이 예수께 몰려들어, 예수님은 물론이고 그의 제자들도 식사할 겨를조차 없었다.

당시 예수님에 대한 소문은 갈릴리 인근지역에 널리 퍼져 있었다. 세례 요한에 크게 기대를 걸었던 이스라엘 백성들은 요한이 허망하게 사라지자 그 기대를 예수에게로 결집시켰다. 사실, 처음에는 예수에 대해 별로 기대를 걸지 않았었다. 출신 신분과 지역으로 보나 모양으로 보나 세례 요한과는 비교가 되지 않는 평범한 모습이었기 때문이다. 하지만 예수에 대한 소문은 날이 갈수록 파다하게 퍼져 갔고, 그의 가르침이 워낙 탁월하여 종교 교권자들이 절절 맬 정도였다. 그러자 백성들은 예수님을 다시 보기 시작했고 벌떼처럼 모여들었다.

예수님을 감당하지 못한 바리새파와 유대 종교 교권자들은 결국 가짜뉴스를 만들어 냈다. 예수가 귀신에게 사로잡혀 그의 조종에 의해 행동한다는 것이다. 예수의 가르침 역시 사람에게서 배운 바가 아니라 귀신에게서 비롯되었다는 것이다. 어느 곳에나 가짜뉴스를 그대로 믿는 사람들은 있는 법이다. 가짜뉴스를 믿는 사람들 중에는 불행하게도 예수님을 가장 믿어주어야 할 가족들도 포함되어 있었다.

"얘들아, 아무래도 너희 형 예수가 이상해졌나 보구나. 그러니 우리 모두가 예수에게로 가서 그를 잘 설득하여 집으로 데려오도록 하자꾸나. 참으로 걱정이로구나."

"맞아요, 형을 더 이상 내버려둘 수 없어요! 저러다가는 언젠가 일을 크게 당하겠어요!"

예수가 미쳤다는 소문을 들은 예수님의 가족들, 곧 예수님의 모친인 마리아와 동생들인 야고보, 요셉, 유다, 시몬은 어떻게든 예수를 붙잡아 그를 집으로 데려가려고 하였다. 그도 그럴 것이, 예수님의 믿을 수 없는 여러 주장들과 이상한 행동들, 유대 전통을 무시하고 죄인들과 가까이 지내는 습관, 그를 따르는 수많은 인파들, 식사할 겨를조차 없는 살인적인 스케줄 등은 예수님의 가족들로 하여금 충분히 예수를 정상적인 상태라고 보기 힘들게 만들었다.

더구나 당시에는 예루살렘에서 내려온 율법 교사들이 예수에 관하여 이렇게 떠들어대고 있었다.

"흥! 예수가 귀신을 쫓아낸다고? 그건 예수란 자가 귀신의 두목인 '바알세불'에게 사로잡혀있기 때문이야. 예수는 귀신의 두목인 바알세불의 힘으로 귀신들을 쫓아내는 것이야!"

바알세불(Beelzebub)은 귀신들의 왕으로, 곧 '사탄(Satan)'을 가리키는 말이다. 구약에서 바알(Baal)은 '주인' 혹은 '왕'이란 뜻을 지닌 가나안 최고의 신이었다. 그런데 후일 유대인들은 그 말에다 '파리'를 뜻하는 세불(-zebub)이라는 접미사를 붙여 바알을 '파리들의 왕'이라고 조롱했다.

예루살렘에서 내려온 율법 교사들은 이런 바알세불의 힘을 덧입어 예수가 귀신을 쫓아내는 것이라고 악담했다. 이는 예수를 한낱 귀신 들린 자로 매도하는 말로서, 예수님의 인격에 대한 지독한 모욕이었다. 그들은 예수가 베푼 이적들이 신적 능력이 아님을 주장하기 위해 이처럼 거짓되고 사악한 비난을 일삼았던 것이다.

예수님은 그냥 넘어갈 수가 없었다. 그들의 말에 모욕을 느껴서라기보다는 그들의 거짓된 소문이 복음 사역에 좋지 않는 영향을 미칠 것이 분명하기에 백성들 앞에서 단단히 바로잡아주어야 했다. 그래서 예수님은 그들의 주장이 얼마나 터무니없는 것인지를 비유로 밝혀주신다.

"자, 생각들 해보시오. 사탄이 어떻게 사탄을 쫓아낼 수 있겠소? 한 나라가 갈라져 서로 싸우면 그 나라는 지탱할 수 없소. 또한 한 가정이 갈라져 서로 싸우면 그 가정은 망하는 법이오. 마찬가지로, 사탄이 사탄과 싸운다면 대체 무슨 일이 벌어지겠소? 사탄의 나라는 서지 못하고 망해 버리지 않겠소? 누군가가 힘센 자의 집을 털려면 먼저 그 힘센 자를 묶어 놓아야 그의 재산을 털어갈 수 있을 것이오."

사탄은 모든 귀신의 왕이고, 모든 귀신은 사탄의 졸개들이다. 그래서 귀신들의 두목인 힘센 자 사탄은 자기 졸개들인 귀신들을 부려 사람을 미혹하고 온갖 사악한 짓을 행한다. 그렇기 때문에 사탄이 자신의 충실한 수하인 귀신들을 쫓아낼 리 만무하다. 만약 그렇게 한다면, 그런 나라는 스스로 무너져 저절로 망하고 말 것이다. 그렇기 때문에 예수가 귀신들을 쫓아내는 것은 결단코 사탄(바알세불)의 힘을 덧입은 게 아니란 사실이 입증된다. 도리어 예수님은 정반대다. 예수님은 힘센 자인 사탄을 결박한 뒤에 그 사탄에게 사로잡혀 있었던 재산(귀신 들린 사람들)을 털고(구해내고) 있는 것이다.

이 같은 비유로써 예수님은 율법 교사들 곧 바리새파 서기관들의 거짓되고 사악한 주장을 일거에 무력화시킨 다음, 그들을 향해 아주 엄중한 경고를 선포하신다.

서기관들과 바알세불 논쟁을 벌이시는 예수님.

"내가 당신들에게 분명히 말하겠소. 사람이 어떤 죄를 짓든, 또 사람이 자기 입을 함부로 놀려 어떤 욕설을 퍼붓든, 그런 것들은 다 용서받을 수 있소. 그러나 성령을 모독하는 죄, 그 죄는 결단코 용서받지 못할 것이오. 정말 그렇소! 성령 모독죄만큼은 그 무엇으로도 영원히 씻을 수 없소!"

참으로 무시무시한 경고다. 예수께서 이렇게 말씀하신 것은, 율법 교사들이 자신에 대하여 '악한 귀신이 들렸다.' 라고 주장했기 때문이다. 그렇다면 예수께서 그들에게 엄중히 경고하신바 영원히 용서받을 수 없는 '성령 모독죄'는 구체적으로 어떤 죄인가?

먼저 성령께서 하시는 일에 주목할 필요가 있다. 삼위일체 하나님 중 제3위 하나님이신 성령, 그분은 예수님의 구속(救贖) 사역을 각 사람에게 적용시키는 일을 하신다. 즉, 죄인으로 하여금 죄를 깨닫게 함으로써 그로 하여금 회개하게 하고 거듭나게 하는 일을 하신다. 그렇게 역사하심으로써 그 죄인에게 예수님의 구속 사역을 적용시켜 마침내 구원을 얻게 하신다. 따라서 성령 모독죄는 사람이 살아가면서 때때로

범할 수 있는 어떤 죄, 실수, 잘못 같은 것들이 아니다. 성령 모독죄는 성령 자체를 무시하고 거부하는 죄로, 완고한 마음으로 계속해서 성령의 사역을 고의적으로 배척하는 죄다. 다시 말해 죄인을 회개와 거듭남으로 인도하시는 성령님과 그분의 사역을 적극적으로 거부하고 배척함으로써 예수 그리스도의 구속의 공로가 자신에게 적용되는 것을 원천적으로 차단시키는 죄다.

결국 이런 자들은 예수님을 자신의 구주로 영접해 들일 가능성이 전혀 없기 때문에, 사실상 죄 사함의 가능성이 전혀 없는 영원한 죄, 곧 성령 모독죄를 범하고 있는 것이다. 지금 성령에 의한 예수님의 축사(逐邪) 행위를 한낱 사탄의 일로 치부하는 율법 교사들이 그런 죄를 범하고 있는 것이다.

예수님의 참된 형제자매들 (3:31-35; 마 12:46-50; 눅 8:19-21)

"여기에 예수가 있지요? 우리는 예수의 가족 되는 사람들이예요. 그러니…."

예수께서 율법 교사들에게 엄중히 경고하고 있던 그때, 예수의 어머니와 형제들이 예수님을 찾아왔다. 그들은 집 바깥에 서서 사람을 안으로 들여보내 예수를 자신들에게 불러달라고 부탁했다. 그러자 사람들이 예수님을 에워싸고 있다가 예수님께 그 사실을 알린다.

"선생님, 지금 선생님의 어머니와 형제들이 선생님을 찾고 계십니다. 무슨 급한 일로 찾으시는 것 같으니, 한번 만나 보시지요."

그 말을 듣고, 예수께서는 담담한 반응을 보인 채 사람들을 쭉 둘러보시며 되물으신다.

"여러분, 누가 내 어머니이며, 누가 내 형제들입니까?"

의외의 질문에, 사람들은 모두 어안이 벙벙해져서 아무런 답변을 하지 못했다. 그러자 예수님은 둘러앉은 사람들을 다시금 쭉 돌아보시며 진지하게 말씀하신다.

"보십시오. 바로 여기에 있는 사람들이 내 어머니요 내 형제들입니다. 그렇습니다. 누구든지 하나님의 뜻에 따르는 사람들이 곧 내 형제요 내 자매이며 내 어머니입니다."

이 같은 예수님의 말씀에, 그 동안 예수님을 줄곧 따라다니던 제자들과 여인들, 그리고 그 자리에 있던 무리들은 크게 감동을 받았다. 하지만 정작 예수님의 모친과 형제들, 곧 예수님의 실제적인 육적 가족들은 그 말에 어떤 심정이었을까. 이때 예수님은 자신의 가족을 모른 체하는 무례를 범한 것일까?

그게 아니다. 다만 예수님은 때마침 자신을 찾아온 가족을 통해 육적인 가족보다 더욱 소중하고 영원한 영적인 가족 관계를 비유적으로 적절하게 교훈하셨을 뿐이다. 사실, 예수님은 십자가 위에 매달린 극한의 고통 상황 가운데서도 십자가 아래에 있는 모친 마리아를 보시고는 제자 요한에게 모친의 노후를 보살펴줄 것을 당부한, 지극한 효자이시다.

그 날, 예수님의 모친과 형제자매들은 예수님을 잠깐 만나보고는 그냥 돌아갔다. 처음 생각대로 예수님을 데리고 함께 집으로 돌아가지 못했다. 형제들은 어떻게 그리 가족들에게 야박한 말을 할 수 있느냐며 분한 마음까지 들었지만, 모친 마리아는 마음에 생각하는 바가 많았다. 또한 야고보와 유다도 형의 말을 섭섭하게만 여기지 않았다. 오히려 혈연적인 관계에 연연하기보다 자신에게 주어진 길을 가기 위해 인간의 정을 애써 외면하고 있는 형에게서 사명자의 길을 보았고, 그에 따른 외로움도 보았다.

두 사람에게 이런 마음이 오래 남아, 둘은 머잖아 예수님을 자신들의 구세주로 영접하게 되고, 결국에는 초대교회의 훌륭한 지도자들이 된다. 훗날 '야고보서'를 기록한 그 야고보와 '유다서'를 기록한 그 유다가 바로 예수님의 형제 된 그 두 사람이다.

4

천국 비유와 이적

하나님의 나라는 겨자씨 같아
작은 것이 큰 나무가 된다
땅에 심을 땐 가장 작은 씨라도
자라면 새들이 깃들일 정도가 된다

씨 뿌리는 자의 비유 (4:1-12; 마 13:1-9; 눅 8:4-8)

때는 주후 28년 말엽부터 29년 초엽쯤, 예수께서는 이스라엘 땅의 북방인 갈릴리 지역에서 전도 사역을 계속 펼치고 계셨다. 하루는 예수께서 다시금 갈릴리 바닷가로 나가 사람들을 가르치셨다. 그런데 모여든 사람들이 너무 많았다. 스피커 시설도 없는 시대였기에 그 많은 사람들에게 큰 소리로 외치다가는 목이 쉬게 될 것이고, 멀리 있는 사람들의 귀에는 아무 소리로 들리지 않을 것이다. 아무리 좋은 교훈도 들리지 않으면 무슨 소용 있으랴.

예수님은 주변을 살펴보았다. 갈릴리 바다에서 시원한 바람이 불어왔다. 예수께서는 바다 위에 작은 배를 띄워놓고는 거기 올라가셨다. 그래야 더 많은 사람들이 볼 수가 있다. 그리하여 갈릴리 바다는 마치 야외 공연장 같았다. 배 위에서 말씀을 전하시니 계곡을 통해 들어오고 나가는 부드러운 바닷바람에 예수님의 음성이 더 멀리 퍼졌다. 자연을 이용해서 말씀을 전하신 것이다. 산중턱이나 들판에서도 늘 이런 방식으로 많은 사람들에게 말씀을 전하셨다.

예수님은 하늘의 이치에만 능하신 분이 아니라 자연의 법칙과 원리도 속속들이 알고 계셨다. 사실, 그분은 만물을 창조하신 분이기 때문이다.

"흠, 이젠 됐구나."

예수께서는 배 위에 앉아 자세를 가다듬으신 후 무리를 향해 입을 열어 말씀을 가르치셨다. 이때 예수님은 여러 가지 비유를 들어 천국 복음의 진리를 가르치셨다. 예수께서 특별히 비유를 들어 가르치신 데에는 그만한 까닭이 있다.

첫째, 천국의 심오한 진리를 일상생활에 빗대어 쉽게 가르치기 위해서였다.

둘째, 천국의 소중한 진리를 비유로 감싸 복음의 적대자들로부터 안전하게 보호하기 위해서였다.

그래서 예수님은 비유로 가르치신 뒤에는 언제나 "들을 귀 있는 자들은 들으라!" 하고 말씀하신 것이다. 갈릴리 바다에 다시 바람이 불어온다. 바람에 실려 비릿한 해풍 냄새가 코끝을 간지럽힌다. 갈릴리 바다에서 살아왔던 사람들에게는 익숙한 냄새다. 바람에 실려 예수님의 음성이 들려온다. 나지막하게 말씀하는 것 같은데 굉장히 친근하게 가까이서 들리는 것 같은 느낌을 받는다. 자, 이제 마음의 귀를 활짝 열고 예수님의 비유를 들어보자.

"여러분, 귀 기울여 잘 들으십시오. 어느 날, 한 농부가 씨를 뿌리러 밭에 나갔습니다. 밭에 나가 한창 씨를 뿌리는데, 어떤 씨들은 바람에 날려 길가에 떨어졌습니다. 그러자 어디선가 새들이 후르륵 날아와서는 그 씨들을 다 쪼아 먹었습니다."

농부가 씨를 뿌리는 광경, 이는 갈릴리 호수 연안의 옥토에서 흔히 볼 수 있는 일상적인 풍경이다. 무리들이 누구나 알아듣기 쉽도록 예수님은 언제나 이처럼 평범한 일상의 삶을 비유의 소재로 삼으셨다. 팔레스타인 농부들은 우기(雨期)가 시작되는 10~11월에 비가 오고 나서 곧장 밭을 간다. 밭을 평평하게 다진 다음에, 나귀의 등에 씨를 담은 큰 자루를 싣고, 그 씨를 허리춤에 찰 수 있도록 만든 가죽주머니에 조금씩 옮긴다. 그런 다음에 농부가 밭이랑을 돌면서 씨를 흩뿌리면 다른 일꾼이 쟁기로 흙을 덮음으로써 파종 작업을 마무리한다.

"맞아, 길가에 떨어진 씨들은 새들의 밥이 되기 십상이지…!"

사람들은 고개를 끄덕이며 수긍했다. 그렇다. 길가는 밭과 밭 사이에 있는 좁은 길인데, 이 땅은 사람들이 수없이 밟아 굳어진 땅이기에 여기 떨어진 씨앗은 제대로 싹을 틔울 수 없었고, 또한 새들에게 쉽게 발견되어 먹잇감이 되곤 했다. 뿌려진 씨가 새의 먹잇감이 되는 것은, 그 씨 자체의 결함이 아니라 씨를 담고 있는 땅의 상태가 문제였다. 예수님은 그 점을 강조하셨다. 이처럼 비유로 말하고 있기에, 그 의미를 제대로 이해하는 청중들이 얼마나 될까? 예수님의 비유는 계속된다.

"농부가 뿌린 어떤 씨들은 흙이 얇게 덮인 돌밭에 떨어졌습니다. 싹은 이내 나왔지만 흙이 깊지 않아서 해가 뜨자 그 싹은 뜨거운 열기를 견디지 못하고 뿌리도 제대로 내리지 못한 채 그냥 말라버리고 말았습니다."

흙이 얇게 덮인 돌밭이란, 돌이 약간 섞인 농토가 아니라 돌투성이 밭에 흙이 얇게 덮여 있는 자갈밭이다. 갈릴리 호수 근방에서 쉽게 찾을 수 있는 토양이다. 이런 곳은 수분을 쉽게 취할 수 있고, 마치 온실 같은 역할을 하기에 싹이 빨리 트게 된다. 그러나 연한 뿌리는 돌무더기에 막혀 깊게 박히지 못하고 지면에 노출되기에, 뜨거운 태양열에 견디지 못하여 쉽사리 말라죽고 만다.

"또 어떤 씨들은 가시덤불 속에 떨어졌습니다. 이 씨들은 싹을 틔우고 뿌리를 내려 어느 정도까지는 자랐지만, 그보다는 가시나무들이 더욱 무성하게 자라나 덮어버리는 바람에 아무런 열매를 맺지 못했습니다."

"저런! 쯧쯧!"

팔레스타인에는 밭 주위에 가시덤불이 많이 자라며 곡식과 함께 자라는 경우도 있다. 적당한 시기에 왕성한 가시덤불을 제거해주지 않으면 곡식은 더 이상 성장하지 못한다.

"그러나 어떤 씨들은 좋은 땅에 떨어졌습니다. 그 씨들은 싹을 틔우고 뿌리를 제대로 내려 무럭무럭 잘 자랐습니다. 그리하여 마침내 30배의 열매를 맺었고, 어떤 씨는 60배, 심지어 어떤 씨는 100배의 열매를 맺었습니다."

"아무렴! 그래야지. 그래야 씨 뿌린 농부가 보람이 있지!"

당시 농사법으로 100배의 열매를 거둔다는 것은 엄청난 소출이다. 그러니 청중들은 그 자체만으로도 듣기에 즐겁다. 그래서 씨 뿌리는 농부의 비유를 재밌게 들으며 저마다 한 마디씩 했다. 그때, 예수께서 청중들을 향해 의미심장한 말씀을 하신다.

"여러분, 비유를 잘 들었습니까? 자, 그렇다면 들을 귀가 있는 사람은 그 비유가 무얼 의미하는지 새겨들으시기 바랍니다."

여기서 '들을 귀가 있는 사람'은 예수께서 가르치시는 천국 복음의 진리를 배척하지 않고, 그것을 순전하게 받아들일 수 있는 마음의 문이 열려 있는 사람을 가리킨다. 그러나 청중들은 대부분 예수께서 하시는 비유의 깊은 의미를 제대로 알아차리지 못했다. 그냥 유명한 랍비가 자기네들의 농사법을 익숙하게 알고 있는 게 신기했고, 그분의 고명한 가르침 속에 자기들의 일상적인 이야기가 들어갔다는 그 자체를 흥미롭게 생각했을 뿐이다.

씨 뿌리는 자의 비유에 대한 설명 (4:13-20; 마 13:10-23; 눅 8:9-15)

갈릴리 바다에 어둑어둑 저녁이 찾아들자 사람들은 집으로 돌아갔다.

사람들이 모두 집으로 돌아가고 예수께서 혼자 계실 때, 열두 제자를 비롯하여 항상 예수님을 따르던 일단의 사람들이 예수님께 나아와 조용히 묻는다.

"스승님, 스승님께서 이번에 가르치신… 그 '씨 뿌리는 농부의 비유'는 무슨 뜻을 갖고 있습니까?"

"아, 그 비유 말이냐? 너희에게는 하나님 나라의 비밀을 아는 것이 허락되었다. 하지만 저 바깥의 다른 사람들에게는 모든 것이 단지 비유로만 들릴 것이다. 그런 까닭이 있다. 옛적 이사야 선지자가 말했듯이 '그들이 보긴 보아도 알지 못하게 하고, 듣긴 들어도 깨닫지 못하게 하여, 그들로 돌이켜 용서를 받지 못하게 하려는' 것이다."

"네엣? 그게… 대체 무슨 말씀이신지…? 왜 용서를 받지 못하게…."

"내가 비유로 말한 것은, 천국 진리를 쉽게 알려주기 위한 목적도 있지만, 다른 한편으로는 그것을 감추기 위함이기도 하다. 나는 내 복음을 배척하는 완악한 마음의 소유자들에게는 비유로써 천국 진리를 감추었다."

제자들은 잠자코 듣고 있었다. 예수님은 계속 말씀하신다.

"천국 복음이 모든 사람들에게 열려 있는 것은 사실이다. 그렇지만 그것은 결코 복음의 적대자들에게 함부로 짓밟히거나 가볍게 취급당해서는 안 되기 때문에 비유로써 감추었고, 그 결과 마음의 귀가 닫혀 비유의 뜻을 알지 못하는 자들은 돌이켜 용서받을 수 없게 된다. 이제 무슨 말인지 알아듣겠느냐?"

"아, 아, 네…. 그런 뜻이로군요."

제자들이 알듯 모를 듯한 애매한 표정을 지으며 시원찮게 대답했다. 그러자 예수님도 제자들이 미덥지 못했는지 확인을 한다.

"아니, 너희도 그 비유를 알아듣지 못하겠느냐? 그것 참! 그렇게 간단한 비유조차 이해하지 못한다면, 어떻게 다른 심오한 비유들을 알아들을 수 있겠느냐. 잘 들어라. 이제부터 내가 그 비유를 풀이해 주마."

"네! 스승님! 그 비유가 무슨 뜻인지 해설해 주십시오."

예수께서 '씨 뿌리는 비유'에 관해 설명해 주시다.

"씨를 뿌리는 농부는 하나님의 말씀을 전하는 사람이다. 그리고 길가에 떨어진 씨들은 하나님의 말씀을 듣긴 하지만 곧바로 사탄에게 그 말씀을 빼앗겨 버리는 자들이다. 그러니까 길가에 떨어진 씨들을 쪼아 먹는 새들은 '사탄'을 가리키는 게지."

"아, 그렇군요."

"돌밭에 떨어진 씨들은 이런 자들을 가리킨다. 처음엔 하나님의 말씀을 기쁘게 듣지만, 그 말씀이 마음속에 깊이 뿌리내리지 못하여 말씀 때문에 환란이나 박해를 받으면 곧장 걸려 넘어지는 자들이니라."

스승께서 조금만 해석을 덧붙여주니, 깜깜했던 비유가 귀에 쏙쏙 들어왔다.

"그리고 가시덤불 속에 떨어진 씨들은 어떤 자들인고 하면, 그들은 말씀을 듣긴 하지만 세상살이의 염려와 재물의 유혹, 그밖의 다른 여러 욕심들이 그 마음속에서 말씀을 막아서 아무런 열매도 맺지 못하는 자들을 가리킨다."

"아하! 이제야 무슨 말씀인지, 비유가 훤히 보입니다."

"끝으로, 좋은 땅에 뿌려진 씨들은 이런 자들을 가리킨다. 그들은 하나님의 말씀을 잘 듣고 그 말씀을 마음속에 단단히 뿌리내려 그 말씀대로 살아가는 자들이다. 그 결과, 그런 자들은 나중에 혹은 30배, 혹은 60배, 혹은 100배의 풍성한 열매를 맺는 법이지. 이게 내가 가르친바 '씨 뿌리는 농부의 비유' 속에 담긴 뜻이니라."

"잘 알겠습니다. 그 비유를 마음에 깊이 새기겠습니다."

"당연히 그래야 한다. 자, 그렇다면 하나 묻겠다. 씨 뿌리는 농부가 씨를 뿌릴 때 기대하는 것은 무엇이겠느냐?"

"네, 그건 자신이 뿌린 씨가 좋은 땅에 떨어져 풍성한 결실을 맺는 것입니다."

그렇다! 지금 사람들의 마음속에 천국 복음의 씨앗을 뿌리시는 예수님, 그분 예수님은 자신이 뿌린 말씀의 씨가 사람들의 부드럽고 좋은 심령 밭에 떨어져, 그 말씀이 그 사람의 마음속에 튼튼하게 뿌리를 내리고 왕성하게 자라나서, 마침내 그 사람의 온 인격과 삶을 통해 풍성한 성령의 열매가 30배, 60배, 100배로 주렁주렁 맺히기를 기대하신다.

등불의 비유 (4:21-25; 눅 8:16-18)

'씨 뿌리는 농부의 비유'를 친절하게 설명해 주신 뒤, 예수께서는 또 제자들에게 말씀하신다.

"들어 보아라. 사람이 등불을 켜서, 그것을 됫박으로 덮어두거나 침상 밑에 두는 사람이 어디에 있겠느냐? 누구든지 등불은 등잔대 위에다 두지 않느냐?"

"맞습니다! 마땅히 그렇게 합니다."

"마찬가지니라. 숨겨둔 것은 드러나게 마련이고, 감추어둔 것은 나타나게 마련이다. 들을 귀가 있는 사람은 알아듣도록 하여라."

이른바 '등불의 비유'다. 여기서 '숨겨둔 것' 혹은 '감추어둔 것'은 곧 천국의 비밀이다. 사람이 등불을 켜서 등잔대 위에 두는 것은 그

빛을 널리 밝히기 위함이듯, 천국의 비밀 역시 당장에는 숨겨지고 감추어진바 되어도 언젠가는 모든 사람에게 밝히 드러나고 나타나게 될 것이라는 의미다. 천국 복음의 빛은 시대와 공간을 초월하여 세상 모든 사람에게 널리 임해야 하기 때문이다. 예수께서 제자들에게 또 말씀하신다.

"너희는 이 말을 마음에 새겨들어라. 너희가 남에게 헤아려 달아주는 만큼 나중에 헤아려 달아 받게 될 뿐만 아니라, 거기에다 덤으로 더 헤아려 얹어 받게 될 것이다. 그렇다. 누구든지 가진 사람은 더 많이 받을 것이고, 갖지 못한 사람은 그 가진 것마저도 빼앗기고 말 것이다."

여기서 예수님은 영적 세계의 빈익빈부익부(貧益貧富益富) 현상에 관해 말씀하셨다. 복음을 수용하는 마음 자세를 '그릇'에 비유하여, 그 그릇이 큰 자들은 마음 문을 활짝 열고 깊고 넓은 영적 통찰력으로 날이 갈수록 더욱 더 많이 받아들여 풍성한 은혜를 누릴 것이지만, 마음 문을 단단히 걸어 잠금으로써 그 그릇이 작은 자들은 날이 갈수록 점점 더 쪼그라들어 아주 빈약하게 될 것이라는 말씀이다.

스스로 자라나는 씨의 비유 (4:26-29)

예수님은 계속해서 제자들에게 비유로써 말씀하신다.

"하나님의 나라 곧 천국은 이렇게 비유할 수도 있겠다. 농부가 땅에 씨를 뿌려 놓았다고 치자. 그러면 그 씨는, 농부가 자든 깨어 있든 밤낮으로 싹을 틔우고 스스로 자라나는 법이다. 씨가 어떻게 해서 그렇게 스스로 자라나는지 농부는 알지 못한다. 그 까닭이 무엇이겠느냐?"

"그게… 글쎄요."

"그 까닭은, 땅이 저절로 씨를 자라나게 하기 때문이다. 진실로 그렇다. 씨를 뿌려 놓으면 처음에는 싹이 돋고, 다음에는 이삭이 나고, 마침내 낟알이 알차게 맺힌다. 그래서 곡식이 다 익으면, 농부는 낫을 대어 곡식을 거두어들인다. 추수 때가 되었기 때문이니라."

"그렇습니다. 스승님의 말씀이 다 옳습니다. 씨는 일단 뿌려 놓으면 스스로 자라납니다. 그런데 이 비유는 무슨 뜻을 지닌 것입니까?"

제자들은 아직 모르는 게 많았다. 비유로 말하는 이야기의 내용은 쉽게 잘 알아들었지만, 그 비유 속에 깃든 의미와 진리가 무엇인지는 헷갈려하고 있었다. 예수님은 그러한 제자들을 탓하지 아니하시고 인자한 미소를 띠시며 비유를 찬찬히 설명해 주신다.

"씨를 뿌린 농부가 그 씨의 성장과 결실을 깨닫지 못하는 것처럼, 사람들의 마음 밭에 뿌려진 천국 복음의 씨는 사람들이 알지 못하는 사이에 하나님의 주권으로 말미암아 무럭무럭 잘 자라나서 마침내 추수할 만큼 곡식 열매가 충분히 익게 된다. 그만큼 천국 복음은 그 자체 속에 스스로 강력한 생명력을 지니고 있느니라. 무슨 말인지 이제는 알겠느냐?"

그렇다. 씨는 조용히, 하지만 꾸준히 자란다. 씨처럼, 하나님의 나라도 눈에 띄지 않게 조용히 성장하되, 마침내 추수할 수 있을 만큼 풍성하게 자라난다. 그것은 인간의 노력에 의해서가 아니고 오롯이 하나님의 주권적인 사역의 결과다.

겨자씨의 비유 (4:30-32; 마 13:31-32; 눅 13:18-19)

예수께서 또 말씀하시고, 제자들은 귀를 쫑긋 기울여 듣는다. 비유로 전달하는 이야기는 쉽고도 재밌기 때문에 계속 들어도 조금도 지루하지 않다.

"어디 보자…. 하나님의 나라를 어디에 비할 수 있을까? 무슨 비유로 하나님의 나라를 잘 설명할 수 있을까?"

비유를 뜻하는 헬라어 '파라볼레'는 '옆'이란 뜻의 전치사 '파라'와 '던지다'란 뜻의 동사 '발로'가 합성된 형태로, 말하자면 어떤 사물을 곁에 두고 그것에 빗대어 말한다는 뜻이다. 이처럼 말하는 이유는, 전달하고자 하는 진리를 쉽고도 친숙하며 재밌게 전달할 수 있기 때문이다.

“그렇지! 하나님의 나라는 ‘겨자씨’와도 같다. 알다시피, 겨자씨는 모든 씨들 가운데 가장 작지 않느냐? 그러나 일단 땅에 심어지면 어떤 식물보다도 더 크게 자라나서, 나중에는 공중의 새들이 그 가지에 깃들일 만큼 무성하게 되느니라.”

겨자씨는 눈에 잘 보이지 않을 정도로 아주 작다. 하지만 땅에 심어지면 1~2년 내에 3.5m~4.5m나 될 정도로 크게 자라는 식물로 성장력이 아주 왕성하다. 원래는 서아시아의 야생초로, 씨에서 나는 기름의 효율성 때문에 널리 재배하게 되었다. 씨는 매우 작아 725~760개 정도의 씨앗이 겨우 1g에 불과하다. 겨자나무의 씨는 기름을 짜고 줄기와 깍지는 가축의 사료로 쓰인다. 겨자씨 비유에 포함된 진리는 이러하다.

씨 중에서도 특별히 겨자씨의 성장은 아주 놀라울 정도다. 아주 작은 겨자씨가 괄목할 만한 성장을 이룩하여 아주 크게 자라나는 것처럼, 하나님의 나라도 초창기에는 아주 미미하지만, 나중에는 상상도 할 수 없을 만큼 아주 창대하게 된다는 것이다.

예수께서 비유로 천국 복음의 진리를 가르치심(4:33-34; 마 13:34-35)

예수께서는 비유를 들어 사람들을 가르치셨다. 조금 과장해서 표현하면, 비유가 아니면 아예 사람들을 가르치시지 않을 정도였다. 그만큼 빈번하게 비유를 사용하여 천국 복음의 깊고도 신비로운 진리를 뭇 사람들이 알아듣기 쉽게 가르치셨다.

그만큼 예수님의 가르침에서 ‘비유’라는 전달방식의 비중은 아주 크다. 예수님의 모든 가르침 가운데 대략 3분의 1이 비유에 속할 정도다. 예수님은 씨를 뿌리는 이야기, 겨자씨 이야기, 물고기를 잡아서 고르는 어부 이야기 등의 비유처럼, 갈릴리 민중들이 쉽게 만날 수 있는 소재들을 활용하여 ‘하나님의 나라’라는 신비롭고 새로운 세상에 대해 말씀을 전하셨다.

예수님이 이렇게 비유를 사용하여 교훈을 전하신 까닭은 영적인 교훈의 난해성 때문이다. 지금껏 한 번도 경험한 적이 없는 어려운 주제를 이해시키기 위해서는 세상의 일상적인 이야기에 빗대어 가르쳐야 비로소 천국 복음의 진리를 쉽고도 흥미롭게 알아들을 수 있을 것이기 때문이다. 물론, 말씀을 듣기 위해 예수님께 온 청중들 대부분이 배우지 못한 사람이라는 것도 염두에 두셨을 것이다.

예수께서 비유를 자주 사용하신 데에는 또 다른 이유가 있었다. 일차적인 이유는 앞서 언급했듯이 천국 복음의 진리를 쉽고도 흥미롭게 가르치기 위함이었지만, 이차적인 이유는 소중하고 고귀한 천국 복음의 진리를 적대자들의 조롱, 폄훼, 반격 등으로부터 숨기기 위함이었다. 말하자면 천국 복음의 진리를 '비유'라는 포장지로 둘둘 감싼 것이다.

요컨대 돼지에게 진주를 주면, 그것의 가치를 전혀 알지 못하는 돼지는 진주를 마구 짓밟고 깨물어 뜯는다. 마찬가지로 '천국 복음'이라는 진주를 돼지 같은 우둔하고 악한 자들로부터 온전히 보호하기 위해 예수님은 비유를 사용하신 것이다. 그런데 때로는 제자들조차 비유 속에 담긴 천국 복음의 진리를 제대로 깨닫지 못하는 경우가 왕왕 있었다. 그래서 예수님은 제자들과 함께 조용히 있을 때는 그들에게 그 비유의 뜻을 따로 자상하게 설명해 주시곤 하셨다.

이처럼 제자들은 알게 모르게 하나씩 천국 진리를 배워가고 있었다. 훗날, 제자들은 스승께서 가르쳐주신 이런 내용들을 모두 자신의 것으로 소화하고 수용하여 힘 있게 선포하게 된다. 하지만 이때는 자신들이 장차 그렇게 위대한 복음의 사역자가 될 줄은 꿈도 꾸지 못했다.

예수께서 풍랑을 잔잔케 하심(4:35-41; 마 8:23-27; 눅 8:22-25)

천국 복음의 진리에 관하여 여러 가지 비유들로 제자들을 힘써 가르치신 그날 저녁, 예수님은 교훈을 마치시며 제자들에게 말씀하신다.

"자, 이제 우리는 갈릴리 호수 건너편으로 건너가자."

이때 예수님이 말한 '갈릴리 호수 건너편'은 갈릴리 지역의 동편에 있는 거라사 지방을 가리킨다.

"네, 스승님. 배를 알아보겠습니다."

제자들은 쉽게 배를 구해 왔다. 아직도 갈릴리 바다에는 그들의 동료들로 넘쳐난다. 예수님의 말씀에 따라 제자들은 무리를 뒤에 남겨둔 채 예수님을 모시고 배를 저어 갈릴리 호수를 건너갔다. 그런데 다른 배들도 그 뒤를 따랐다. 그 배들에는 예수님 일행을 지극 정성으로 따라다니던 사람들이 타고 있었다. 갈릴리 지역의 서편을 떠난 제자들이 배를 저어 얼마 가지 않았을 무렵, 갑자기 갈릴리 호수에서 거센 폭풍이 일더니 큰 물결이 배 안으로 덮쳐 들어왔다.

"아, 아앗! 거센 폭풍이 인다! 물이 배 안으로 들이친다! 아, 큰일이다!"

거세게 들이닥치는 바닷물로 인해 금방이라도 배가 가라앉을 것 같은 위험천만한 지경이었다. 거센 폭풍이 이는 갈릴리 호수! 갈릴리 호수의 지형은 지중해보다 해면이 200m 낮은 데다, 사방으로 높은 산들에 의해 둘러싸여 있었다. 그래서 한여름 오후에는 호수가 데워지면서 주변 산위의 높은 지역 상공의 찬 공기가 계곡을 타고 호수 위로 흘러가는 강한 서풍을 만드는데, 바람은 순식간에 2m가 넘는 파도를 일으킨다. 난기류로 인한 거센 폭풍인 것이다. 그렇게 갑작스럽게 형성되는 난기류로 인해 거센 폭풍이 빈번하게 발생하곤 했다.

그 날 저녁도 그렇게 갑작스럽게 발생한 거센 폭풍을 만난 것이다. 배가 곧 가라앉을 것 같은 위기감에 제자들은 큰 두려움에 젖어 소리치며 어쩔 줄 모르고 허둥댔다. 그런데 예수님은 뱃머리에 누워 곤히 주무시고 계셨다. 제자들은 다급하게 예수님을 깨우며 크게 소리친다.

"아, 스승님! 스승님! 저희가 물에 빠져 다 죽게 생겼습니다! 지금 주무시고 계실 때가 아닙니다. 왜 저희를 돌보지 않으십니까? 어서 일어나셔서, 어떻게 좀 해보십시오!"

"무슨 일로 이리 난리법석을 피우는 것이냐?"

당장 숨 넘어 갈 것 같은 제자들의 호들갑에 예수께서는 곤한 잠에서 깨셨다. 그러고는 자리에서 일어나시더니, 거센 폭풍을 꾸짖으시며 바다를 향해 명령하신다.

"이제 됐다! 그만 고요하고 잔잔해져라!"

그러자 앗, 보라! 거센 폭풍이 뚝 그치고, 세찬 바다 물결이 잔잔해졌다. 예수님의 명이 떨어지자마자 바람과 물결이 지체 없이 즉각 순종하였다. 그런 후, 예수께서 제자들에게 말씀하신다.

"제자들아, 너희는 어찌하여 그렇게도 겁이 많으냐? 너희가 아직도 나를 믿지 못하는 것이냐?"

거친 자연 현상을 만나는 사람들은 누구나 크게 두려워한다. 제자들이 거센 폭풍을 보고 크게 두려워한 것도 당연한 현상이다. 하지만 지금, 제자들은 예수님과 함께 하고 있다. 예수님은 제자들이 그렇게 두려워하는 것이 예수님에 대한 믿음이 부족하기 때문이라고 지적하신다. 그렇다. 예수님께 대한 강한 믿음의 소유자는 어떠한 두려운 상황 중에서도 주님의 능력을 믿고 능히 그 두려움을 떨쳐낼 수 있는 법이다. 제자들은 예수님의 명령 한 마디에 폭풍과 파도가 순식간에 잦아든 것을 보고는 큰 두려움과 경외감에 사로잡혀 서로를 쳐다보며 수군거린다.

"아, 이분이 대체 누구시기에 바람과 파도까지도 복종한단 말인가!"

"우리 예수님은 자연만물까지도 능히 다스리시는 분이란 말인가!"

5

병자를 고치시는 예수님의 권능

예수 일행이 야이로의 집에 도착하자
소녀의 죽음에 우는 사람들
아이가 잔다는 예수의 말에 비웃는데
달리다굼! 죽은 아이가 살아나네

귀신 들린 사람과 돼지 떼(5:1-20; 마 8:28-34; 눅 8:26-39)

거센 폭풍과 세찬 파도를 잠재우고 갈릴리 호수를 무사히 건넌 예수님과 제자들, 그들은 갈릴리 호수 건너편 곧 갈릴리 지역의 동편에 위치한 거라사 지방으로 들어갔다. 예수께서 배에서 내리신 뒤 거라사 지방으로 가고 계실 때, 귀신 들린 사람이 예수님을 만나려고 무덤 사이에서 나왔다.

팔레스타인 지역에서는 자연동굴이나 석회암을 깎아 무덤을 만들었기 때문에 귀신 들린 자의 거처로는 안성맞춤이었다. 그자는 귀신 들린 자로 판명되어 동네에서는 도무지 같이 살 수가 없었기 때문에 추방당했던 것이다.

귀신 들린 사람? 이 말은 무얼 뜻하는가? 어떤 사람이 귀신에게 사로잡혔다는 뜻이다. 그렇다면 어떤 사람을 사로잡는 귀신이란 존재는 또 무엇인가? 놀라지 마시라! 귀신의 정체는 본래 '천사'였다.

예수께서 귀신 들린 광인을 고치심.

본래 천사장이었던 사탄이 하나님을 거슬러 대적할 때, 사탄을 추종한 일단의 천사들이 있었는데, 그들이 하늘나라에서 쫓겨나 귀신들이 되었다. 따라서 귀신들은 한 마디로 '타락한 천사들'이다. 그래서 타락한 천사들 곧 귀신들은 귀신들의 왕인 사탄에게 소속되어, 하나님의 왕국에 맞서 싸우고, 하나님의 일을 방해하는 사악한 영적 존재들이다. 말하자면 귀신들은 사탄의 졸개들이다. '마귀' 혹은 '악마'라 불리는 사탄은 한 명이지만, 사탄 수하의 귀신들은 군대처럼 아주 많다. 하지만 사탄이나 귀신들은 한낱 하나님의 피조물에 불과한 존재들로, 모두 하나님의 강력한 통제 아래에 놓여 있다.

귀신들의 특징은 악하고 더럽고 부도덕하고 폭력적이다. 따라서 어떤 사람이 귀신에게 사로잡히면 아주 거칠게 변하고 폭력적인 성향을 띠게 된다. 거라사 지방의 무덤에서 살고 있던 그 귀신 들린 사람도 그러했다. 아무도 그를 묶어둘 수 없었다. 사람들이 그를 붙잡아 쇠고랑도 채우고 쇠사슬로 묶어도 보았지만, 그 사람은 번번이 그것들을 끊어버렸다. 그리하여 아무도 그 사람을 제압할 수가 없었다.

"으, 으윽! 케켁! 우, 우왁!"

그 귀신 들린 사람은 사납고 거친 모습으로 밤낮 산속을 떠돌아다니면서 알아듣지 못할 소리를 고래고래 질러대고, 때로는 뾰족한 돌로 자기 몸을 찍어 스스로 상처를 내곤 했다. 머리는 산발인 데다 옷은 더럽고 낡아 찢어졌으며 몸에선 피가 흘러나왔으므로 그냥 보기에도 흡사 악귀 같았다. 그 자가 멀리서 예수님을 보고는, 소스라치게 놀라더니 냅다 달려와 예수님 앞에 풀썩 엎드렸다. 그리고는 큰 소리로 말한다.

예수님과 거라사 지방의 귀신 들린 광인.

"아, 아, 지극히 높으신 하나님의 아들 예수여! 저를 어찌 하실 작정입니까? 제발 부탁드리오니, 저를 괴롭히지 마십시오."

영적 존재 곧 영물인 귀신들은 하나님의 아들이신 메시아 예수가 자신들을 능히 파멸시킬 수 있는 능력의 소유자임을 잘 알고 있었다. 그러하기에 예수님을 보고는 크게 두려워하여 넙죽 엎드려 굴복하고 간청한 것이다. 사실, 예수께서는 그 사람을 사로잡고 있는 귀신들을 멀리서 보고 "이 악한 귀신들아, 그 사람에게서 당장 나오라!"하고, 이미 명령해 놓으신 상태였다. 예수께서는 자신 앞에 엎드린 그 사람, 곧 그 사람을 사로잡고 있는 귀신들에게 물으신다.

"너희의 이름이 무엇이냐?"

예수님이 정체를 몰라서 묻고 있는 것이 아니다. 그 사람과 그 사람 속에 들어있는 귀신을 구분하고 있는 것이다. 또한 귀신의 정체를 분명히 꿰뚫어보고 있음을 나타낸다.

"네, 저희의 이름은 '군대'라 합니다. 저희의 수효가 엄청 많기 때문에 붙여진 이름입니다."

여기서 '군대'에 해당하는 헬라어 '레기온'은 6천 명으로 구성된 로마 군대의 한 군단을 가리키는 말이다. 이 같은 귀신들의 대답은 그들의 수효가 엄청 많음을 보여주고, 또한 귀신들 간에도 군대 계급처럼 위아래의 서열이 있음을 보여준다.

"하나님의 아들, 예수여! 제발 저희를 이 지역에서 쫓아내지 마십시오. 아직은 때가 아니지 않습니까!"

귀신들은 자기들을 그 지역에서 쫓아내지 말아달라고 예수께 사정했다. 여기서 '그 지역'은 현재 귀신들이 활동하고 있는 거라사 지방을 포함하여 이 세상의 모든 장소를 가리킨다. 말하자면 인간 세계를 가리킨다. 이처럼 귀신들은 자기들을 최후 심판의 처소인 무저갱(無低坑, 밑바닥이 안 보이는 영원한 불못, 곧 지옥)에는 아직은 던져 넣지 말아 달라고 간청한 것이다. 마침 그 지역의 산기슭에는 놓아기르고 있는 큰 돼지 떼의 무리가 있었다. 그것을 본 귀신들이 예수께 또다시 간청한다.

갈릴리 바다 속에 뛰어들어 몰사하는 돼지 떼.

"하나님의 아들 예수여! 부디 저희를 저 돼지들에게 들어가도록 허락해 주십시오."

"그래, 좋다! 그렇게 하라!"

예수께서 허락하시자, 악한 귀신들이 그 사람에게서 우르르 몰려나와 돼지들 속으로 들어갔다. 그러자 무려 2천 마리나 되는 돼지들이 미친 듯이 산비탈을 내리달려 호수 속에 풍덩풍덩 빠져 죽었다. 예수께서 배에서 내리신 호수 가까이에는 산이 있고 무덤도 있으며 돼지를 방목시키는 비탈진 넓은 곳이 있었다. 돼지들은 영문도 모른 채 비탈진 길을 꿀꿀거리며 냅다 달려가 물속에 빠져 죽은 것이다.

이때 예수께서 귀신들의 간청을 들어주어 돼지 떼 안으로 들어가게 허락하신 까닭은, 귀신들이 그 (귀신 들린)사람에게서 떠났다는 사실을 생생하게 보여주고자 했기 때문이다. 그리하여 그 사건을 목격한 자들은 예수님의 권세가 귀신들을 압도한다는 사실을 확신했으리라!

그렇다면 한 가지 궁금한 게 있다. 돼지 떼가 갈릴리 호수에 빠져 몰살당할 때, 돼지들 속에 들어간 귀신들도 함께 죽었을까? 그렇지 않다. 영적 존재인 귀신들은 죽지 않는다. 돼지 떼가 몰살당한 이후, 거주할 장소를 잃어버린 귀신들은 분명 새롭게 거처할 다른 몸을 찾으려 할 것이다. 최후 심판을 받아 영원한 불못(무저갱, 지옥)에 던져지기까지 귀신들은 계속 활동할 것이기 때문이다. 유대인들에게 돼지는 부정한 짐승이다. 귀신들은 이처럼 자신들이 최후 심판을 당하는 날까지 부정한 곳을 거처로 삼아 사람들을 괴롭힌다.

돼지를 치던 사람들은 돼지들이 미친 듯이 갑자기 호수로 내리달려가 물속에 빠져죽는 기이한 광경을 목격하자, 재산상의 손해가 얼마인가를 계산해보기도 전에 놀라서 졸도할 지경이었다. 그들은 이방인이었을 것이다. 유대인들은 돼지를 부정한 동물로 취급하여 사육하지 않았기 때문이다. 혹은 로마군대에 돼지고기를 납품하기 위해 부정함을 무릅쓰고 사육하는 불경스런 유대인이었을 가능성도 배제할 수는 없다.

"뭐, 뭐라고? 가만히 있던 돼지 떼가 갑자기 미친 듯이 우르르 내리달려 호수 속에 모조리 빠져 죽었다고? 아니, 어떻게 그런 일이 있을 수가!"

입이 떡 벌어질 만한 기이한 광경을 목격한 돼지를 치던 사람들, 그들은 아주 크게 놀라 읍내와 여러 마을로 돌아다니면서 그 일을 퍼뜨렸다. 그러자 읍내와 마을 사람들은 무슨 기이한 일이 벌어진 것인지 궁금하여 저마다 삼삼오오 모여 그 장소로 몰려왔다. 호수에는 죽은 돼지들의 시체가 떼를 이루어 둥둥 떠 있었고, 아직도 목숨이 붙어 있는 돼지들은 허우적거리며 꽥꽥 소리를 지르고 있었다. 끔찍한 광경이었다. 그러다가 그들은 예수님과 그 앞에 다소곳이 서있는 자가 누구인지를 알아보았다.

"아, 아니! 저, 저 사람은? 귀신 들린 그 미친 사람…?"

귀신 들렸던 그 사내였다! 마을 사람들은 귀신 들렸던 그 사람이 머리를 단정히 한 채 옷을 갖추어 입고 멀쩡하게 앉아 있는 모습을 보고는 크게 놀라지 않을 수 없었다. 그때 처음부터 모든 사태를 줄곧 지켜본 사람들이 소문을 듣고 모여든 마을 사람들에게 귀신 들린 사람과 돼지 떼에게 일어난 일에 관해 자초지종 말해주었다. 그러자 마을 사람들은 예수께 자기 지역을 떠나 달라고 간청하기 시작했다. 예수로 인해 또 다른 물질적 피해가 생길까봐 염려되었기 때문이다. 예수님의 메시아 권능에 눈뜨지 못하고, 당장의 물질적 피해를 막아보려는 참으로 어리석은 자들이었다.

"알겠소. 당신들의 뜻이 그러하다면 여기를 떠나도록 하겠소."

마을 사람들의 처사가 내심 섭섭했지만 원하지 않는 것을 어찌하랴! 예수께서는 마을로 향하시던 발걸음을 돌려 다시 갈릴리 호숫가로 내려가서 배에 오르셨다. 그러자 귀신 들렸던 그 사람이 자기도 이제부터 예수님을 따라다니겠다고 애원했다. 그러나 예수께서는 허락하시지 않는다.

"안 되오. 당신은 집으로 돌아가 내가 당신에게 어떤 기적을 행하였고 또 어떤 자비를 베풀어주었는지, 당신의 이웃들에게 널리 전하도록 하시오."

"네, 선생님의 뜻이 정이 그러하시다면…."

그리하여 그 사람은 이후로 데가볼리 지역을 두루 돌아다니며, 예수께서 자기에게 베푸신 놀랍고도 위대한 일을 널리 전파하였다. 그러자 그 이야기를 듣는 사람마다 모두 크게 놀라워했다.

여기서 '데가볼리'는 '열 성읍'이란 뜻으로, 갈릴리 호수 동편과 요단 강가에 인접한 10개의 도시를 총칭하는 말이다. 여기 속한 10개 도시는 이러하다. ① 스구도볼리 ② 힙포 ③ 가다라 ④ 벨라 ⑤ 빌라델비아 ⑥ 거라사 ⑦ 디온 ⑧ 가나다 ⑨ 다메섹 ⑩ 라바나. 이중 스구도볼리만 요단강 서편 지역에 있고, 나머지 아홉 개는 모두 요단강 동편 지역에 있다. 예수님은 공생애 기간 동안에 천국 복음을 전하기 위해 이 열 개의 성읍을 두루 다니셨다.

회당장의 딸과 혈루병 걸린 여자 (5:21-43; 마 9:18-26; 눅 8:40-56)

거라사 지방을 떠나 배를 타고 갈릴리 호수 건너편으로 다시 돌아오신 예수님과 제자들, 그런 예수님 일행을 보고는 큰 무리가 앞다투어 호숫가로 모여들었다. 그때 '야이로'라 불리는 한 회당장이 예수께 다가와 그 발 앞에 엎드려 절했다.

회당장은 유대인들의 예배와 교육의 처소인 회당에서 예배를 비롯하여 회당에 관한 제반 업무를 총괄하는 책임자를 가리킨다. 지역에서 상당히 존경받은 유지였다. 가버나움 마을의 회당장인 그 사람은 자신의 병든 어린 딸을 고쳐 달라고 애원한다.

"오, 선생님, 제 어린 딸이 병들어 거의 죽게 생겼습니다. 제발 저의 집에 오셔서, 제 아이에게 손을 얹어 고쳐주십시오. 그러면, 그 아이가 살아날 수 있을 것입니다. 선생님, 제발…."

회당장의 요청은 눈물겹도록 간절했다. 어린 딸에 대한 부성애가 뚝뚝 묻어났다. 예수님은 그런 회당장을 불쌍히 보시고, 그의 간청을 기꺼이 받아들이신다.

"그래요? 그렇다면 함께 집으로 가봅시다."

예수께서 그 회당장을 따라 길을 나서시자, 많은 무리가 뒤섞여 우르르 예수님의 뒤를 따라갔다. 얼마쯤 갔을까? 뒤따르던 무리 가운데는 오랜 세월 동안 비정상적인 자궁출혈로 고생하던 혈루병(血漏病) 걸린 여자가 있었다. 그녀는 무려 12년 동안 만성적인 하혈 증세로 고생하고 있었다. 이런 병자는 모세 율법상 부정을 입은 자로 간주되어 공식 집회에 출입이 금지 당했다. 얼마나 원망스럽고 고통스러운 삶이었겠는가!

그녀는 병 치료를 위해 유명하다고 소문난 여러 의사들을 열심히 찾아다니며 온갖 치료를 받았다. 그러나 많은 돈만 허비했을 뿐 상태가 오히려 더 심해져 갔다. 그러던 중에 그녀는 온갖 질병을 능히 고친다는 예수님에 대한 소문을 들었다.

'아, 이제 내게 남은 마지막 희망은 예수님뿐이다. 어떡하든 예수님께 나아가 내 병을 치료받아야 한다.'

그리하여 예수님이 회당장의 간청에 따라 그의 집으로 향하고 있던 그 날, 그녀는 굳게 작심하고 무리들 속에 끼여 예수님을 계속 따라다녔다. 그러다가 겨우 예수님께 가까이 다가갈 수 있었고, 급기야 예수님 뒤편에서 예수님의 겉옷에 손을 갖다대었다. 당시 유대인들의 겉옷은 통으로 된 긴 외투식 옷이었기에, 그녀는 간절한 마음으로 손을 쭉 뻗어 예수님의 겉옷 끝단을 만졌던 것이다.

'그래, 예수님은 능력 있으신 분이시니, 내가 그분의 옷에 손을 갖다대기만 해도 내 병이 나을 거야.'

그녀가 애써 예수님의 겉옷을 만진 데에는 이 같은 믿음이 있었기 때문이다. 과연 그랬다! 그녀가 예수님의 옷자락에 손을 갖다대자마자, 12년 동안 멈추지 않던 하혈이 멈추면서 병이 나은 것을 온몸으로 여실히 느낄 수 있었다.

'앗! 내 병이 나았다! 그래, 분명히 나았어! 더는 하혈이… 하혈이

없다!'

그녀는 감격으로 전율했다. 바로 그때, 예수께서는 자신에게서 능력이 빠져나간 것을 즉시 아시고는 몸을 돌이켜 물으신다.

예수님의 옷자락에 손을 대는 여인.

"지금 누가 내 옷에 손을 갖다대었소?"

예수님의 이 물음은 "누가 내 능력을 훔쳐가고 있느냐?"하는 것이다. 그렇다면 예수님은 자신에게서 능력을 가져가는 사람을 몰랐을까? 혈루병 걸린 여인은 예수님의 허락도 없이 예수님의 능력을 힘입었을까?

그렇지 않다. 혈루병 여인의 치유는 예수님 몰래 이루어진 일이 아니다. 하나님의 아들이신 예수님은 전지하신 분으로, 자신의 능력이 자신의 동의 없이 몰래 빠져나가는 것을 모르실 분이 결코 아니다. 그렇다면 이때 예수님은 왜 자신의 겉옷에 손을 댄 자가 누구냐고 물으셨을까?

그 이유는 분명하다. 혈루병 여인에게 일어난 내밀한 기적을 다른 모든 이들에게 공개적으로 알려 복음 전파의 좋은 기회로 삼기 위함이었다. 또한 치유 받은 혈루병 여인과 인격적인 관계를 맺어 그녀에게 참된 마음의 평강을 주시기 위함이었다. 예수님의 갑작스러운 질문을 받고, 제자들이 의아해하며 예수께 대답한다.

"스승님, 이렇게 많은 사람들이 한데 뒤섞여 여기저기 사방에서 밀치는데, 누가 스승님께 손을 갖다댔는지 어떻게 알 수 있겠습니까?"

"아니다. 누군가 분명 내 겉옷에 손을 갖다대었느니라."

예수께서는 자기 옷에 손을 갖다댄 사람을 찾으려고 계속 주위를 둘러보셨다. 이때 예수님의 옷에 손을 갖다댄 그녀는 자기 몸에 무슨 일이 일어났는지를 알고 있었으므로, 크게 두려워 떨면서 예수님 앞으로 나아와 발 앞에 엎드린 채 사실대로 말씀드렸다. 그러자 예수께서 인자한 미소를 지으며 그녀에게 말씀하신다.

"딸이여, 조금도 두려워할 필요 없소. 당신의 큰 믿음이 당신을 낫게 하였소. 그러니 안심하고 집으로 돌아가시오. 그리고 이제부터는 질병의 고통에서 벗어나 건강하게 살아가시오."

예수님의 이 말씀은 "이제 12년 동안 당신을 괴롭혔던 문제에서 벗어나 새로운 미래를 향해 걸어가시오!"라는 의미다. 그 말씀에 여인은 감격했다. 이제 그 지긋지긋했던 병든 과거와 작별하게 된 것이다.

"오, 주님! 감사합니다. 이 은혜 평생토록 잊지 않고 마음속 깊이 간직하며 살아가겠습니다. 진실로, 진실로 감사합니다!"

이처럼 예수님과 혈루병 여인 사이에 일이 벌어지고 있는 동안, 줄곧 초조한 마음으로 발을 동동 구르는 사람이 있었다. 맞다. 그 사람이다. 지금 위중한 상태에 있는 어린 딸을 위해 예수님께 방문 치료를 간청한 회당장 야이로였다. 그는 너무나 마음이 급했다.

'아, 빨리 말씀을 마치시고 우리 집에 얼른 가서 내 딸을 치료하셔야 할 텐데….'

회당장 야이로가 매우 초조해하며 발을 동동 구르고 있던 그때, 회당장의 집에서 사람이 급히 달려와 야이로에게 말한다.

"아, 회당장님! 따님이… 따님이 이제 막 숨을 거두고 말았습니다.

그러니 이제 선생님을 헛걸음하게 하지 마십시오."

그 사람은 울먹이며 사실을 전했고, 회당장 야이로는 충격을 받아 두 발에 힘이 풀려 휘청거렸다. 깊은 절망감으로 안색이 창백해졌다.

"아, 딸아. 사랑하는 내 딸아. 이 애비를 두고서 어찌 그리 일찍 간단 말이냐. 아!"

회당장은 비통한 심정으로 울먹였다. 그러나 예수께서는 아랑곳하지 않으시고 회당장 야이로에게 담담하게 말씀하신다.

"낙담하지 마시오. 두려워하지 마시고, 당신은 믿기만 하시오."

그러고서 예수님은 마치 아무 일도 일어나지 않은 것처럼 회당장과 함께 그의 집으로 계속 발걸음을 옮기셨다. 이때 예수님은 제자들 중 베드로와 야고보와 요한 외에는 아무도 따라오지 못하게 하셨다. 마침내 예수님 일행이 회당장 야이로의 집에 이르자, 사람들이 소란을 떨며 어린 딸의 죽음을 슬퍼하며 큰 소리로 울고 있었다. 유대인의 장례 풍습에 따라 '아이고, 아이고!' 하며 곡을 하고 있었다. 회당장의 집안으로 들어가신 예수께서 그들에게 태연하게 말씀하신다.

"여러분, 왜 이리 소란을 피우며 울고 있는 것입니까? 그 아이는 죽은 것이 아니라, 다만 잠들어 있을 뿐입니다."

예수님은 마지막 날에 있을 재림 때에 믿는 자들을 죽음에서 일으킬 것이므로, 믿는 자들에게 있어 죽음은 잠시 자는 것 이상의 심각한 의미를 지닌 것이 아니라는 뜻으로 이처럼 '잠들어 있다'라고 말씀하셨다. 그러나 회당장의 집에 있던 사람들은 예수님의 말을 듣고 히죽히죽 비웃었다.

"모르는 소리! 아니, 저분은 아직 상황을 제대로 파악하지 못한 거 아냐? 누가 예수께 아이가 죽었다는 소식을 전해주지 않았던 거야! 뭘 모르시고 참말로 한가한 소리를 하시네."

예수께서는 사람들의 비웃음에 일절 반응하지 않으신 채 그들을

회당장 야이로의 죽은 어린 딸을 다시 살리신 예수님—"달리다굼!"

모두 집 밖으로 내보내셨다. 그런 후에, 아이의 부모와 세 제자(베드로, 야고보, 요한)만을 데리고, 아이가 누워 있는 방으로 들어가셨다. 그리고는 이미 죽어 싸늘해진 그 아이의 손을 잡고 힘차게 말씀하신다.

"달리다굼!"

이 말은 예수님 당시에 이스라엘 사회에서 통용되던 아람어이다. 당시 팔레스타인 지역민들은 아람어와 헬라어를 사용하였다. 예수님은 아람어를 일상 언어로 사용했으나 헬라어를 이해하였다. 성경에 나오는 여러 상황들을 살펴보면, 예수님은 고전 히브리어로 된 구약 성경을 읽으셨음도 분명하다.

'달리다굼'이란 말을 번역하면 '소녀야, 일어나라!'란 뜻이다. 본래 소리는 '탈리다(소녀야) 쿰(일어나라)'이다. 마가복음의 저자인 마가는 아람어와 함께 번역문을 병기함으로써 아람어에 생소한 이방 독자들을 향해 성실한 노력을 보여주고 있다.

예수께서 친히 명하시자 숨이 끊어졌던 소녀가 눈을 비비고 자리에서 일어나더니 멀쩡하게 걸어 다녔다. 당시 소녀의 나이는 꽃다운 열두 살이었다. 예수께서 소녀에게 미소를 지었다.

"얘야, 잘 잤느냐?"

"누, 누구세요?"

"나는 예수란다!"

"아, 나사렛 예수님, 그분이세요?"

"그렇단다!"

소녀는 눈을 동그랗게 떴다. 자신이 죽었다가 살아났다는 사실을 모르고 있는 눈치였다. 그저 유명한 사람을 만나 신기한 듯 바라보느라 정신이 없었다. 그때 엄마가 소녀를 꽉 끌어안는다. 엄마가 울고 있었다. 그제야 소녀는 어느 정도 사태를 파악하는 것 같았다.

"엄마, 내가 죽었다가 다시 살아난 거예요?"

"그렇단다. 내 딸아! 예수님이 너를 다시 살렸단다."

"어머! 어떻게 그럴 수가…."

소녀는 예수님 앞에 크게 절하며 감사인사를 드린다. 긴 머리카락이 아래로 흘러내린다. 소녀의 가녀린 목덜미가 희고도 아름다웠다. 저렇게 아름다운 소녀가 죽어 잠시라도 사랑스런 사람들과 작별했었다니, 죽음은 그리도 모질고 아픈 것이었다.

"아! 아이가 살았다! 분명… 죽었는데, 살아났다! 아, 저, 저럴 수가!"

분명 죽었던 아이가 언제 그랬느냐 듯 멀쩡하게 다시 살아난 광경을 지켜본 사람들은 저마다 크게 놀라 벌린 입을 다물지 못했다. 모두가 어안이 벙벙했다.

"여러분, 이 일을 다른 사람들에게는 알리지 않는 게 좋겠소. 그렇게 해주시오."

예수께서는 그 자리에 있던 사람들에게 죽었던 소녀가 다시 살아난 일을 아무에게도 알리지 말라고 엄히 이르셨다. 그런 뒤, 소녀의 부모에게는 아이에게 먹을 것을 갖다 주라고 말씀하셨다. 이는 야이로의 딸이 정상 상태로 완전히 회복되었음을 뜻한다.

이때 예수님이 자신의 이적을 알리지 말라고 엄히 경고하신 까닭은 사람들의 오해를 방지하기 위함이었다. 만일 예수님이 베푸신 놀라운 이적이 널리 알려질 경우, 당시 메시아를 간절히 기다리고 있던 유대인들은 예수님을 충분히 오해할 수 있었다. 예수님이야말로 육신의 질병을 치료해 주고, 로마제국의 압제에서 자신들과 나라를 구원해 줄 메시아인 줄로 알고, 예수를 추종하고 떠받들 우려가 충분히 있었다. 그렇게 되면, 영혼 구원을 위한 메시아의 십자가 사역이 크게 방해받을 수 있었다. 그러하였기에, 예수님은 방금 놀라운 치유의 기적을 목격한 자들에게 그 일을 일체 발설하지 말 것을 엄히 경고하신 것이다.

하루해가 뉘엿뉘엿 저물어가고 있었다. 제자들에게 이 날은 참 행복한 날이었다. 스승님인 예수께서 열두 해 동안 지긋지긋한 혈루증으로 고생하던 아픈 여인을 고쳐주셨고, 꽃다운 열두 살 나이로 이미 숨이 끊어진 소녀를 능히 살려낸 날이었기 때문이다. 내일도 이런 행복한 날이 이어지게 될까? 예수님과 함께라면 충분히 그럴 수 있겠다 싶었다.

6

예수님의 사역과 이적

밤중에 제자들이 노 젓는데
바람이 거슬러 불어 힘겨워하네
바다 위를 걸으시던 예수
지나치려다가 제자들에게 오시네

고향에서 배척당하신 예수님 (6:1-6; 마 13:53-58; 눅 4:16-30)

회당장의 어린 딸을 살리신 뒤, 예수님은 회당장의 집이 있는 가버나움을 떠나 제자들과 함께 자신이 자라난 고향 마을 나사렛으로 가셨다. 나사렛은 예수님의 출생지는 아니지만 유년과 소년 시절을 보낸 고향 마을이다. 가버나움의 남서쪽에 있는 한적한 지방으로, 갈릴리 호수에서 남서쪽으로 24km 지점에 위치한 성읍이다. 온화한 기후와 적절한 강수량으로 올리브와 삼나무 등 각종 식물이 잘 자라며, 해발 430m에 위치한 고원지대다. 멀리 에스드렐론 평원이 보이는 스불론 지경에 위치해서 경관이 아름다웠다.

하루는 안식일이 되어 예수께서는 그곳 나사렛 회당에서 사람들을 가르치기 시작하셨다. 이때 많은 나사렛 사람들이 예수님의 가르침을 듣고는 크게 놀라워했다. 그들은 고개를 갸웃하며 서로를 바라보고 의아한 듯 말한다.

“거참, 아무리 생각해도 이해할 수가 없네.”

“그러게나. 예수, 저 사람 말이야. 요셉과 마리아의 아들로, 한낱 목수가 아니던가? 그의 동생들로는 야고보, 요셉, 유다, 시몬이 있지 아니한가? 또 그의 누이들도 여기서 우리와 같이 살고 있지 않은가? 그런데 말이야, 대체 저 사람이 어디에서 저런 놀라운 것들을 배웠을까?”

“내 말이 바로 그걸세. 대체 예수가 저런 지혜를 어떻게 얻었기에 놀라운 기적까지도 베푸느냔 말일세. 거참, 알다가도 모를 일이로세!”

그렇게 쑥덕거리면서 고향 나사렛 사람들은 예수님을 꺼려하고 좀처럼 믿으려 하지 않았다. 그런 모습을 씁쓸한 심정으로 지켜보신 예수께서 그들을 향해 말씀하신다.

“여러분은 어찌하여 나를 믿지 않는 것입니까? 사실 이런 말도 있지요. 어디서나 존경받는 선지자라도 자기 고향과 친척과 집에서는 배척당하는 법이라고.”

그래도 고향 나사렛 사람들은 계속해서 예수님을 배척하고 믿지 않았다. 한낱 시골 목수로만 취급하면서 하찮게 보았다. 그러자 예수께서는 몇몇 병자들만 손을 얹어 고쳐주셨을 뿐, 나사렛 마을에서는 다른 놀라운 기적들을 행사하실 수 없었다. 고향 사람들의 불신앙 때문이었다. 그들은 예수님을 단지 평범한 사람으로만 보았기 때문에 예수님의 메시아 권능을 받아들일 마음의 준비가 도통 되어있지 않았다. 예수님이 기적을 베푸시는 근본 목적은, 그 기적을 통해 메시아 신앙을 갖게 하려는 데 있었다. 하지만 예수님을 불신하는 고향 나사렛 마을의 분위기는 그런 효과를 전혀 기대할 수 없었다.

“제자들아, 아무래도 안 되겠다. 우리가 나사렛을 떠나야겠구나.”

예수께서는 고향 사람들이 자신을 전혀 믿으려 하지 않는 것을 이상하게 여기시면서 고향 나사렛을 떠나가셨다. 그 후에 예수께서는 갈릴리 지역의 여러 마을을 부지런히 두루 돌아다니시면서 아픈 자들을 고치시고 하나님 나라의 복음을 힘써 가르치셨다.

예수께서 열두 제자를 파송하심 (6:7-13; 마 10:1-15; 눅 9:1-6)

하루는 예수께서 열두 제자를 모두 부르셨다. 그들에게 악한 귀신을 쫓아내는 능력을 주신 뒤 둘씩 짝지어 각 마을로 보내면서 당부하신다. 악한 귀신을 쫓아내는 능력이란 귀신 들린 자들을 고쳐주는 능력을 포함하는, 병 고치는 권세를 말한다. 그런 권세로써 천국 복음을 힘차게 전하도록 하기 위해서였다.

"너희는 여행길에 지팡이 외에는 아무것도 가져가지 마라. 먹을 것이나 자루도 가지고 다니지 말고, 전대에 돈도 넣어가지 마라. 신발은 신되, 여벌의 옷은 챙겨가지 마라."

전도 여행길에 허락된 것은 지팡이와 신발뿐이었고, 나머지는 어떤 것도 챙겨가지 말라고 당부하셨다. 지참을 금지시킨 '자루'는 양식이나 생필품을 넣고 다니는 여행 가방이다. '전대'는 돈이나 동전 등을 보관하는 허리띠다. '돈'은 로마와 헬라에서 통용되던 작은 구리 동전으로서 소량의 잔돈이다. '여벌의 옷'은 긴 외투로, 노숙할 때 옷 위에 덮으면 밤의 찬 기운을 막아준다. 예수님은 이런 것들을 지참하지 말라고 금하셨다.

이는 제자들로 하여금 그들의 의식주를 전적으로 하나님께 의존하도록 하기 위함이었다. 또한 천국 복음이 전도의 대상자들에게서 의식주를 공급받을 수 있을 정도로 충분히 가치 있다는 것을 가르치기 위해서였다. 예수님의 당부는 계속 이어진다.

"어느 마을에 들어가든지, 너희는 그 마을을 떠날 때까지 한 집에서만 계속 머물러라."

이런 당부는, 혹 대접이 더 좋은 집을 찾아 거처를 자꾸 옮겨 다니는 일이 있을까봐 염려했기 때문이다. 그렇게 되면 주민들 간의 불화가 형성되고, 본의 아니게 어느 집에서는 예수님에 대한 나쁜 선입관을 갖게 된다. 그럴 빌미는 아예 제공하지 말라는 것이다. 당부는 이어진다.

"어느 곳이든지 너희를 영접하지 않거나 너희 말을 듣지 않거든, 너희는 그들에 대한 경고의 표시로 너희 신발의 먼지를 탈탈 털고 그곳을 떠나라."

전통적으로 유대인들은 이방 땅을 여행하고 돌아올 때 자신들의 거룩한 땅이 더럽혀지지 않도록 옷과 신발의 먼지를 탈탈 털어냈다. 이에 비유하여, 예수님은 복음을 배척하는 사람들에게 경고를 주었다. 만일 누구든지 복음을 거부한다면, 그들 역시 믿지 않는 이방 사람들처럼 하나님의 심판을 면치 못할 것임을 경고하려 했던 것이다.

"자, 내가 당부한 사항들을 잘 새겨들었느냐? 그렇다면 즉시 각 마을로 전도여행을 떠나거라!"

이에 제자들은 둘씩 짝을 지어 6개 조로 흩어졌다. 둘씩 짝을 짓는 것은 유대인의 전통이다. 유대 사회에서는 어떤 일에든 두 명 이상의 증인이 있어야 그 사건이 일어났음에 대한 분명한 증거가 된다. 그러니까 제자들은 예수님과 예수님이 행하신 말씀과 이적을 세상에 널리 전하는 증인의 임무를 띠고 파송 받은 것이다. 그들은 이스라엘 땅의 여러 마을로 들어가서, 만나는 사람들에게 천국 복음을 알리며 회개하라고 전도했다. 이때에 제자들은 예수님께 특별히 받은 능력으로 귀신들을 쫓아냈고, 또한 각양각색의 병자들에게 기름을 발라주어 그들을 고쳐주었다.

세례 요한의 순교 (6:14-29; 마 14:1-12; 눅 9:7-9)

열두 제자의 활발한 전도 활동으로 예수님에 대한 소문이 더욱 널리 퍼지게 되었다. 그러자 당시 갈릴리 지역과 베레아 지방을 통치하던 분봉왕 헤롯 안디바도 그 소문을 들었다. 그가 들은 소문은 이러했다.

"예수, 그분은 분명 세례 요한이 다시 살아나서 돌아온 것임에 틀림없어. 그래서 그분이 그처럼 놀라운 기적들을 행할 수 있는 거야."

"내가 볼 때는 말이지, 예수님은 분명 오시기로 약속된 엘리야 선지자가 틀림없어."

"아냐, 그 사람은 옛적 선지자들 가운데 한 사람일지도 몰라."

예수님을 놓고 사람들의 의견이 분분했다. 저마다 자기 생각과 주장을 힘주어 떠벌이고 있었다. 이런저런 소문을 들은 헤롯 안디바는 전전긍긍했다. 지은 죄가 있었기 때문이다. 그래서 그는 이렇게 생각하고 있었다.

'음, 예수… 그 사람, 그자는 내가 목을 벤 세례 요한이 다시 살아난 것임에 틀림없어. 분명 세례 요한의 환생이야. 아, 이를 어쩌지….'

세례 요한을 목 벤 이 사람, 그는 헤롯 대왕의 둘째 아들인 헤롯 안디바(Herod Antipas, 주전 4년~주후 39년)다. 당시 그는 갈릴리 지역과 베레아 지역을 통치하던 분봉왕이었다. 그는 이복형제인 헤롯 빌립의 아내 헤로디아와 눈이 맞아 자신의 아내를 버린 뒤 그녀를 취하여 자기 아내로 삼았다. 헤롯의 본처는 친정으로 쫓겨났다. 본처의 아버지는 아라비아 왕 아레타스다. 훗날, 아레타스는 딸을 버린 헤롯을 괘씸하게 여겨 그와 전쟁을 일으켜 패전시킨다.

아라비아 왕보다 헤롯의 불법 결혼을 먼저 꾸짖은 자는 세례 요한이다. 그건 누가 보더라도 있을 수 없는 근친상간으로 불법 결혼이었기 때문이다. 그러니 가만 있을 세례 요한이 아니다. 세례 요한은 헤롯의 불법 결혼을 계속 지적하고 꾸짖다가 옥에 갇혔고, 이런 세례 요한을 아주 못마땅하게 여긴 헤롯의 아내 헤로디아의 간계에 말려들어, 헤롯은 결국 세례 요한을 참수형 시키고 말았다. 자, 그렇다면 이 같은 세례 요한의 순교 사건에 대해 좀 더 구체적으로 살펴보자.

그러니까 일전에 헤롯 안디바는 세례 요한을 붙잡아오게 한 뒤 그를 감옥에 가둔 일이 있었다. 그것은, 헤롯 자신이 이복동생인 빌립의 아내 헤로디아를 불법적으로 취하여 자기 아내로 삼자, 세례 요한이 헤롯의 죄를 지적하면서 회개하라고 계속 외쳤기 때문이다. 하지만 폭군에게 입바른 소리는 소귀에 경 읽기! 헤롯은 회개하지 않고 뻔뻔하게 버텼다.

그런데 헤롯보다 그의 아내가 된 악녀 헤로디아가 세례 요한에게 더욱 앙심을 품었다. 헤로디아는 헤롯 대왕의 아들들 가운데 하나인 아리스토볼로스의 딸로, 자신의 이복 삼촌인 헤롯 빌립1세와 결혼했다. 하지만 뭐가 마음에 들지 않았는지, 아니면 공연히 바람이 났는지, 남편을 떠나 남편의 형제이자 자신의 이복 삼촌인 헤롯 안디바와 재혼하였다. 세례 요한은 백성들의 본이 되어야 할 왕실의 범죄를 더욱 중대하게 여겨 과거의 예언자들처럼 신랄하게 지적하고 단호하게 비판하였다.

헤로디아는 백성들 앞에서 공공연히 외쳐대는 세례 요한의 비판에 혹시라도 결혼이 깨어지고 왕비의 자리를 내려놓게 될까봐 여러 계략을 꾸며 세례 요한을 죽이려 했지만 번번이 뜻을 이루지 못하고 있었다. 왕이 세례 요한을 의롭고 거룩한 사람으로 알아, 그를 두려워하여 은근히 보호해주었기 때문이다.

사실, 그때 헤롯 안디바는 자기에 대한 세례 요한의 질책이 몹시 괴로웠지만, 한편으로는 마음 깊은 곳에서 그의 질책과 충고를 달게 받아들이고 있었다. 자기가 잘못을 저지른 게 틀림없기 때문이었다. 이렇게 헤롯은 참 선지자인 세례 요한의 올바른 가르침과 그런 세례 요한을 죽이려 발악하는 자신의 아내 헤로디아의 증오 사이에서 심한 양심의 갈등을 느끼고 있었다.

그러던 중, 헤로디아에게 좋은 기회가 찾아왔다. 헤롯이 자기 생일을 맞아 고관들과 군대의 고위 지휘관들인 천부장들, 그리고 갈릴리와 베레아 지역의 유지들을 모두 초청하여 큰 잔치를 베풀었다. 그런데 부어라 마셔라 하며 한창 흥이 오르던 그 잔치 자리에서, 헤로디아의 딸이 관능적인 춤을 추어 헤롯과 손님들을 무척 흥겹게 해주었다.

헤롯의 생일잔치에 손님들 앞에서 관능적인 춤을 추는 헤로디아의 딸 살로메.

이때 헤로디아의 딸은 어린 소녀티를 갓 벗어난 아가씨로, 이름은 '살로메'다. 그녀가 축하객들 앞에서 춤을 추었다. 노출이 심한 옷에 매우 외설적이고 음란한 몸짓으로 남성들의 말초신경을 자극했다. 그런데 그 소녀는 공주다. 그런 연회석에서 공주가 그렇게 속이 다 들여다보일 정도의 요란한 복장으로 현란하게 춤을 추는 일은 없었다. 대개 그런 자리에는 고용된 무희들이 따로 있었다. 대개 천한 신분의 기녀들이다. 취객들로 가득 찬 연회석상에서 왕족의 고귀한 신분으로 반라(半裸)의 춤을 춘다는 것은 왕실 여인으로서는 상상도 할 수 없는 일이다.

이건 아무래도 소녀의 어미인 헤로디아의 작품이 분명했다. 헤로디아는 이 날을 손꼽아 기다려 왔다. 그래서 무희들이 춤을 추고 이에 흥분하여 모두 취기가 돌았을 때, 자기 딸을 내보냈다. 그런 연회석은 고상함과는 거리가 멀었다. 술에 취해 육체적인 환락에 빠진 남성들만 있었다. 그들은 갓 소녀티를 벗어난, 공주라는 신분까지 갖춘 아가씨가 음란한 교태로 춤을 추자 그 매혹적인 모습에 반해버리고 말았다. 그만큼 당시 사회는 도덕성이 땅에 떨어질 만큼 문란하고 퇴폐적이었다. 그래서 헤로디아 같은 악녀가 제 계략을 성사시킬 수가 있었던 것이다.

살로메의 춤은 축하객들의 눈요기만 된 것이 아니었다. 헤롯 왕도 매혹적인 살로메에게 흠뻑 취했다. 그 상황만큼은 살로메가 나라의 공주요 자신과 헤로디아의 딸이라는 것을 잊을 정도였다. 한껏 흥에 취한 채 잔뜩 취기 어린 헤롯은 잠시 춤을 멈추고 숨을 고르고 있는 살로메에게 말한다.

"으하하하! 참으로 흥겹고 기쁘구나. 자, 딸아! 무엇이든 내게 말해 보아라. 네 소원이 무엇이냐? 나라의 절반이라도 네가 원한다면, 내가 뚝 떼어 네게 주겠노라! 하하하!"

잔치의 흥겨움과 술에 잔뜩 취한 헤롯, 그는 나라의 고관대작들과 유지들이 모두 모인 공개적인 자리에서 호언장담하며 자기 딸에게 약속하였다. 그러자 그 소녀는 바깥으로 쪼르르 달려 나가서 자기 어머니 헤로디아에게 묻는다.

"엄마, 엄마! 아빠가 장담하기를, 내가 원하는 것은 무엇이든 들어준대. 나라의 절반을 요구해도 다 들어준다는데, 무얼 요구하면 좋아?"

"뭐, 뭐야? 그게 정말이야? 딸아, 참 잘 되었다. 아빠에게 '세례 요한의 머리'를 달라고 요구하렴!"

"네엣? 그, 그게 무슨 말이에요?"

"딸아, 너는 아무 걱정 말고 내가 시킨 대로만 하렴! 자, 어서 들어가서 말하렴. 어서!"

어머니가 강권하자, 딸은 급히 헤롯 왕에게로 돌아와 어머니 헤로디아가 시킨 대로 말한다.

"아빠, 지금 즉시 세례 요한의 머리를 쟁반에 담아 제게 주세요."

"뭐, 뭐라고? 너, 지금 뭐라 했느냐? 세례 요한의 머리라고? 정말 네가 원하는 게 그것이냐?"

"네, 맞아요! 세례 요한의 머리를 제게 주세요!"

그 말을 듣고, 헤롯 왕은 술이 확 깰 만큼 크게 당황했다. 안절부절못하며 어쩔 줄 몰라 했다. 몇 번을 되물었지만 딸의 대답은 분명했다. 마음이 심히 괴로웠다. 하지만 이미 엎질러진 물이었다. 이제 와서 취소할 수도 없었다. 많은 손님들 앞에서 공개적으로 호언장담하며 한 약속인지라, 딸의 요청을 안 들어 줄 수 없었다.

헤로디아! 자신과 헤롯과의 불법 결혼을 지적하며 계속 꾸짖는 세례 요한을 철천지원수로 여기고, 이전부터 호시탐탐 죽일 기회를 노려왔던 악녀, 그동안 헤롯의 반대로 뜻을 이루지 못하다가, 마침내 헤롯의 생일을 맞아 자기 딸을 통해 사악한 뜻을 이룬 것이다. 결국 헤롯은 세례 요한의 목을 베어오라고 군사들에게 명령했다.

참 선지자 세례 요한과 악녀 헤로디아 사이에서 심한 양심의 갈등을 겪고 있었던 헤롯, 그러나 그는 끝내 세례 요한의 올바른 메시지에 따라 회개하지 않았다. 그것은, 그가 자기 동생의 아내인 헤로디아와의 부도덕한 관계를 청산할 준비가 되어 있지 않았기 때문이었다. 그리하여 결국 헤롯은 자기 양심을 거슬러 악녀 헤로디아의 뜻에 따라 의롭고 거룩한 사람인 세례 요한의 목을 베고 말았다.

헤롯 왕의 명이 떨어지자, 군사들은 감옥으로 내려가서 세례 요한을 끌어내어 참수하였다. 그런 뒤, 세례 요한의 목을 쟁반에 담아 그 소녀에게 갖다 주었다. 그러자 소녀는 또 그것을 자기 어머니 헤로디아에게 갖다 주었다. 그 쟁반을 받아들고, 헤로디아는 악녀 특유의 음흉한 미소를 지었다.

세례 요한의 목을 베어 살로메에게 건네주다.

"아, 스승님! 어쩌시다가…. 오, 주님!"

세례 요한이 순교 당했다는 소식을 듣고, 그의 제자들이 크게 슬퍼하며 부랴부랴 달려왔다. 그들은 스승의 시체를 수습하여 장례를 치렀다. 이렇게 해서 메시아 예수의 길을 준비한 세례 요한, 그는 맡은바 자신의 사명을 완수한 뒤 역사의 뒤안길로 물러났다.

오병이어의 기적 (6:30-44; 마 14:13-21; 눅 9:10-17; 요 6:1-14)

기억하고 있는가? 앞서 예수께서 열두 제자를 둘씩 짝 지어 이스라엘의 여러 마을로 전도 여행을 떠나보낸 사실을! 마침내 열두 제자 곧 12사도가 전도 여행에서 돌아와 자기들이 행한 일들과 가르친 것들을 낱낱이 예수께 보고하였다. 12사도 모두가 성공적인 전도 여행을 마치고, 저마다 환희에 가득 찬 감격적인 보고를 올렸다.

"다들 수고하였다! 앞으로도 계속해서 그처럼 뜨거운 전도자의 자세를 항상 유지하도록 하여라."

예수님은 제자들의 헌신과 수고를 격려하시고는 이어 말씀하신다.

"자, 이제 그만 여기를 떠나 잠시 한적한 곳에 가서 쉬도록 하자."

예수께서 이렇게 자리를 옮기려 하신 것은, 예수님에 관한 소문을 듣고 이스라엘 각처에서 찾아오는 사람들이 너무도 많았기 때문이다. 그래서 예수님과 제자들이 마음 놓고 식사조차 제대로 할 겨를이 없었다. 그리하여 예수님과 제자들은 가버나움 마을을 떠나 배를 타고 한적한 곳을 찾아 나섰다. 이때 예수님 일행이 옮겨간 곳은 갈릴리 호수 북동쪽에 위치한 벳새다 광야였다. 가버나움에서 벳새다까지 육로로는 대략 32km 거리다.

"저기 보라, 예수님 일행이 지금 떠나가신다! 우리 얼른 따라가자!"

제자들과 함께 한적한 곳에서 잠시 휴식을 취하려던 예수님의 의도는 이내 좌절되었다. 예수님 일행이 떠나는 것을 목격한 많은 사람들이 그 사실을 알고는 온 마을에서 달려 나와 육로를 이용하여 예수님 일행보다 먼저 그곳에 도착해 있었다. 배에서 내리신 예수께서는 많은 군중이 이미 모여 있는 것을 보시고는 놀라셨다. 하지만 조금도 싫은 기색 없이 그 무리를 목자 없는 양떼처럼 불쌍히 여기셨다. 그래서 지치고 힘든 상태였지만 여러 가지 천국 복음의 진리에 관하여 많은 가르침을 베풀기 시작하셨다. 그러다보니 예수님이나 군중들은 시간 가는 줄 몰랐다. 어느새 날이 어둑어둑 저물기 시작했다. 그러자 제자들이 예수께 총총 나아와서 말한다.

"스승님, 이곳은 마을과 동떨어진 외딴 곳이고 시간도 너무 늦었습니다. 그러니 사람들을 어서 돌려보내야 합니다. 그들을 근처 마을이나 농가로 보내, 각자 알아서 음식을 사먹도록 하는 게 좋겠습니다."

제자들로서는 지극히 당연한 말이었다. 한적한 광야에서 날은 점차 어두워지는데 많은 남녀노소의 무리를 쫄쫄 굶긴 채 계속 데리고 있을 수는 없었기 때문이다. 그러나 예수님의 반응은 아주 의외다.

"아니다, 그들을 돌려보내지 마라. 너희가 그들에게 먹을 것을 주어라."

그러자 제자들이 크게 당황하며 대답한다.

"아니, 스승님! 그게 무슨 말씀입니까? 저희들이 가진 게 무엇이 있다고 그들을 먹인단 말입니까? 생각해 보십시오. 이 많은 사람들이 먹을 만큼 음식을 사오려면 족히 200데나리온은 있어야 합니다."

'데나리온'은 로마제국의 은화(銀貨)를 가리킨다. 이 은화는 예수님 당시에 가장 널리 유통되던 동전으로, 당시 노동자 한 사람의 하루치 품삯에 해당되는 가치를 지녔다. 따라서 200데나리온은 노동자의 일곱 달치 임금에 해당되는 큰돈이다(오늘날 우리나라 노동자의 하루치 일당을 10만원으로 계산하면, 무려 2천만 원에 해당되는 금액이다). 믿음 없는 제자들의 말을 듣고서, 예수께서는 답답한 표정을 지으며 제자들에게 다시 물으신다.

"그렇다면 지금 무리 가운데 가지고 있는 음식이 얼마나 되느냐? 가서, 알아보도록 하여라."

제자들이 무리 가운데 흩어져서 알아본 뒤에 다시 돌아와 예수께 보고한다.

"저희들이 알아본 바로는, 빵 다섯 덩이와 물고기 두 마리가 전부입니다. 다들 배가 고파 가지고 있던 음식을 다 먹은지라, 남은 것이라곤 달랑 그것밖에 없습니다."

"됐다! 그것이면 충분하니라."

"네엣? 그게… 충분하다고요…?"

제자들은 황당한 표정을 지으며 의아해했다. 제자들은 지금껏 수많은 기적들을 직접 목격하고서도 때마다 이처럼 예수님의 능력을 불신하였다. 제자들의 황당한 표정에 아랑곳없이 예수님은 지시하신다.

"자, 너희는 무리에게 말하여 각자 떼를 지어 앉으라 하여라."

그래서 제자들은 모든 사람들에게 말하여 50명씩, 100명씩 떼를 지어 풀밭에 앉게 했다. 자리 정돈이 끝나자, 예수께서는 빵 다섯 덩이와 물고기 두 마리를 손에 들고서 하늘을 우러러 감사기도를 드리기 시작하셨다.

"하늘에 계신 성부 하나님이시여, 오늘 이 시간 저희들에게 빵 다섯 덩이와 물고기 두 마리를 주셔서 모두가 배불리 먹게 하시니 진실로 감사를 드립니다. 이렇게 육신의 음식을 배불리 먹듯, 저들로 영혼의 양식도 배불리 먹을 수 있도록…"

기도를 마치신 후, 예수님은 빵을 여러 조각으로 나누어 물고기와 함께 제자들에게 건네주시며 그것을 사람들에게 나누어주라고 말씀하셨다. 제자들은 예수님에게서 부지런히 빵과 물고기를 공급받아 떼를 지어 앉아 있는 사람들에게 가져다주었다. 놀랍게도 예수님의 손에서는 끊임없이 빵과 물고기가 공급되었다. 분명 예수님이 제자들에게서 받으신 것은 빵 다섯 덩이와 물고기 두 마리뿐이었는데, 예수님의 손에서는 무한대로 빵과 물고기가 공급되었다.

"스승님, 이젠 더 이상 주시지 않으셔도 됩니다. 모인 무리들이 한 명도 빠짐없이 배불리 먹었습니다. 모두가 더는 먹으려 하지 않습니다."

"허허, 그러하냐? 그렇다면 사람들이 먹고 남은 빵과 물고기를 거두어 보아라."

제자들이 사람들 사이를 두루 돌아다니며 먹고 남은 빵 덩이와 물고기를 주워 모았다. 그랬더니 열두 광주리에 가득 찼다. 광주리는 잔가지로 엮은 작은 바구니로, 일상적으로 몸에 지니고 다니는 것이다. 유대인은 빵을 하나님의 선물을 상징하는 것으로 매우 중요하게 생각했다. 그래서 식사할 동안에 바닥에 떨어진 빵의 부스러기들은 꼭 줍도록 했다. 그날 벳새다 광야에서 빵과 물고기를 먹은 사람은 남자 어른만도 무려 5천 명이나 되었다. 그러니까 아이들과 여자들까지 전부 합하면, 2만 명가량은 족히 되었다. 놀라운 기적이었다!

빵 다섯 덩이와 물고기 두 마리로 성인 남자 5천 명을 배불리 먹인 뒤 남은 분량이 열두 바구니에 가득 찬 이 놀라운 사건, 이른바 '오병이어(五餠二魚)의 기적'이라 일컫는다. 이 사건은 제자들에게 절대 잊히지 않는 깊은 인상을 주었기에 복음서(마태복음, 마가복음, 누가복음, 요한복음)의 저자들은 한 명도 빠짐없이 이 사건을 모두 기록하였다. 그리고 이 오병이어 사건 외에도, 마태와 마가는 빵 일곱 덩이와 물고기 두 마리로 4천 명을 먹인 뒤 남은 분량이 일곱 바구니에 가득 찬 또 다른 사건, 이른바 '칠병이어(七餠二魚)의 기적'에 대해서도 기록해 놓았다.

물 위를 걸어오신 예수님(6:45-52; 마 14:22-33; 요 6:15-21)

"자, 너희는 어서 배를 타고 갈릴리 호수 건너편으로 건너가도록 하여라.”

오병이어의 사건 직후, 예수께서는 제자들을 재촉하여 배를 타고 먼저 갈릴리 호수 건너편의 벳새다로 건너가게 하셨다. 이곳 ‘벳새다’는 갈릴리 호수 서편에 있는 마을로, 오병이어의 기적이 일어났던 갈릴리 호수 동편의 또 다른 ‘벳새다’와는 구별된다. 일반적으로 서(西)벳새다, 동(東)벳새다로 불린다. 제자들을 보내시고 혼자 남으신 예수님은 더 어두워지기 전에 서둘러 사람들을 집으로 돌려 보내셨다.

‘음, 이제야 사방이 조용해졌구나….’

사람들이 모두 집으로 돌아가고 완전히 홀로 남게 된 예수님, 사방이 조용해진 틈을 타 성부 하나님께 기도하러 따로 산에 올라가셨다. 여기서 하나의 의문점이 생긴다. 본질상 하나님이신 예수님도 기도를 필요로 하시는 것일까?

그렇다. 예수님은 기도를 통해 성부 하나님과 지속적으로 교제하셨고, 그 결과 성부 하나님의 뜻과 완벽하게 조화되는 삶을 사셨다. 그럼으로써 제자들에게 모범적인 참 신자의 삶을 친히 보여주셨다.

밤이 이슥해졌다. 이때 제자들이 탄 배는 갈릴리 호수 한가운데에 나아가 있었고, 예수께서는 혼자 뭍에 계셨다. 그런데 갈릴리 호수에 갑작스럽게 풍랑이 일었다. 바람의 방향이 바뀌어 세찬 바람이 배의 진행 방향을 거슬러 불어왔고 물결이 높이 일었다. 그러자 노 젓기가 몹시 힘들어졌다. 제자들 가운데는 어릴 적부터 갈릴리 호수에서 잔뼈가 굵은 사람들도 여럿 있었지만, 그들조차도 무척 힘들어했다.

멀리 뭍에서 이 같은 상황을 지켜보신 예수께서 물 위를 걸어 제자들에게로 나아가셨다. 때는 밤 사경쯤(새벽 3시~6시 사이), 예수께서는 물 위를 계속 걸어 제자들을 그냥 지나치시려 하셨다. 하지만 제자들이 물 위를 걷는 어떤 사람 같은 형체를 보고는 모두가 유령인 줄 알고 자지러질듯 놀라 비명을 질렀다. 그러자 예수께서 즉시 멈추어 서신

갈릴리 바다 위를 걸어 제자들에게로 오시는 예수님.

뒤 제자들을 향해 말씀하신다.

"모두 안심하여라! 나다. 조금도 두려워하지 말아라."

"예… 예… 예수님?"

제자들이 저마다 놀라고 미심쩍은 태도로 어리둥절하고 있을 때, 예수께서는 물 위를 뚜벅뚜벅 걸어가셔서 제자들이 탄 배에 오르셨다. 그러자 놀랍게도 세차게 불던 바람이 뚝 그쳤다. 제자들은 여전히 놀라서 어쩔 줄을 몰랐다. 제자들은 방금 전에도 벳새다 들판에서 예수께서 행하신 오병이어의 놀라운 기적을 보고서도, 그 사이에 또 마음이 무뎌져서 아직도 예수님이 어떤 분이신지를 제대로 깨닫지 못하고 있었다.

그러니까 오병이어의 사건에서 제자들은 그 기적의 핵심을 놓친 것이다. 제자들은 베풀어진 기적에 대해서는 크게 놀랐지만, 그런 기적을 베푸신 분이 '하나님의 아들'이라는 사실에는 주목하지 않았다. 그 결과, 또 다른 위험이 닥치자 제자들은 아둔한 마음으로 예수님 앞에서 허둥댔던 것이다.

예수께서 게네사렛 마을에서 병자들을 고치심(6:53-56; 마 14:34-36)

예수님 일행은 갈릴리 호수를 무사히 건너 게네사렛 마을에다 배를 댔다. 호수의 북서쪽 지역이다. 어느새 날은 밝았다.

"와, 예수님이다!"

예수님 일행이 배에서 내리자, 사람들이 즉시 예수님인 줄 알아보고는, 여러 마을로 뛰어다니며 예수께서 오셨다는 소식을 널리 알렸다.

"어? 그래? 그렇다면 만사 제쳐두고 얼른 예수님께 가봐야지!"

소식을 듣고서 사람들은 너도나도 앞 다투어 예수님께 몰려 나왔다. 그들 중에는 들것에 병자들을 누인 채로 예수께 데려오기도 했다. 이처럼 예수께서 어디에 계시든, 어디로 가시든, 사람들이 어떡하든지 알아내고서 우르르 몰려왔다. 마을이든 읍내든 농촌이든, 예수께서 계시는 곳이면 어디든지 사람들이 병자들을 데리고 몰려왔다. 더러는 병자들을 장터에 데려다 놓고, 그들로 예수님의 옷자락만이라도 만지게 해 달라고 간청했다.

사람들이 이렇게 예수님의 옷자락만이라도 만지기를 간절히 원한 까닭은, 일전에 12년 동안이나 혈루병으로 고생하던 여인이 예수님의 옷자락을 만진 후에 깨끗이 고침 받았다는 소문이 백성들 사이에 널리 퍼졌기 때문이다. 그런데 놀라운 사실은, 그렇게 애써서 예수님의 옷자락이라도 만진 병자들은 모두가 나았다는 점이다. 그러다 보니 사람들은 더욱 힘써 예수님을 따라다녔고 줄기차게 찾아 나섰다. 그러했기에 예수님은 마음 놓고 휴식하기는커녕 틈을 내서 식사할 여유조차 없었다.

7

율법 정신과 치유 이적

수로보니게의 한 여인이 엎드려
개들도 상 밑의 부스러기는 먹는다며
귀신 들린 자기 딸 고쳐 달라고 하자
예수는 그 믿음 보시고 고쳐주시네

유대 장로들의 전통 (7:1-23; 마 15:1-20)

예수께서 갈릴리 사역을 한창 펼치시던 기간 중에 발생한 일이다. 멀리 예루살렘에서 갈릴리 지방으로 내려온 바리새파와 율법 교사 몇 명이 예수님 주변에 서성이고 있었다. 장소는 갈릴리 지방의 가버나움 마을이다. 가버나움은 예수님의 주된 활동 무대였다.

바리새인들과 율법 학자들이 중앙에서 내려온 것은 하루가 달리 폭발적으로 높아져가는 예수님의 인기에 불안감을 느낀 나머지, 어떡하든 예수에게서 꼬투리를 잡아 그에 대한 열기를 가라앉히고 싶었고, 더 나아가 율법으로 예수를 옭아매어 그를 제거하고자 했기 때문이다. 무엇보다도, 안식일에 기적을 행하고 죄 사함까지 베푸는 예수님의 활동은 유대 종교의 전통에 중대한 도전이었다. 그래서 현지에 나가 직접 예수님의 행동을 살피려고 작정하고 내려온 것이다.

그러던 차에, 시비를 걸 만한 기회를 발견했다. 예수의 제자들 가운데 몇 사람이 씻지 않은 손, 곧 부정한 손으로 음식 먹는 것을 보았기 때문이다.

"아, 아니! 저런 고약한 자들을 봤나? 손도 씻지 않고 음식을 먹다니!"

예로부터 바리새파 사람들뿐만 아니라 모든 유대인은 장로들의 전통에 따라 손을 깨끗이 씻는 정결의식을 거친 뒤에야 음식을 먹는 관습이 있었다. 외출 시에 혹시라도 부정한 사람이나 사물과 접촉하여 자신도 모르게 부정을 옮았을지도 모른다고 생각했기 때문이다. 따라서 식사 전에 반드시 손을 씻거나 목욕을 함으로써 부정(不淨)을 제거해야 한다는 것이 유대 장로들의 전통이었고, 바리새파 사람들의 오랜 종교적 관습이었다.

여기서 '장로들의 전통'이라 함은, 이스라엘 백성들의 바빌로니아 포로생활 이후, 고명한 유대 랍비들이 예부터 내려오던 전승 자료들을 중심으로 세세한 생활규칙들을 수집하여 정비하고 명문화해 놓은 구전(口傳) 율법을 말한다. 이에 따라 모든 유대인은 외출했을 때뿐만 아니라 시장에서 돌아왔을 때에도, 반드시 먼저 손이나 몸을 깨끗이 씻은 다음에야 비로소 음식에 손을 댈 수 있었다.

이 외에도 단지, 잔, 놋그릇 등을 씻는 등 정결의식과 관련해서 지켜야 할 사항들이 아주 많았다. 장로들의 전통이 이러한데도, 예수님의 제자

"왜 당신의 제자들은 장로들의 전통을 따르지 않는 것이오?"

들이 씻지 않은 손으로 음식 먹는 것을 목격한 바리새파 사람들과 율법 교사들이 잔뜩 화난 표정으로 예수께 시비를 건다.

"예수 선생, 여기 좀 보시오! 당신의 제자들은 왜 장로들의 전통을 따르지 않는 것이오? 어찌하여 씻지도 않은 더러운 손으로 음식을 먹느냔 말이오? 세상에 그런 법이 어디 있소?"

음식을 먹기 전에 손과 몸을 씻는 유대 장로들의 전통이 마치 신성불가침의 십계명 법전이라도 되는 양 노발대발하며 시비를 거는 바리새파 사람들과 율법 교사들, 그들을 향해 예수께서 엄한 표정을 지으시며 단호한 어조로 대답하신다.

"이 위선자들이여! 선지자 이사야가 옛적에 당신들 같은 위선자들을 두고 예언한 말이 과연 옳소! 한번 들어보시오!

> '이 백성이 입으로는 나를 섬긴다 하면서도, 마음은 내게서 아주 멀리 떠나 있구나. 그들이 거짓된 마음으로 내게 예배를 드리고, 사람이 제멋대로 만든 규칙만을 가르치고 있구나'(사 29:13).

그렇소! 마찬가지로 오늘날 당신들도 하나님의 계명은 버려둔 채 사람들이 만든 전통만을 고집하고 있소."

하나님의 계명이 아니라 사람의 계명에 따라 하나님을 경배한다면, 그것은 거짓되고 헛된 것이다. 하나님은 예배하는 자들이 영(靈)과 진리로 경배할 것을 원하신다. 하지만 사람들이 그러한 하나님의 뜻과 무관하게 자신들이 만든 종교의식에 따라 하나님을 경배한다면, 예배의 참된 본질과 능력은 사라지게 된다. 그렇게 예배드리는 자들은 결국 헛되고 거짓되게 하나님을 섬기는 셈이다. 예수님은 이런 사실을 지적하셨다.

"뭐, 뭐라고요? 아, 아니, 어디서 그런 말을 함부로…!"

바리새파 사람들과 율법 교사들이 붉으락푸르락 얼굴을 찌푸리며 잡아먹을 듯이 예수님께 대들었다. 그에 아랑곳하지 않고 예수님은 이어서 또 말씀하신다.

“보시오, 당신들은 당신들이 만든 전통을 지킨답시고 하나님께서 주신 계명은 잘도 제쳐놓고 있소. 일찍이 모세는 말하기를 ‘네 부모를 공경하라.’ 하였고, 더 나아가 ‘아버지나 어머니를 욕하는 자는 반드시 처형해야 한다.’라고 하였소.”

“이봐요, 선생! 누가 그걸 모른다고 우리에게 새삼 그런 말을 하는 거요?”

“그렇게 잘 알고 있으면서, 당신들은 ‘부모님에게 드리려던 예물이 고르반, 즉 하나님께 바치는 예물이 되었습니다.’하고, 부모님에게 말하기만 하면, 다 되는 줄로 알고 있소. 이처럼 당신들은 하나님을 핑계로 부모님에게 아무것도 해드리지 않기 일쑤요.”

바리새파 사람들과 율법 교사들이 머쓱한 듯 멈칫했다.

“어디 그것뿐인 줄 아시오? 당신들은 대대로 이어지는 사람의 전통을 지킨답시고, 하나님의 말씀을 예사로 어기고 있소. 이런 일들이 당신들에게 너무나 많소. 어디 대답해 보시오, 그렇지 않소?”

고르반(Corban)! 이 말은 ‘하나님께 바쳐진 예물’이란 뜻을 지닌 히브리어다. 이스라엘 사회에서는 일단 맹세로써 무엇을 하나님께 바쳤다고 선언하면, 그것을 다른 용도로는 절대 사용할 수 없었다. 하지만 사람들은 이를 악용했다. 즉 ‘고르반’이라는 명목 하에 실제로는 자기 몫으로 챙겨놓고는 늙고 궁핍한 부모에게는 아무런 도움을 주지 않았다. 이런 행위는, 예수님이 지적하신 대로 명백한 위선의 사례 중 하나였다.

예수님의 말씀은 그야말로 날카로운 말로 상대편의 급소를 찌르는 촌철살인(寸鐵殺人)이었다. 이처럼 뼈를 찌르는 예수님의 권위 있는 말씀에 바리새파 사람들과 율법 교사들이 크게 분해하면서도 어떻게 대처할 수가 없어 슬며시 꽁무니를 빼기 시작했다. 그러자 예수께서 군중을 다시 불러 모은 뒤 가르침을 베푸신다.

"여러분, 모두 내 말을 잘 새겨들으십시오. 그게 무엇이든, 밖에서 몸 안으로 들어가는 것이 사람을 더럽히는 것이 아닙니다. 사람 안에서 밖으로 나오는 것이 여러분을 더럽힙니다. 내 말이 무슨 말인지 알아듣겠습니까? 들을 귀 있는 사람은 알아들으시기 바랍니다."

말씀을 마치신 뒤, 예수께서는 사람들을 떠나 제자들과 함께 집으로 들어가셨다. 그러자 제자들이 방금 전에 하신 예수님의 말씀이 무슨 뜻인지를 몰라 묻는다.

"스승님, 아까 하신 말씀 있잖습니까? 그러니까 사람 밖에서 사람 안으로 들어가는 것이 사람을 더럽히는 것이 아니고, 사람 안에서 사람 밖으로 나오는 것이 사람을 더럽힌다는 그 말씀 말입니다. 그게 무슨 말입니까?"

"너희도 그 말을 알아듣지 못하였느냐? 사람의 몸 밖에서 사람의 몸 안으로 들어가는 것들이 너희를 더럽게 하는 것이 아니라는 것을 아직도 알지 못하겠느냐? 생각해 보아라, 너희가 먹는 음식물은 마음속으로 들어가는 것이 아니고 단지 뱃속으로 들어가므로, 그것들은 배설해 버리면 그만이다. 그러므로 모든 음식물은 사실상 다 깨끗하다고 볼 수 있느니라."

"아하! 그렇군요."

예수께서는 덧붙여 말씀하신다.

"그러나 사람에게서 나오는 것들은 참으로 그 사람을 더럽힌다. 생각해 보아라, 악한 생각들은 모두 사람의 마음속에서 밖으로 나오는 것들이 아니냐? 음행, 도둑질, 살인, 간음, 탐욕, 악의, 사기, 방탕, 시기, 비방, 교만, 어리석음 등. 이 모든 악한 것들이 사람의 마음속에서 나와서 그 사람을 더럽히느니라."

"아, 무슨 말씀이신지 이제야 알아듣겠습니다. 그렇습니다! 사람의 마음속에서 나오는 모든 악한 것들이 사람을 더럽히는 게 맞습니다."

제자들은 큰 깨달음이라도 얻은 듯 무릎을 탁치며 맞장구를 쳤다. 그렇다면 의문점이 하나 생긴다. 여기서 예수님은 사람이 먹는 모든 음식물을 깨끗하다고 선언하심으로써 구약시대의 음식물에 관한 정함과 부정함의 규례를 폐기하신 것인가?

그런 것은 아니다. 예수님은 율법을 폐기하러 이 땅에 오신 것이 아니라 완성시키려 오셨다. 음식물의 정함과 부정함에 관한 구약시대의 레위기 율법은 단지 영적인 정결함의 중요성을 가르치기 위한 표면적인 방편이었다. 구약시대에는 그런 표면적 방편이 나름대로 가치가 있었다. 그러나 이제 모든 표면적 방편의 실체이신 예수님은 그런 율법의 참된 내면을 들여다보도록 백성들의 초점을 이동시킨 것이다. 그것이야말로 모든 율법의 참된 정신이며 가르침이기 때문이다. 내면의 참된 가르침에 따르면, 사람을 더럽게 만드는 것은 사람의 입으로 들어가는 이런저런 음식물이 아니라, 사람의 마음에서 밖으로 나오는 모든 악한 것들인 것이다.

수로보니게 여인의 큰 믿음 (7:24-30; 마 15:21-28)

모든 말씀을 마치신 후, 예수께서는 갈릴리 지방을 떠나 북쪽으로 향하셔서 멀리 지중해의 항구도시인 두로와 시돈 지방으로 가셨다. 이곳에 가신 까닭은 약간의 휴식을 취하기 위해서였다. 육신의 몸을 입으신 예수님은 그동안 불철주야로 전도 사역에 매진하느라 무척 피곤하고 지친 상태였기 때문이다. 그 지방에 이르신 예수님은 어느 집으로 들어가신 뒤 누구에게도 알리지 않으려 하셨다. 그러나 그럴 수 없었다. 어떻게들 알았는지, 예수께서 그 지방에 오셨다는 소문이 금세 온 사방으로 퍼져나갔다. 아, 참으로 고달프신 예수님!

“그게 정말이에요? 정말로 예수님이 이 지방에 오신 거예요?”

수로보니게 여인의 간구—“주여, 귀신 들린 내 딸을 고쳐주소서!”

예수님에 관한 소문을 듣자마자, 모든 일을 제쳐두고 즉시 달려와서 예수님의 발 앞에 엎드린 한 여자가 있었다. 그녀에게는 귀신 들린 딸이 있었다. 그 여자는 자기 딸에게서 악한 귀신을 내쫓아 달라고 예수께 애원하였다.

“예수님, 제 딸을 고쳐주세요! 정말 불쌍한 딸입니다. 제발… 제 딸을 불쌍히 여겨 고쳐주세요.”

가나안 여인은 애끓는 심정으로 예수님의 자비로움에 호소한다. 달리 표현하면 이러하다.

‘예수님, 저는 유대인도 아니고… 로마 시민권자도 아니고… 충분히 치료비를 낼 형편도 못 되고… 아무것도 없습니다. 제발, 그냥 저를 불쌍히 여겨주셔서 제 딸을 고쳐주세요… 이렇게 애원합니다.’

그 여자는 헬라 사람으로서 수로보니게 태생이었다. 수로보니게는 ‘수로’ 지방의 ‘보니게’란 뜻이다. 오늘날 시리아에 속한 뵈니게(Phoenicia) 지방을 가리킨다. 이스라엘 백성들이 여호수아를 앞세우고 가나안 땅을 정복할 때 북쪽으로 추방당한 가나안 민족의 자손들이다. 이런 사실은, 그 여자가 확실하게 헬라화된 이방 사람임을 보여준다. 가나안 사람은 유대인들에게는 멸시의 대상이다. 특히 당시의 문화에서 보면, 여성이 먼저 남성에게 다가와 말을 건넨다는 것은 상스런 행위다. 그럼에도 그 여자는 모든 걸 무릅쓰고 귀신 들린 딸을 위해 예수께 간절히 호소한 것이다. 여자의 간청을 듣고서 예수께서 말씀하신다.

"안 되오! 나는 내 자녀들부터 먹여야 하오. 자녀들이 먹을 음식을 개에게 던져주는 것은 옳지 않소."

참으로 의외의 답변이다. 지금껏 예수님은 도움의 손길을 뿌리친 적이 한 번도 없었다. 그러나 이번에는 귀신 들린 딸 문제로 도움을 필요로 하는 가련한 여자의 애원을 아주 무정하게 거절하셨다. 그것도 여인을 '개'로 취급해버린 것이다.

성경에서 '개'란 용어는 악한 것을 상징하고 야유하는 비속어다. 수로보니게 여인, 비록 그러한 예수님의 말이 아니라도 얼마나 상처가 많은 여인이었겠는가. 과년한 딸이 귀신 들려 울부짖을 때 어머니는 얼마나 숨죽여 울었을까? 그래서 용기를 내어 찾아왔는데, 어찌 이러실 수가…. 사람을 앞에 놓고 개라니! 실망과 더불어 큰 상처를 받을 상황이었다. 예수님을 향하여 "이 위선자야!" 하고 소리치더라도 하등 이상할 것이 없는 상황이었다. 그러나 여인은 말귀를 알아듣는 사람이었다. 예수께서 사용하신 '개'는 경멸적 의미의 들개나 사납고 악한 개가 아니라, 집안에서 기르는 '애완용 강아지'를 말한다.

그래서 그 여인은 예수님의 의중을 알아낸 것이다. 상대방이 던지는 말에 '아니, 날 보고 개라고?' 하며, 앞뒤 생각하지 않고 펄쩍 뛰며 흥분하지 않았다. 상대방의 의중(意中)을 알아내고 좋게 해석한다. 그래서 더욱 매달린다.

그렇다면 예수님은 그 여인에게 왜 그러셨을까? 복음 사역의 순서상, 예수님의 일차적인 사역 대상은 이스라엘 백성이었다. 예수님은 '자녀'와 '개'의 비유를 들어, 그 사실을 말했을 뿐이다. 하지만 그런 비유를 통해 예수님은 이 이방 여인의 믿음이 어떠한지를 알아보려는 의도도 있었다. 과연 예수님의 답변을 듣고, 그 여자는 어떻게 반응할 것인가?

"주님, 옳은 말씀입니다!"

마가복음에서 예수님이 '주님'으로 호칭된 곳은 이곳밖에 없다. 그 말 속에는 예수님에 대한 절대적인 주권과 능력을 인정하는 간절함이 깃들어 있다. "주님"이라는 의외의 반응에 예수님은 흠칫 놀라셨다. 여인은 계속 말을 이어간다.

"하지만 자녀의 식탁 밑에 있는 개들도 자녀들이 먹다가 흘린 부스러기는 얻어먹지 않습니까? 그러하오니 제발 그 부스러기라도 제게 조금 주시기를 간청합니다."

유대인의 주식은 빵인데, 그 빵을 손으로 찢어 먹기에 부스러기가 많이 떨어져 나온다. 애완용 개는 주인 밥상에서 떨어져 나오는 그 부스러기를 얻어먹으려 옆에서 아양을 떤다. 여인은 자기도 그런 강아지이기에 밥상에서 떨어지는 부스러기 음식이라도 달라 애원한다. 주님의 밥상에서 떨어지는 부스러기만으로도 자기 딸이 얼마든지 새로운 인생을 시작할 수 있다고 굳게 믿었던 것이다.

여자의 말을 듣고서 예수님은 그녀의 굳센 믿음에 흠칫 놀라시는 한편, 입가엔 이내 잔잔한 미소가 감돌았다.

"오, 여자여! 그렇게 말하다니, 참으로 놀랍소! 자, 이제 어서 집으로 돌아가 보시오. 악한 귀신이 벌써 당신의 딸에게서 떠나갔소."

"아, 주님! 감사합니다. 감사합니다."

그 여자는 거듭 감사를 표한 뒤 서둘러 집으로 돌아가 딸의 상태를 살폈다. 과연 딸은 아주 멀쩡해졌다. 악한 귀신은 이미 떠나가 버렸고, 딸아이는 조용히 침대에 누워 있다가 엄마를 알아보고는 예쁜 미소를 지었다. 귀신 들리기 이전의 온전한 상태였다. 그런 딸이 엄마의 눈에는 오늘따라 유난히 더 예쁘게 보였다. 딸의 웃음에서 잠시 전에 만났던 예수님의 얼굴이 떠오른다. 여인은 손을 모아 깊은 감사를 전한다.

예수께서 귀먹고 말 더듬는 사람을 고치심 (7:31-37)

두로 지방에서 치료 사역을 베푸신 예수께서는 그곳을 떠나 더 북쪽에 있는 시돈 지방까지 올라가셨다. 그런 뒤 시돈을 떠나 데가볼리 지방을 거쳐 갈릴리 호수로 되돌아오셨다. 두로는 고대 페니키아 지역의 유명한 도시국가로, 팔레스타인 서북단의 지중해 연안에 위치했고, 시돈 역시 두로와 함께 페니키아 지역의 대표적인 도시국가로 두로에서 북쪽으로 대략 40km 떨어진 지점에 위치했다. 그리고 데가볼리는 '열 성읍'이란 뜻으로, 갈릴리 호수 동편과 요단 강가에 인접한 10개의 도시를 총칭하는 말이다.

이번에도 역시 예외는 아니었다. 예수님이 갈릴리 지방에 오셨다는 소문은 금세 널리 퍼졌고, 그 소문을 들은 사람들은 너도나도 앞 다투어 예수께로 몰려들었다. 그런 사람들 중에 귀먹고 말 더듬는 사람을 예수께 데려온 자들이 있었다. 그들은 그 사람에게 손을 얹어 장애를 치료해 달라고 예수께 간청하였다.

예수님의 복음 전도 여행.

"그 사람을 내 앞으로 데려오시오."

예수께서는 그 사람을 따로 불러내셨다. 그 사람이 앞으로 나오자, 예수님은 손가락을 그 사람의 양쪽 귀에 넣으셨다. 그런 다음에 손가락에 침을 뱉으시고는 그의 혀에 대셨다. 그리고는 하늘을 우러러 탄식하시며 큰 소리로 명령하신다.

"에바다!"

이 말은 당시에 일반적으로 통용되던 아람어로서, 그 뜻은 '열려라!'

다. 예수님의 명령이 떨어지자마자 그 사람의 귀가 즉시 열리고 혀가 풀렸다. 그래서 그 사람은 정상인처럼 얼마든지 듣고 말할 수 있게 되었다.

여기서 주목할 점이 있다. 예수님은 자신의 손가락에 구태여 침을 뱉지 않고도 그 장애인을 능히 치유할 수 있었다. 하지만 그 장애인은 듣지도 못하고 말도 못 하는 자였기에, 예수님은 친절하게도 말보다는 행동으로써 자신이 행하려는 바를 보여주셨다. 그 사람의 양쪽 귀에 손가락을 넣음으로써 그의 귀를 치료하고 있다는 것을 보여주셨고, 또한 침을 뱉어 그 사람의 혀에 손가락을 대심으로써 그가 말할 수 있도록 그의 혀를 치료하고 있음을 보여주셨다. 이런 모습은 환자의 상태에 따라 최선을 다해 정성을 기울이시는 자상한 의사로서의 예수님을 보여주는 장면이다.

"여러분, 여러분이 지금 목격한 기적을 다른 사람들에게는 알리지 마십시오. 그냥 자신의 마음속에만 간직해 두십시오."

예수께서는 그 자리에 모인 군중에게 자신이 베푼 기적적인 치료에 관해 아무에게도 말하지 말라고 당부하셨다. 사람들이 천국 복음 진리에 관해 관심을 갖기보다는 단지 기적적인 병 치료에만 호기심을 갖게 될 것을 우려하셨기 때문이다. 그러나 예수님이 당부할수록 사람들은 더욱 널리 소문을 퍼뜨렸다. 기적을 목격한 사람들은 입이 근질거려 도무지 참을 수 없었던 것이다. 그리하여 소문이 이스라엘 도처에 널리 퍼져나갔고, 소문을 들은 사람들은 저마다 몹시 놀라며 경탄한다.

"와, 세상에나! 귀머거리를 듣게 하시고, 벙어리를 말하게 하시다니!"

"정말로 예수란 분은 못하시는 일이 없네! 정말로 위대하신 분이야!"

8

바리새인의 누룩과 베드로의 신앙고백

사흘을 함께 지낸 배고픈 무리
예수는 그들을 불쌍히 여기시고
빵 일곱 개와 물고기 두 마리로
4천 명을 배불리 먹이시네

적은 음식물로 4천 명을 먹이신 이적 (8:1-10; 마 15:32-39)

예수께서 공생애를 시작하신 지도 어언 3년째(주후 29년경), 예수님이 있는 곳이라면 언제 어디서든 많은 무리가 끊임없이 모여들었다. 벌이 향기 나는 꽃을 찾아 날아들듯이, 예수님이 있는 곳이면 언제 어디서든 많은 사람들이 모여들었다.

예수님은 계속되는 사역에 지칠 대로 지쳐 있었다. 심신이 지쳐 있기는 제자들도 마찬가지였다. 그래도 위로가 되는 것은, 베드로의 장모를 비롯한 신실한 여성들이 식사와 빨래는 물론, 바쁠 때는 몰려드는 사람들을 안내하고 장내를 정리해 주었기에 그나마 다행이었다.

더위는 오후가 되면서 기세를 누그러뜨렸고, 저녁노을이 생길 때쯤에는 제법 선선한 바람까지 불어왔다. 예수님의 가르침을 듣기 위해 들판에 몰려든 이들을 얼추 눈짐작만으로 헤아려도 1만 명은 족히 넘을 것 같았다. 저녁이 되어가자 사람들은 배고픔을 느꼈다. 말씀을 들을 때는 집중하느라 몰랐는데, 한번 배고픈 생각이 들자 걷잡을 수가 없었다. 예수님은 몇 날 며칠 동안 천국 복음의 진리를 열심히 가르치셨고, 그러다 보니 사람들은 준비해 온 음식물을 다 먹었고, 더는 먹을 것이 없었다. 그러자 예수께서 제자들을 불러 말씀하신다.

"제자들아, 이 많은 사람들이 벌써 사흘 동안이나 나와 함께 지냈다. 이제 보니, 그들에게 먹을 것이 다 떨어진 것 같구나. 그런데 저들을 배를 곪긴 채 그냥 집으로 돌려보낸다면, 가다가 허기져 길에서 쓰러질 사람도 나오겠구나. 저들 중에는 아주 멀리서 온 사람들도 있지 않느냐."

그러자 제자들이 예수님의 말씀에는 전적으로 동의하면서도 별다른 대책이 없다는 듯 대답한다.

"네, 그럴 것 같습니다. 하지만… 스승님, 이렇게 마을과 동떨어진 외딴 곳에서 어떻게 저 많은 사람들을 먹일 양식을 구할 수 있겠습니까? 그러니 그냥 집으로 돌려보내는 수밖에 달리 도리가 없습니다. 그럼, 이제 그만 사람들을 돌려보낼까요?"

아, 제자들은 참으로 답이 없다. 그동안 예수께서 베푸신 수많은 기적들을 가까이에서 그토록 여러 번 경험했으면서도, 믿음이 필요한 상황에 직면하면 언제나 대답은 인간의 기본 상식 이상을 벗어나지 못했다. 예수님은 제자들의 적은 믿음이 참으로 안타까웠다. 그렇지만 겉으론 내색하지 않으시고 차분하게 물으신다.

"아니다. 그냥 돌려보내지 마라. 지금 너희에게 빵이 몇 덩이나 있느냐?"

"일곱 덩이뿐입니다."

"그거면 족하다! 너희는 사람들을 떼로 나누어 자리에 앉히도록 하여라."

제자들이 모인 군중을 수십 명씩 떼로 나누어 자리에 앉히자, 예수께서는 빵 일곱 덩이를 손에 드신 채 하나님께 감사의 식사기도를 드렸다.

그런 후에 빵을 떼어 제자들에게 건네주시면서 사람들에게도 골고루 나누어주라고 하셨다. 예수님에게서 빵을 건네받은 제자들은 그곳에 떼를 지어 모여 있는 사람들에게 골고루 빵을 나누어주었다. 놀랍게도 빵을 든 예수님의 손에서 끊임없이 빵이 계속 공급되었다.

일곱 덩이 빵뿐만 아니라 제자들에게는 생선도 두어 마리 있었다. 예수께서는 그 생선도 손에 들고서 역시 하나님께 감사의 식사기도를 드렸다. 그런 후에 생선을 떼어 제자들에게 건네주시면서 그것도 사람들에게 나누어주라고 하셨다. 빵처럼, 생선 역시 예수님의 손에서 끊임없이 계속 공급되었다.

"스승님, 이제 그만 주셔도 됩니다. 모든 사람들이 실컷 배불리 먹었습니다."

"허허, 그러하냐? 그러면 사람들이 먹고 남은 것을 거두어 보아라."

제자들이 사람들 사이를 두루 돌아다니며 먹고 남은 빵을 주워 모았다. 그랬더니 일곱 광주리에 가득 찼다. 그 날, 그 자리 모인 사람들은 어른 남자만 4천 명가량이었다. 이렇게 예수님은 모인 무리들을 배불리 먹이신 후에 집으로 돌려보내셨다.

이른바 '칠병이어(七餠二魚)의 기적'이다. 예수님은 앞서 베푸신 '오병이어(五餠二魚)의 기적'과 비슷한 칠병이어의 기적을 또 베푸셨다. 이 같은 기적들을 통해 예수님이 바라시는 바는, 사람들이 영적인 진리를 깨닫는 것이었다. 예수님이야말로 굶주린 양떼를 배불리 먹이시는 선한 목자요, 나아가 예수님 자신이 하늘에서 내려온 생명의 양식임을 깨닫기를 바라셨던 것이다. 칠병이어의 기적을 베푸신 후, 예수께서는 제자들과 함께 배를 타고 갈릴리 호수를 건너 달마누다 지방으로 가셨다. 이곳은 갈릴리 호수의 서남쪽과 게네사렛 광야의 남쪽에 위치한 지방이다. 마태는 이곳을 '마가단 지경'이라고 했다.

기적을 요구하는 사람들 (8:11-13; 마 16:1-4)

예수께서 달마누다 지방에 들어가셨을 때, 바리새파 사람들이 기다렸다는 듯이 예수께 나아와서 시비를 걸기 시작했다. 그들은 또다시 예수를 시험한다.

"예수 선생, 당신이 정말로 하나님의 아들이라면 하늘로부터 임하는 표적을 좀 보여주시오!"

표적을 뜻하는 헬라어 '세메이온'은 단순한 기적이 아니라, 어떤 의미를 내포한 기적을 가리킨다. 그러니까 하나님의 아들임을 충분히 입증할 수 있는 기적을 보여 달라는 요구였다. 바리새인들의 그런 요구를 들으시고, 예수께서는 마음속으로 깊이 탄식하며 말씀하신다.

"어찌하여 이 세대가 내게 표적을 요구하는 것이오? 내가 진정으로 말하겠소. 나는 어떠한 표적도 이 세대에게는 보여주지 않을 것이오."

단호하게 말씀하신 후, 예수께서는 그들을 떠나 제자들과 함께 배를 타고 갈릴리 호수 건너편으로 건너가셨다. 이때 예수께서 표적을 보여 달라는 바리새인들의 요구를 거절하신 데에는 분명한 이유가 있었다.

표적은 특별한 목적을 지닌 기적이다. 따라서 표적의 목적은 하나님께 영광을 돌리고 사람을 믿음으로 이끄는 것이다. 그런데도 예수님의 신적 권위를 의심하는 자들이 단순한 호기심과 재미로, 또한 어떤 시비를 걸기 위해 표적을 구했으므로 예수님은 단호하게 거부하셨다. 그런 자들에게는 아무리 표적을 많이 베푼다고 해도, 여전히 예수님의 신성을 부인하고 메시지를 받아들이지 않을 것이기 때문이다. 그것이야말로 주님께서 말씀하신 것처럼 진주를 돼지 앞에 던져주는 것과 같다.

바리새파 사람들과 헤롯의 누룩 (8:14-21; 마 16:5-12)

갈릴리 호수를 건너가고 있는 배 안, 앞서 '칠병이어의 기적'으로 빵이 차고 넘쳤지만 제자들은 먹을 것을 챙겨오는 걸 깜빡 잊고 말았다. 배 안에서 소지품을 뒤져보니 먹을 것이라곤 빵 한 덩이밖에 없었다. 그러자 먹거리 걱정이 절로 나온다. 예수님은 끼니를 걱정하는 소리를 듣고 동문서답 같은 경고를 하신다.

"너희는 바리새파 사람들과 헤롯의 누룩을 조심하여라."

여기서 '누룩'은 진짜 누룩을 가리키는 말이 아니다. 본래 누룩은 성전에 드리는 제물이나 백성들이 절기 중에 먹는 빵에는 넣지 못하도록 금해졌다. 그 까닭은, 누룩의 효소는 음식을 크게 부풀어 오르게 하는 성질을 지녔기 때문이다. 이런 누룩의 특징적인 성질에서부터 성경은 종종 '누룩'을 비유적으로 사용하여, 그 대상에게 빠르고 널리 영향력을 행사하는 어떤 삶의 방식이나 교훈을 상징하곤 했다.

그러니까 바리새인들의 누룩은 율법주의적인 교훈이고, 헤롯의 누룩은 세상 권세와 정욕을 추구하는 삶의 방식을 가리킨다. 그러므로 제자들은 이 같은 누룩을 경계하여 멀리해야 했다. 지금 예수님은 누룩에 빗대어 제자들에게 그런 교훈을 주신 것이다. 그러나 제자들은 예수님의 교훈을 알아들을 만한 귀가 없어서, 서로 수군거린다.

"우리가 먹을 것을 챙겨오지 않아서 스승님이 저런 말씀을 하시는가 보다."

"아, 왜 우리가 남은 빵들을 챙겨오는 걸 깜빡 잊었을까? 참으로 아깝다…."

제자들이 그렇게 서로 말하는 것을 예수께서 들으셨다. 예수님은 안타까운 심정으로 제자들에게 말씀하신다.

"너희가 어찌하여 먹을 것이 없는 것을 두고 그렇게 수군거리느냐? 아직도 내 말을 깨닫지 못하느냐? 너희 마음이 왜 그리도 무뎌졌단 말이냐!"

"스승님, 그게 무슨 말씀이신지…?"

"너희는 눈이 있어도 보지 못하고, 귀가 있어도 듣지 못하느냐? 너희가 벌써 다 잊었느냐? 얼마 전에 내가 빵 다섯 덩이로 5천 명을 먹였을 때, 다 먹은 후에 너희가 주워 모은 빵 부스러기가 몇 광주리나 되었더냐?"

"열두 광주리였습니다."

"또 조금 전에 내가 빵 일곱 덩이로 4천 명을 먹였을 때는 모두 배불리 먹고 얼마나 남았더냐?"

"그땐 일곱 광주리였습니다."

제자들은 찰떡같이 대답은 잘 하였다. 그런 제자들을 보시며 예수께서 답답한 표정으로 말씀하신다.

"그러한데도, 너희가 아직도 내 말을 깨닫지 못한단 말이냐?"

이때 제자들은 물질적인 빵에만 초점을 맞추고 있었기에 영적인 하늘 양식에 관해 언급하고 있는 예수님의 말씀을 전혀 깨닫지 못하고 있었다. 이때 제자들은 오병이어와 칠병이어의 기적을 능히 베푸신 예수님과 함께 배 안에 있으면서도, 남은 빵을 챙겨오지 못한 데 대해 무척 안타까워하고 있었다. 예수님은 그런 제자들이 안타까웠던 것이다.

사실, 제자들이 더욱 신경 써 챙겨야 할 것은 남은 빵을 챙기는 문제가 아니라, 바리새파 사람들과 헤롯의 누룩처럼 세상의 헛되고 거짓된 교훈을 경계하고 조심하는 것이었다. 더 나아가, 뭇 사람들을 육신의 양식으로 배불리 먹이시는 것은 물론, 하늘나라의 참된 생명과 진리의 양식으로 배불리 먹이시는 예수님의 교훈에 온전히 주목하는 것이었다. 그러나 이때에 제자들의 영적 안목은 거기까지 이르지 못했다.

예수께서 벳새다의 시각장애인을 고치심 (8:22-26)

배를 타고 갈릴리 호수를 건넌 예수님 일행이 벳새다 마을에 이르렀다. 이곳 벳새다는 갈릴리 호수 동북쪽에 위치한 '벳새다 율리아스'라 불리는 마을이다. 갈릴리 호수 서편의 가버나움 근처에 위치한 또 다른

벳새다의 시각장애인을 고쳐주신 예수님.

'벳새다'와는 구별된다.

"와, 예수님이다! 예수님이 오셨다!"

예수님이 벳새다 마을에 오셨다는 소문이 삽시간에 널리 퍼졌고, 여느 때와 다름없이 사람들이 앞 다투어 모여들었다. 그들 중 몇몇 사람들이 한 시각장애인을 예수님 앞으로 데리고 와서는 고쳐 달라고 간청했다. 그러자 예수께서는 그 시각장애인의 손을 붙잡으시고 마을 밖으로 나갔다. 그런 뒤 그 시각장애인의 두 눈에 침을 바르고 손을 얹으셨다. 그러고는 물으신다.

"지금 무엇이 보이오?"

예수께서 시각장애인의 두 눈에 침을 바른 사실에 주목하라. 사실, 하나님의 아들이신 예수님은 치유를 위해 구태여 침을 바를 필요는 없다. 그렇지만 침을 바르신 예수님의 행동은 시각장애인에게 치유의 기대감을 가져다주고, 그로 인해 예수님께 대한 그의 믿음이 증진되는 효과를 기대할 수 있었다. 예수님의 물음에 그 시각장애인이 고개를 들어 이리저리 주변을 둘러보며 대답한다.

"네, 지금… 사람들이 어렴풋이 보입니다. 그런데… 사람들 모습이 마치 나무들이 걸어 다니는 것 같습니다."

"그래요? 그렇다면…."

예수께서 다시 한 번 그 시각장애인의 눈에 손을 대시자, 그의 시력이 완전히 회복되어 모든 것을 밝히 볼 수 있게 되었다. 사실, 예수님은 단 한 번으로도 시각장애인을 치유할 수 있었다. 하지만 이때 예수님은 두 번의 안수를 통해 시각장애인을 치유하셨다. 예수님은 매번 똑같은 방식으로 환자를 치유하지 않으셨다. 각각의 환자에 따라 다양한 방식으로 치유 사역을 베푸셨다. 이 시각장애인의 경우에 예수님은 두 단계의 치유 과정을 거치셨다. 그렇게 함으로써 예수님은 시각장애인으로 하여금 점진적인 회복의 기쁨을 맛보게 하셨고, 그래서 자신에게 임한 치유의 은총이 오직 예수님의 능력의 손길로 말미암은 것임을 밝히 깨닫도록 하셨다.

"아, 아, 보입니다! 이제 모든 사물들이 똑똑히 보입니다! 오, 이럴 수가! 아, 감사합니다! 주님, 감사합니다!"

그 시각장애인은 눈을 뜬 환희와 감격에 가슴이 벅차올라 어쩔 줄 몰라 했다. 너무나 기쁘고 좋아서 펄쩍펄쩍 뛰었다. 그런 모습을 흐뭇한 미소로 지켜보시던 예수님은 그 사람을 집으로 돌려보내며 당부하신다.

"자, 이제 집으로 돌아가시오."

"아, 이 은혜를 어떻게 갚아야 할는지…."

"은혜는 살아가면서 주변 사람들에게 선행을 베풀며 갚도록 하시오."

"네네, 그리 하겠습니다."

"그리고 참, 여기저기 돌아다니며 사람들에게 이 일을 알리진 마시오."

이번에도 역시 같은 당부였다. 예수님은 환자를 고치신 후에 매번 이 같은 당부를 하셨다. 그 까닭은, 사람들이 자신의 교훈에 초점을 맞추는 것이 아니라 단지 초자연적인 기적에만 관심을 가지는 현상을 방지하기 위해서였다.

베드로의 신앙고백 (8:27-30; 마 16:13-20; 눅 9:18-21)

시각장애인을 고치신 예수님은 제자들과 함께 가이사랴-빌립보 지방의 여러 마을을 두루 돌아다니셨다. 이때 예수님은 벳새다 마을을 출발하여 요단 계곡을 따라 가이사랴-빌립보에 이르는 이스라엘 땅의 북방 지역을 돌아다니며 전도사역을 펼치신 것이다.

가이사랴-빌립보! 주후 1세기 초, 헤롯 대왕의 아들인 헤롯 빌립 2세는 이 성읍을 확장하여 건설한 후에 당시 로마황제인 티베리우스-케사르의 이름을 기리기 위해 '가이사랴'로 명명했고, 또한 지중해 연안의 성읍인 '가이사랴'와 구별하기 위해 자신의 이름을 덧붙여 '가이사랴-빌립보'라 칭했다. 요단강의 주요 수원인 헤르몬산 기슭에 위치한 아름다운 이 성읍은 헤르몬산의 서남쪽 기슭, 갈릴리 호수의 북쪽 약 40km 지점에 위치하고 있다.

예수님 일행이 가이사랴-빌립보 지방의 여러 마을을 두루 돌아다니며 한창 전도사역을 펼치던 때, 하루는 길을 가던 중에 예수께서 제자들에게 불현듯 물으신다.

"제자들아, 사람들이 나더러 누구라 하더냐?"

그러자 제자들이 저마다 사람들에게서 들은 대로 대답하기 시작한다.

"어떤 사람들은 '세례 요한'이라 하던데요."

"저한테는 누가 예수님더러 '엘리야'라고 하였습니다."

"저는 어떤 사람들이 '예언자 중의 한 사람'이라고 말하는 소리를 들었습니다."

이처럼 사람들은 예수님에 대해 다양한 생각들을 갖고 있었다. 하지만 누구도 예수님을 하나님의 아들 '메시아(그리스도)'로 보는 이들은 없었다. 제자들의 답변을 듣고서, 이번에는 예수께서 제자들의 생각을 직접 물으신다.

"그러면, 너희는 나를 누구라 생각하느냐?"

예수님의 질문을 받고 다른 제자들이 잠시 멈칫거리고 있을 때,

수석제자의 역할을 감당하던 베드로가 선뜻 대답한다.

베드로의 신앙고백—'주님은 그리스도이십니다!'

"네, 주님은 '그리스도'이십니다!"

그리스도(Christ)에 해당하는 헬라어 '크리스토스'는 '기름 부음을 받은 자'란 뜻으로, 유대인들이 전통적으로 대망하고 있던 '메시아(히브리어, 마쉬아흐)'를 가리킨다. 그러므로 베드로는 예수님의 정체성(正體性, Identity)에 대하여 올바로 답변한 것이다. 제자들은 순간적으로 일제히 베드로를 놀라운 눈으로 바라보았다. 평소에도 베드로는 당당한 맏형 노릇을 했지만, 어떤 경우에는 나이에 맞지 않게 촐싹인다는 느낌도 받았다.

오늘은 달랐다. 오늘은 맏형 역할을 톡톡히 하고 있었다. 맏형의 고백은 정확했다. 스승께서 자신의 정체성을 묻는 질문에 이처럼 당당하게 자기 고백을 밝힘으로써 애매한 상황을 넘기게 한 베드로 맏형이 오늘따라 더욱 의젓해 보였다. 스승의 입가에 흡족한 미소가 깃드는 것을 제자들은 보았고, 그제야 긴장감이 풀리면서 모두가 안심했다. 가이사랴-빌립보에서 베드로가 예수님의 물음에 답변한 이 일에 대하여, 마태와 누가도 자신의 책에서 각각 기록하고 있는데, 마가복음보다는 좀 더 자세하게 기록하고 있다. 한번 살펴보자.

"주님은 그리스도이시며, 살아 계신 하나님의 아들이십니다"(마 16:16).
"하나님께서 보내신 '그리스도'이십니다"(눅 9:20).

베드로의 답변을 들으시고, 예수님은 긍정하는 듯 흐뭇한 미소를 지으셨다. 하지만 이내 담담한 표정을 지으시며 제자들에게 엄중하게 당부하신다.

"너희는 나에 관해 아무에게도 말하지 말아라."

이처럼 예수께서 자신이 '그리스도(메시아)'임을 누구에게도 말하지 말라고 제자들에게 엄히 당부하신 까닭이 있다.

첫째, 예수님은 자신의 정체성을 세상 사람들에게 널리 밝힐 자신만의 일정표를 가지고 있었다.
둘째, 일반 유대인들은 물론이고 심지어 제자들마저도 그리스도를 정치적인 메시아로 기대하고 있었다. 그들은 구약의 선지자들에 의해 약속된 그 메시아(그리스도)가 유대 땅에서 로마 군대를 축출하고 유대인들만의 찬란한 독립 국가를 세워줄 것으로 대망하고 있었다.
셋째, 예수님의 관심은 '그리스도(메시아)'라는 칭호 자체가 아니라, 자신의 십자가 죽음과 부활을 통한 인류 구원이라는 메시아적 소명에 맞추어져 있었다.

이 같은 이유들로 예수님은 제자들에게 입단속을 단단히 시킨 것이다.

십자가 수난에 대한 첫번째 예고 (8:31-38; 마 16:21-27; 눅 9:22-26)

"다시 한 번 너희 모두에게 말하지만, 내가 '그리스도'라는 사실을 누구에게도 말해선 안 된다. 다들 알았느냐?"

"네, 스승님! 아무 걱정 마십시오. 누구에게도 말하지 않겠습니다."

이때 제자들은, 예수께서 호시탐탐 때를 노리시다가 결정적인 어느 순간에 정치적인 메시아로 나서실 줄 알고, 마치 비밀 결사대원들이라도 된 듯이 비장하게 다짐했다. 그러나 엄히 당부하신 후에 계속 이어지는 예수님의 말씀은 제자들의 기대와는 사뭇 달랐다. 예수께서는 자신이 장차 많은 고난을 받게 될 것이고, 또 유대인 지도자들과 대제사장들과 율법 교사들에게 배척을 받아 그들의 손에 붙잡혀 십자가에 못 박혀 죽었다가 사흘 만에 다시 살아날 것이라는 말을 하셨다. 제자들로서는 도무지 이해할 수 없는 말들로 제자들을 가르치기 시작하셨다.

이른바 십자가 수난에 대한 예수님의 첫번째 예고다. 어느덧 공생애 사역의 3년 차 후반기로 접어든 만큼, 이제 예수님은 서서히 자신의 메시아 사명인 십자가 수난을 준비하셔야 했고, 제자들에게 그런 사실을 점차적으로 알려야 했기 때문이다.

"아니? 스승님이 지금 무슨 말씀을 하고 계시는 거지? 많은 고난은 무엇이고, 십자가 죽음은 또 무슨 소리래?"

"우리 스승님처럼 능력 많으신 분께서 누구에게 붙잡혀 고난당하거나 죽임을 당하실 리가 없는데…? 거참, 이상한 말씀을 다 하시네…."

예수께서 드러내놓고 자신의 고난과 죽음에 관해 말씀하시자, 제자들은 저마다 고개를 갸웃하며 예수님의 말씀에 의문을 품었다. 이때 누가 맏형이며 수석제자 아니랄까 봐, 방금 전에 예수님의 정체성에 대해 올바로 답변했던 베드로가 앞으로 나서서 말한다.

"주님! 주님께서 그런 일을 당하시다니요, 절대로 있을 수 없는 일입니다! 그런 말씀 하시지 마십시오!"

말하자면, 베드로의 항변은 이런 것이다.

"아니, 그 무슨 약해빠진 소리를 하시는 겁니까! 스승님의 능력이면 그 누구도 어찌하지 못할 텐데요. 만일 스승님이 지레 겁먹고 (유대

민족의 독립과 세상 왕국의 건설을) 포기하신다면, 모두가 스승님 곁을 떠날 것입니다!"

그러자 예수께서 돌아서서 제자들을 둘러보신 다음, 베드로를 강하게 꾸짖으신다.

"사탄아, 내 뒤로 썩 물러나라! 너는 하나님의 일은 생각하지 않고, 사람의 일만 생각하는구나!"

예수께서 베드로를 향해 '사탄'이라고 하시다니! 그러나 오해하지 말라. 이 말은, 베드로가 곧 사탄이라는 뜻이 아니다. 다만 인류 구원을 위한 예수님의 십자가 사역을 가로막는 베드로의 항변이 사탄의 사상과 같다는 뜻이다. 이때로부터 대략 3년 전, 그러니까 예수께서 공생애 사역을 막 시작하시려고 유대 광야에서 40일 금식 중이실 때, 사탄은 여러 가지 미혹의 말로써 예수님의 십자가 길을 가로막았다. 베드로가 바로 그런 사탄의 짓을 하고 있다는 뜻이다.

베드로는 온몸에서 기운이 빠져 나가는 것 같았다. 그는 그 자리에 털썩 주저앉고 말았다. 근엄한 얼굴로 베드로를 호되게 꾸짖으신 뒤, 예수께서는 다시금 평소의 인자하신 모습으로 돌아와 제자들과 무리들을 불러놓고 말씀하신다.

"여러분, 누구든지 나를 따르고자 한다면 자신을 부인하고, 자기 십자가를 지고 나를 따라야 합니다. 자기 목숨을 구하려는 사람은 결국엔 그 목숨을 잃을 것이고, 나와 복음을 위해 자기 목숨을 버리는 사람은 마침내 그 목숨을 구할 것입니다."

'자기 십자가를 지고 예수님을 따라야 한다고? 그게 무슨 말이지…?'

예수님의 말씀에 제자들과 무리들은 모두가 의아해했다. 그렇다면, 자기 십자가를 진다는 것은 무얼 의미할까? 당시에 십자가는 극형을 가하는 도구로서, 로마 정부는 십자가형을 당할 죄수들에게 자신이 매달릴 십자가를 형장까지 짊어지고 가게 했다. 따라서 십자가를 진

죄수는 치욕과 모욕 그 자체였다.

이런 배경에서, 예수님은 자신의 제자가 되어 자신을 따르는 데 치러야 할 가혹한 대가를 일러주기 위해 사람들이 증오하는 '십자가(十字架)'라는 자극적인 이미지를 사용하셨다. 말하자면 그것은 자신의 삶에서 자신을 부인하고, 그리스도와 그의 왕국을 첫째로 삼기로 선택한 사람들이 참고 견뎌야 할 모든 고난을 상징한다.

그런 자들은 어떤 경우에는 그리스도와 복음을 위해 자기 목숨을 버리기까지 해야 하므로 당장은 육신의 목숨을 잃게 된다. 그러나 그런 자들은 궁극적으로 생명의 부활을 거쳐 영생을 누리게 될 것이므로 결국엔 자기 목숨을 구하는 셈이 되는 것이다.

이와 반대로 그리스도와 복음을 저버리고 자기 목숨을 구하는 자들은 당장엔 육신의 목숨을 건지겠지만, 그로 인해 영생의 구원을 얻지 못하고 멸망의 심판을 받게 될 것이므로 궁극적으로는 자기 목숨을 영영 잃는 셈이 된다. 지금 예수님은 이 같은 진리를 말씀하신 것이다. 제자들과 무리들을 향한 예수님의 가르침은 계속된다.

"자, 생각해 보십시오. 여러분이 온 세상을 다 얻는다고 해도 자기 목숨을 잃어버린다면 무슨 유익이 있겠습니까? 세상에서 그 무엇을 주고서 자기 목숨과 맞바꿀 수 있겠습니까?"

장차 썩어질 육신의 목숨도 그처럼 소중하다는 뜻이다. 그러하다면야 하물며 천국에서 영원토록 살아가는 영생의 목숨이야 얼마나 더 중요하겠느냐는 메시지가 담겨 있다. 그러니 무엇보다도 소중한 영생을 위해서라면 자기 십자가를 지고 예수님을 따라야 한다는 교훈이다. 영생을 위해서라면 육신의 목숨 따위는 기꺼이 희생시킬 수 있어야 한다는 가르침이다. 예수님의 가르침은 계속된다.

"명심하십시오. 음란하고 죄 많은 이 세대에서, 누구든지 나와 내 말을 부끄럽게 여기면 인자도 아버지 하나님의 영광에 둘러싸여 거룩한 천사들을 거느리고 이 땅에 임할 때 그를 부끄럽게 여길 것입니다."

부끄럽게 여긴다는 것, 그 말은 자신에게 닥칠 피해를 염려하여 그리스도이신 예수님을 말이나 행동으로 부인하는 것을 뜻한다. 일례로, 나중에 베드로가 예수님을 부끄럽게 여긴 적이 있었다.

겟세마네 동산에서 붙잡히신 예수께서 대제사장 가야바의 법정에서 불법적인 재판을 받고 있을 때였다. 대제사장 집안의 어떤 여종이 베드로를 알아보고 예수와 한 패라고 말했을 때, 베드로는 세 번씩이나 예수님을 모른다고 극구 부인했다. 베드로는 자신에게 닥칠 피해를 면하려고 3년이나 가장 가까이에서 따라다닌 스승이며 주님인 예수님을 모른다고 딱 잡아뗐던 것이다. 물론, 성경에 기록된 대로 이후에 베드로는 진심어린 눈물의 회개를 통해 자신의 이 부끄러운 죄를 용서받았지만, 이 일은 평생을 두고 베드로의 가슴속에 뼈저린 회한으로 남았을 것이다.

9

예수님의 변모와 제자 훈련

죄를 짓거든 손발 자르고 눈 뽑아라
멀쩡하게 지옥 가는 것보다 낫다
소금이 짠맛 잃으면 쓸모없으니
너희는 소금 노릇을 해라

권능으로 임할 하나님의 나라 (9:1; 마 16:28; 눅 9:27)

제자들과 무리들을 향한 예수님의 가르침은 계속 이어진다.

"내가 진실로 여러분에게 밝히 말합니다. 여기 내 앞에 서 있는 사람들 중에는 죽기 전에 하나님의 나라가 큰 권능으로 임하는 것을 볼 자들도 있을 것입니다."

이 말씀은 '예수님의 재림'을 뜻하지 않는다. 물론, 예수님의 재림 때에 하나님의 나라가 온전하고도 충만하게 큰 권능으로 임하는 것은 사실이다. 하지만 예수님 시대의 제자들이나 사람들이 그들의 생전에 예수님의 재림을 체험하지 못한 것은 엄연한 역사적 사실이다. 그러므로 이 말씀은, 예수님의 죽음과 부활 이후에 십자가 복음으로 말미암아 하나님의 왕국이 이 땅에 세워지고, 그 나라가 역동적으로 권능 있게 점차 확장되어 가는 현상을 뜻한다고 이해해야 한다.

과연 예수님의 죽음, 부활, 승천 이후에 오순절 성령 강림 사건을 체험한 제자들과 신자들 중에는 그들의 생전에 하나님의 나라와 그리스도의 교회가 권능 있게 확장되어 가는 광경을 뚜렷이 목격하였다. 일례로, 예수님 승천 이후에 처음 맞는 오순절에서 성령 충만을 입은 베드로가 무리들 앞에서 설교했을 때 단번에 3천 명이나 회개하고 세례를 받지 않았던가!

영광스럽게 변모하신 예수님 (9:2-13; 마 17:1-13; 눅 9:28-36)

예수님의 수석제자이며 제자 그룹의 맏형인 베드로는 며칠 동안 죽을 맛이었다. 며칠 전의 일을 생각하면 지금도 낯이 화끈거린다. 스승님의 십자가 길을 막고 나섰던 일을 두고 하는 말이다.

'내가 미쳤었구나! 내가 사탄의 노릇이나 하고 있었다니….'

무슨 일에든 베드로는 항상 앞장을 서고 앞서 말하면서 다른 제자들을 이끌어가는 힘이 있었다. 그러나 요 며칠 동안은 뒤쳐져서 슬슬 스승님의 눈치만 본다. 스승님에게 야단을 맞은 것도 가슴이 아프지만, 아우 제자들 앞에서 '사탄'이라는 말을 들었던 것은 너무도 창피한 일이었다. 그런 생각을 하니, 앞에 나설 자신이 없었다.

우리 주님도 베드로의 그런 모습을 보셨다. 그러나 별다른 말씀을 하지 않으셨다. 주의를 주느라 재차 야단치는 말도 하지 않으셨고, 그렇다고 특별히 일으켜 세워 격려하시는 일도 하지 않으셨다. 그렇게 엿새가 지났다. 누가복음은 8일이 지날 때쯤이라고 한다. 아마 꽉 찬 6일이지만, 느슨하게 계산하면 8일쯤이라고 한 것도 맞다.

"베드로, 야고보, 요한, 너희 세 명은 나를 따라 오너라."

가이사랴-빌립보 지방에서 제자들과 무리들을 가르치신 예수님, 그로부터 엿새 후에 예수께서는 베드로, 야고보, 요한만 따로 데리고 어느 높은 산으로 올라가셨다. 이 산은 가이사랴-빌립보 지방에서 가까운데 위치한, 해발 2,850m에 이르는 헤르몬산(Mt. Hermon)으로 추정된다. 이때 예수님을 따라 함께 산에 올라간 베드로와 야고보와 요한은 12제자 가운데 특별히 예수님 가까이서 항상 동행한 주요 세 제자다. 찬기가 깃들인 바람이 불어오는 고요한 정상, 예수님과 세 제자 외에는 아무도 없다. 세 제자는 선두 그룹이다. 예수께서 특별하게 지도자 훈련을 하고 있는 것이다. 그러기에 다른 제자들은 누구도 그런 일로 불평불만을 드러내지는 않았다.

"아, 아앗! 스승님이… 스승님의 모습이…."

갑자기 놀라운 현상이 일어났다. 제자들이 보는 앞에서 예수님의 모습이 홀연 변하신 것이다. 눈 깜짝할 사이에 순식간에 일어난 일이었다. 예수님의 얼굴은 빛처럼 환했고, 그 옷은 눈부실 정도로 하얗게 빛났다. 뿐만 아니었다! 산 위에 예수님 외에 다른 두 명이 더 나타난 것이다. 베드로가 예전의 활기찬 목소리로 두 제자에게 말한다.

"앗, 저분은 엘리야 선지자님이 아닌가!"

야보고가 그 말을 받는다.

"맞아! 그리고 그 옆에 있는 분은 모세님?"

요한도 떨리는 음성으로 말한다.

"맞아! 저분들은 엘리야님과 모세님이 틀림없어!"

제자들 앞에 홀연히 모습을 드러낸 이들은 엘리야와

영광스러운 모습으로 변형하신 예수님.

모세가 분명했다. 세 제자들은 한 번도 엘리야와 모세를 만나본 적이 없다. 천 년 세월을 넘나드는 아주 오래전의 옛적 인물들이다. 그럼에도 구약의 두 영웅을 단번에 알아볼 수 있었다는 것은, 이때 세 제자들 역시도 하나님의 영이 그들 가운데 임했던 것이다. 찬란하게 변형된 예수님은 구약의 두 거성(巨聖)인 모세와 엘리야와 더불어 친근하게 말을 주고받았다. 참으로 놀라운 광경이었다. 세 제자들은 벌린 입을 다물 줄 모르고 친근하게 대화하는 그들의 모습을 주시했다. 무슨 말씀들을 하시는 지는 어느 정도 거리가 있어 들리지 않았다.

그렇다면 예수님은 왜 세 제자 앞에서 영광스러운 모습으로 변형하셨을까? 얼마 전에 예수님은 베드로의 고백을 인정하심으로써 제자들에게 자신이 누구인지를 알리셨다. 이제 그 사실을 입증한 것이다. 예수님은 자신이 누구인지 제자들로 하여금 밝히 알도록 하기 위해 자신을 변형하셔서 광채 나는 흰옷을 입으셨고, 또한 모든 율법의 대표자인 모세와 모든 예언의 대표자인 엘리야를 대동하신 것이다. 그러므로 이 변모 사건의 핵심 교훈은 이것이다.

'예수님은 하나님의 아들 메시아(그리스도)다!'

영광스럽게 빛나는 예수님과 그 좌우에 모세와 엘리야라니! 그런 어마어마하고도 놀라운 광경을 보고, 세 제자 가운데 베드로가 앞으로 선뜻 나서며 예수께 말한다. 그 용감성은 누구도 따를 수 없는 베드로다.

"아, 아, 스승님! 여기에 있으니 정말로 영광스럽고 좋습니다."

다른 두 제자는 엿새 전처럼 베드로가 또 무슨 실수를 해서 이 엄숙한 장면을 망쳐버리는 것은 아닐지, 심히 조마조마했다. 베드로는 두 제자의 마음은 아랑곳하지 않았다. 그냥 자기 마음속에 있는 바람만 솔직하게 털어놓을 뿐이다.

"주님, 지금 같은 영광스러운 모습으로 모세님과 엘리야님과 함께 즐거운 친교를 누리면서 오래오래 살았으면 좋겠습니다! 그래서 저희가 이곳에 초막 세 채를 짓는 것이 어떻겠습니까? 한 채는 스승님을 위해, 한 채는 모세님을 위해, 그리고 한 채는 엘리야님을 위해 짓고 싶습니다."

베드로는 왜 초막을 짓겠다는 생각을 했을까. 이스라엘 백성들이 광야생활을 할 때 초막은 하나님과 백성들이 만나는 거룩한 장소였다. 만나는 정도가 아니라, 이스라엘 백성들 사이에서 아예 거주하는 신성한 장소였다. 베드로는 광야의 그런 초막(성막)을 생각했거나 아니면 초막절에 사용하는 그런 초막을 연상했을 것이다. 어떻든 베드로는 초막을 세우자고는 했지만 면밀한 생각에서 나온 것은 아니다. 그 찬란하고 영광스러운 광경에 크게 압도당한 나머지 정신이 하나도 없어서 자신이 무슨 말을 하고 있는지조차 몰랐다. 다른 두 제자인 야고보와 요한 역시 놀라운 광경 앞에서 그저 놀랍고 두려워 어찌해야 할 바를 알지 못했다.

바로 그때였다! 어디선가 빽빽한 구름이 몰려와 산 정상을 온통 휘감아 덮더니, 구름 속에서 우레 같은 장엄한 목소리가 들려왔다.

> "보라, 이는 내가 사랑하는 내 아들이니라. 그러니 너희는 그의 말을 들어라."

대략 3년 전, 예수께서 세례 요한에게서 세례를 받고 요단강에서 뭍으로 막 올라오실 때 성부 하나님께서 예수님을 향해 "보라, 이는 내 사랑하는 아들이요, 내가 기뻐하는 자니라." 하고, 친히 인정하신 적이 있었다. 마찬가지로 이제 또다시 성부 하나님은 예수님을 자신의 독생자로 인정하심으로써 예수의 메시아(그리스도) 되심을 다시금 인준하신 것이다. 이로써 제자들은 예수님의 정체성(正體性) 곧 예수께서는 하나님의 아들이신 그리스도(메시아)이심을 더는 의심할 필요가 없게 되었다.

"오, 아, 아, 오."

예수님의 영광스러운 변모, 구약시대의 두 거장인 모세와 엘리야의 출현, 홀연히 몰려온 빽빽한 구름, 우레 같은 하나님의 목소리 등으로 인해 거의 혼비백산한 세 명의 제자들, 놀람과 기쁨과 당혹과 두려움과 신기함이 얽힌 복잡 미묘한 감정으로 온몸을 엎드려 얼굴을 땅에 납작 댄 채 벌벌 떨고 있었다.

얼마나 시간이 흘렀을까? 주변이 고요했다. 제자들이 조심스럽게 얼굴을 들어 주위를 두리번두리번 둘러보니, 모세와 엘리야는 온데간데 없고, 오직 예수님만 자신들 곁에 서 계셨다.

"오, 스승님!"

제자들이 오랜만에 보는 가족인 듯 무척 반가운 얼굴로 예수님을 맞았다.

"자, 이제 그만 산 아래로 내려가자."

일행이 산에서 내려올 때, 예수께서 세 제자들에게 당부하신다.

"너희가 방금 전에 본 광경 말이다. 인자가 죽었다가 다시 살아날 때까지는 그 사실을 아무에게도 말하지 말아라."

만일 영광스럽게 변모하신 예수께서 모세와 엘리야를 대동하고 나타난 광경이 사람들에게 널리 알려질 경우, 당시 로마제국의 압제에서 자신들을 구원해 줄 정치적인 메시아를 대망하고 있던 유대인들에게 열렬한 호응을 받기에 충분했다. 그렇게 되면, 죄인의 구원이라는 예수님의 구속사적인 사명이 오해를 받고 어려움에 봉착할 수 있었다. 그래서 예수님은 메시아 사역이 완료되는 자신의 부활 전까지는 그런 광경이 사람들에게 알려지기를 원치 않으셨다.

"네, 그렇게 하겠습니다."

세 제자는 선뜻 대답했다. 그렇지만 그들은 그 광경이 너무나 놀라운 사건이라 결코 잊을 수 없었기에 마음속 깊이 담아두었다. 그러면서 세 제자는 자기들끼리 서로 말한다.

"형, 스승님이 지금 죽었다가 다시 살아날 때까지는 그 사실을 말하지 말라고 하셨는데, 그게 무슨 말인가요?"

요한이 형 야고보에게 물었다. 그러자 야고보는 그 질문에 선뜻 대답하지 못하고 고개를 갸웃하며 베드로에게 다시 묻는다.

"형님, 형님은 그 말이 무슨 말인지 알겠어요?"

"글쎄다…? 나도 잘 모르겠는걸. 스승님이 죽었다가 다시 살아난다는 말일 것 같지는 않고…."

그도 그럴 것이, 바리새파 사람들을 비롯한 대부분의 유대인들은 부활을 믿었다. 제자들을 당황하게 만든 것은 인자의 부활이다. 인자, 즉 메시아가 되는 스승님이 고난을 받고 죽는다는 것은 유대 신학으로는 도무지 받아들일 수가 없었다. 세 제자는 서로 간에 의견을 주고받다 뭔가 갑자기 생각난 듯 스승께 묻는다.

"스승님, 율법 교사들이 우리에게 가르치기를 '메시아가 임하기 전에 엘리야가 먼저 와야 한다.'라고 했는데요, 어찌하여 그들은 그런 말을 하는 것입니까?"

"율법 교사들의 말이 맞긴 맞다. 메시아가 오기 전에 확실히 엘리야가 먼저 와서 모든 것을 회복시키며 메시아의 길을 예비한다. 그런데 성경에는 또 기록되기를 '엘리야가 먼저 온 다음에는, 인자가 많은 고난을 당하며 멸시를 받을 것이다.'라고, 되어 있는데, 그건 무슨 말인지 아느냐?"

"글쎄요…."

"이제 내가 너희에게 밝히 알려주마. '엘리야'는 이미 왔다. 그렇지만 성경에 기록된 대로 사람들이 그가 엘리야인 줄 알지 못하고 함부로 대했느니라."

"네엣? 엘리야가 이미 왔다고요? 아니, 그게 무슨 말씀이신지…?"

제자들은 예수님의 말씀을 이해하지 못하고 어리둥절한 표정을 지었다. 이때 예수님이 하신 말씀의 의미는 이러하다. 성경 말라기에 기록된 엘리야, 곧 메시아 이전에 먼저 와서 메시아의 길을 준비할 그 엘리야는 아합 왕 시대(주전 9세기)에 활동한 그 엘리야가 아니라, 그런 엘리야 같은 심성(心性)을 가진 선지자로 곧 유대 광야에서 회개를 외친 '세례 요한'을 가리킨다.

세례 요한, 과연 그는 메시아이신 예수님보다 먼저 와서 사람들에게 회개의 세례를 베풂으로써 사람들의 마음 밭을 회복시켜, 메시아 예수께서 펼치실 복음 사역의 길을 미리 닦아놓았다. 하지만 사람들은 세례 요한이 메시아보다 먼저 온 그 엘리야인 줄 알아보지 못하고, 그를 함부로 대하여 결국 붙잡아 죽이고 말았다.

그렇다면 그 엘리야(세례 요한) 다음에 오신 인자(人子), 곧 사람의 아들로 오신 메시아 예수님은 또한 성경에 기록된 대로 많은 고난을 당하고 멸시를 받아 십자가에 못 박혀 죽으실 터였다. 예수님은 세 제자에게 이 같은 심오한 진리에 관해 말씀하신 것이다.

예수께서 귀신 들린 아이를 고치심(9:14-29; 마 17:14-20; 눅 9:37-43)

"당신들은 그래, 귀신 하나 쫓아내지 못하면서 뭘 한다고 위세를 떠는 거요?"

"아니, 그게 아니고… 우리 말 좀 들어봐요. 지금 사정이 그리 된 것은 왜 그러느냐 하면…."

예수님 일행(예수님과 세 제자)이 산 아래로 내려와 보니, 거기 남아 있었던 다른 아홉 제자들이 군중들에 에워싸인 채 율법 교사들과 한창 논쟁을 벌이고 있었다. 그런 차에, 산에서 막 내려오신 예수님을 보고서 사람들이 몹시 놀라워하며 예수님께 달려와 인사를 했다. 그런 그들에게 예수께서 물으신다.

"무엇을 두고 지금 이렇게 논쟁을 벌이고 있는 겁니까?"

그러자 무리 가운데 논쟁의 당사자가 된 사람이 나서서 대답한다.

"선생님, 제가 선생님께 보이려고 제 아들을 데려왔습니다. 그 아이는 귀신 들려 말을 하지 못합니다. 게다가 발작이 일어나면 땅바닥에 넘어져 마구 뒹굽니다. 거품을 내뿜고 이를 갈며 몸이 뻣뻣해집니다. 그래서 선생님의 제자들에게 귀신을 쫓아내 달라고 간청했지만, 그들은 쫓아내지 못했습니다. 그래서 지금 그 일로 논쟁을 벌이고 있는 중입니다."

그 사람의 말을 듣고, 예수님의 표정이 잠시 어두워졌다. 사실, 당시에 예수님의 제자들은 이미 귀신을 내쫓을 수 있는 권능을 부여받은 상태였다. 하지만 제자들은 그런 권능을 행사함에 있어서 하나님을 전적으로 의뢰하는 기도의 능력을 활용하지 않았다. 그래서 제자들은 귀신을 쫓아내지 못하고 당혹해하며 허둥대고 있었다. 예수님은 그런 상황을 안타까워하시며 탄식하듯 말씀하신다.

"아, 참으로 믿음 없는 세대로다! 내가 얼마나 오래도록 당신들과 함께 있어야 할까! 내가 언제까지 당신들에 대해 참고 견뎌야 할까!"

그런 뒤, 귀신 들린 아이를 둔 그 사람에게 말한다.

"얼른 가서, 그 아이를 내게로 당장 데려오시오."

그 사람이 귀신 들린 그 아이를 예수께로 데려왔다. 그 아이가 예수님 앞에 섰을 때, 그동안 아이를 사로잡고 있던 귀신이 예수님을 보자마자 아이에게 심한 발작을 일으켰다. 이 아이의 경우처럼, 때로 귀신 들린 상태는 경련이나 발작같이 눈에 보이는 뚜렷한 육체적 증상으로 나타나기도 한다. 아이는 땅에 넘어져 온몸을 부들부들 떨고 거품을 질질 흘리며 이리저리 나뒹굴었다. 그런 모습을 보시며 예수께서 아이의 아버지에게 물으신다.

"이 아이가 이렇게 된 지는 얼마나 되었소?"

"어릴 때부터입니다. 한번 발작이 일어나면, 아이는 불속이나 물속으로 마구 뛰어들어 죽을 고비도 아주 많이 넘겼습니다. 그러니 선생님! 선생님께서 하실 수만 있으시다면, 제발 가련한 저희에게 자비를 베풀어 주십시오."

"보시오! '하실 수만 있으시다면'이라니, 그게 무슨 말이오? 믿는 자에겐 모든 일이 다 가능하오! 하지 못할 일이란 아무것도 없소!"

그러자 아이 아버지가 즉시 큰 소리로 대답한다.

"네, 선생님! 제가 믿습니다! 믿음 부족한 저를 도와주십시오!"

그러는 동안에 점점 더 많은 사람들이 예수님 주변으로 몰려들었다. 그런 상황에서, 예수님은 아이 아버지의 간청을 들으시고 아이를 사로잡고 있던 악한 귀신을 향해 크게 꾸짖으신다.

"말도 못하게 하고, 듣지도 못하게 하는 귀신아! 내가 지금 네게 명하노라! 그 아이에게서 당장 나오고, 다시는 들어가지 마라!"

예수님의 호통이 떨어지자마자, 오랜 세월 동안 아이를 사로잡고 있던 귀신은 "아, 아, 악!" 하고 큰 소리를 내지르며 아이에게 심한 발작을 한번 일으키더니, 아이의 몸에서 곧장 빠져나갔다. 아이는 쓰러진 채로 잠시 동안 죽은 듯이 누워 있었다.

"에게, 이게 뭐야!"

"저런, 쯧쯧! 아이가 그만 죽고 말았네!"

한동안 죽은 듯 누워 있는 아이의 모습을 보고, 많은 사람들이 혀를 끌끌 차며 안됐다는 듯이 말했다. 누구보다도 아이의 아버지가 발을 동동 구르며 안절부절못하고 있었다. 그러나 예수께서 아이에게 천천히 다가가 그 아이의 손을 잡아 일으키시자, 아이가 자리에서 벌떡 일어났다. 그 아이는 멀쩡한 상태가 되어, 아버지를 알아보고는 그 품에 덥석 안겼다.

"와, 아이가 살아났다! 아이에게서 귀신이 나갔다!"

순간, 사람들은 탄성을 내지르며 크게 놀라워했고, 아이 아버지는 기뻐서 어쩔 줄 몰라 했다. 너도나도 아이의 손을 만져보고 신기하다는 표정을 지었다.

"내 평생 살다 살다 이런 일은 처음일세!"

"누가 아니래? 예수라는 랍비! 그분에 대한 소문이 모두 사실이었어!"

예수께서 귀신 들린 아이를 고치시다.

그런 소리를 뒤로 하고, 예수께서는 그 자리를 떠나 어느 집안으로 들어가셨다. 그때, 제자들이 예수께 가까이 나아와 따로 질문한다.

"스승님, 저희들은 왜 그 귀신을 쫓아낼 수 없었습니까?"

"그것이 궁금한 것이냐? 잘 들어라. 그런 부류의 귀신은 오직 기도로써만 쫓아낼 수 있느니라."

예수님의 이 대답은, 제자들이 그 귀신을 쫓아내고자 했을 때 하나님을 전적으로 의뢰하는 기도의 강력한 능력을 제대로 활용하지 않았음을 지적하신 말씀이다. 그렇다! 당시 제자들은 귀신을 쫓아낼 수 있는 특별한 능력을 이미 부여받은 상태였다. 기억하는가? 앞서 제자들을 둘씩 짝 지워 전도사역을 내보내실 때 예수께서 그들에게 귀신 쫓는 능력을 주신 사실을. 그런데도 제자들이 그 능력을 제대로 발휘하지 못한 것은 '기도'라는 강력한 에너지를 주입하지 않았기 때문이었다. 이로써 성도의 모든 은사는 거기에 '기도'의 힘이 더해질 때 비로소 제 기능을 올바로 발휘할 수 있음을 깨닫게 된다.

십자가 수난에 대한 두 번째 예고 (9:30-32; 마 17:22-23; 눅 9:43-45)

"자, 이제 이곳을 떠나도록 하자!"

귀신 들린 아이를 고치신 후, 예수께서는 제자들과 함께 가이사랴 빌립보 지방을 떠나 갈릴리 지방을 가로질러 남쪽으로 내려가셨다. 이 기간 동안에 예수께서는 자신의 행방을 누구에게도 알리고 싶어 하지 않으셨다.

이때 예수님은 인류 구원의 사명을 감당하기 위해 십자가 수난이 기다리고 있는 예루살렘으로 향하고 있었다. 이처럼 이번 여행은 그동안 예고해 왔던 십자가 수난을 위한 엄숙한 여행이었으므로, 예수님은 신중하고 조용히 갈릴리 지방을 통과하여 예루살렘으로 향하기를 원하셨다. 또한 예루살렘에 이르게 되면 곧 닥쳐올 자신의 십자가 죽음에 대비하여, 이 땅에서 복음 사역을 계속 수행해야 할 제자들을 집중적으로 가르쳐야 할 필요가 있었기에, 사람들이 몰려오는 것은 되도록 피해야 했다.

"제자들아, 너희는 내 말을 꼭 명심하여라. 머잖아 인자는 배신당하여 사람들에게 넘겨질 것이다. 그러면 사람들은 인자를 죽이겠지만, 인자는 사흘 만에 다시 살아날 것이다."

이른바 십자가 수난에 대한 공식적인 두 번째 예고다. 앞서 예수님은 가이사랴 빌립보 지방에서 베드로의 신앙고백 이후에 첫 번째로 자신의 십자가 수난에 대해 공식적으로 예고하신 바가 있었다. 이처럼 예수님은 본격적으로 인류 구원을 위한 자신의 메시아 사역, 곧 십자가 사역에 집중하기 시작하셨다. 때가 가까이 이르렀기 때문이다.

“스승님, 그게 도대체 무슨 말씀이신지요? 사람들이 왜 스승님을 죽일 것이라고 생각하시는 겁니까? 절대로 그런 일은 일어나지 않을 거예요. 사람들이 얼마나 스승님을 존경하고 따르는데요.”

예수님의 말씀을 듣고, 제자들은 도무지 이해할 수 없었고 깨닫지 못했다. 뿐만 아니라, 그 말씀이 무슨 뜻인지 묻기조차 두려워했다. 스승님이 십자가에 못 박혀 죽으실 것이라니! 어떻게 그런 끔찍한 일이…. 상상조차 하기 싫었다.

가장 높은 자(9:33-37; 마 18:1-5; 눅 9:46-48)

예수님 일행이 가버나움에 이르러 어느 집안으로 들어갔을 때, 예수께서 제자들에게 물으신다.

“오는 도중에 보니, 너희끼리 서로 간에 한창 말다툼을 벌이고 있는 것 같더구나. 너희가 무엇을 두고 그리 논쟁을 하였느냐?”

예수님의 물음에, 제자들은 부끄러워하며 아무도 대답하지 못했다. 모두가 잠잠했다. 사실, 제자들 중에 ‘누가 제일 높은지’를 놓고 서로 다투었기 때문이다. 제자들이 다들 침묵을 지키자, 예수께서 열두 제자들을 모두 불러 자리에 앉게 하셨다. 그러고는 이미 다 알고 계신다는 듯 제자들에게 차분하게 말씀하신다.

“너희는 다들 첫째가 되고 싶은 것이냐? 누구든지 첫째가는 사람이 되려면, 꼴찌가 되어 모든 사람을 섬겨야 한다.”

“네엣? 꼴찌가 되어 다른 사람을 섬기라고요? 그게… 무슨…?”

제자들은 저마다 어리둥절한 표정을 지으며 서로를 바라보았다. 그에 아랑곳없이 예수께서는 주변에 있던 어린아이 하나를 데려다가 팔에 안으시고 말씀하신다.

“누구든지 내 이름으로 이런 어린아이 하나를 영접하면 곧 나를 영접하는 것이다. 또 누구든지 나를 영접하는 사람은 나보다는 나를 보내신 내 아버지를 영접하는 것이니라."

스승님의 가르침은 종잡을 수가 없다. 언제는 고상한 가르침을 베푸시더니, 지금은 도통 납득하기 힘든 말씀을 하신다. 무슨 뜻일까? 오늘날 사람들은 다른 사람들의 눈에 보이는 자아(自我)의 상태를 한껏 추켜세우면서 누가 더 큰지 어깨를 겨룬다. 그래서 자신보다 아래이거나 영향력 없는 사람들은 무시하는 경향이 있고, 그 반대의 경우에는 아첨하는 경향이 있다. 하지만 여기서 예수님은 사람들에게 최대한 자신을 한껏 낮추라고 요구하신다.

세상의 이치와는 다르다. 그렇지만 예수님 자신은 늘 그렇게 사셨다. 그렇다. 하늘의 크신 영광을 떠나 낮고 천한 이 땅에 내려오신 예수님, 그분 예수님을 따르는 자들은 참된 큼과 높음에 이르는 길은 '겸손'에 있다는 사실을 알기 때문에, 큼과 높음에 대한 세상의 기준에 하등 신경 쓸 필요가 없다. 그러한 겸손의 한 가지 예로, 이때 예수님은 당시에 세상에서 하찮은 존재로 가볍게 취급받던 어린아이를 따뜻한 가슴으로 영접하는 것이 진정으로 크고 높게 되는 비결이라고 가르치셨던 것이다.

사실이 그러하다. 영적인 차원에서 볼 때, 세상에서 하찮고 가볍게 보이는 그 어린아이를 영접한 것은 존귀하신 예수님을 영접한 것이고, 더 나아가 지극히 높으신 성부 하나님을 영접한 것이나 마찬가지이기 때문이다. 예수님이 이처럼 겸손한 섬김의 모델로서 어린아이를 내세운 것은, 그 시대에 그들이 가장 낮은 자로 평가되었기 때문이다.

예수님을 지지하는 사람 (9:38-41; 눅 9:49-50)

갈릴리 지방을 거쳐 예루살렘을 향해 여행하고 있던 때, 하루는 야고보의 동생인 제자 요한이 예수께 말한다.

"스승님, 어떤 사람이 스승님 이름으로 귀신 쫓아내는 것을 우리가 보았습니다. 그런데 그 사람은 우리를 따르는 일행이 아니어서, 우리가 그렇게 하지 못하도록 막았습니다."

그러자 예수께서 요한을 비롯한 다른 모든 제자들을 향해 대답하신다.

"아니다, 너희는 그 사람의 행위를 막지 말아라. 생각해 보아라. 내 이름으로 기적을 행하는 사람이 나를 쉬이 반대하지는 않을 게 아니냐. 그렇다. 우리를 반대하지 않으면, 그 사람은 곧 우리를 지지하는 사람이라고 볼 수 있다."

"아하, 생각해 보니 그렇습니다!"

"내가 분명히 말한다. 누구든지 너희가 '그리스도에게 속한 사람'이라고 하여, 너희에게 따뜻한 손길로 물 한 잔이라도 대접해 주는 사람이 있다면, 그 사람은 반드시 보상받을 것이니라."

이때 예수님은 제자들에게 관용과 포용의 자세를 가르치셨다. 이러한 예수님의 가르침대로, 그리스도의 교회는 되도록이면 다른 이들을 물리치는 배타적 감정을 지닌 폐쇄적 공동체가 되어선 안 된다. 열린 마음으로 가능하다면 최대한 다른 이들을 포용할 수 있는 개방적인 공동체가 되어야 한다.

죄의 유혹을 떨쳐내라 (9:42-50; 마 18:6-9; 눅 17:1-2)

예수님의 이름으로 귀신 쫓아내는 자에 대해, 그가 우리 사람이 아니라 해서 그의 일을 가로막아선 안 된다는 가르침, 곧 복음 전도사역을 수행함에 있어 가능하다면 관용과 포용의 자세를 가져야 한다는 교훈을 베푸신 후, 예수님은 계속해서 제자들에게 또 다른 가르침을 베푸셨다. 이번에는 반대로, 절대로 타협하거나 받아들여선 안 되는 것에 대해 가르치신다.

"그러나 누구라도 나를 믿는 보잘것없는 사람 가운데 하나라도 죄를 짓게 하는 사람이 되어선 안 된다. 다른 사람을 죄짓게 하느니, 차라리 자기 목에 큰 연자 맷돌을 달고 스스로 바다에 빠지는 편이 더 낫다."

'연자 맷돌'의 헬라어 원문은 '나귀 맷돌'이다. 이는 여인들이 적은 분량의 곡물을 갈 때 손으로 돌리는 작은 맷돌이 아니라, 나귀나 소 같은 짐승을 이용하여 돌리는 커다란 맷돌을 가리킨다. 따라서 이런 연자 맷돌을 목에 달고 바다에 빠지면 도무지 살아날 길이 없다. 그만큼 자기 목숨을 걸고서 다른 이들, 그가 아주 하찮은 자일지라도 절대로 죄를 짓게 해서는 안 된다는 말이다. 예수님의 가르침은 계속된다. 다른 이들로 죄를 짓게 만드는 죄, 그것이 얼마나 무시무시하고 끔찍한 일인지를 아주 생생하게 가르치신다.

"만일 네 손이 너로 죄짓게 하거든, 차라리 그 손을 잘라 내어라. 그렇게 하는 편이 멀쩡한 두 손을 가지고 지옥 불에 던져지는 것보다 더 낫느니라. 영원히 꺼지지 않는 불이 활활 타오르고 있는 지옥에서는 그런 자들을 파먹는 구더기도 죽지 않는다."

'지옥'에 해당하는 헬라어 '게엔난'이란 말은, 구약시대에 이방신 몰렉에게 아이들을 희생제물로 불태워 바치던 장소인 '게 힌놈'('힌놈의 골짜기'란 뜻. 종종 '힌놈의 아들의 골짜기'로 불림)이란 말에서 비롯되었다. 힌놈의 골짜기는 예루살렘 남서쪽에 위치한 깊은 골짜기로, 예로부터 사람들의 배설물과 쓰레기, 또는 죽은 짐승이나 처형당한 죄수들을 버리고 불태우는 곳으로 사용되었다. 따라서 이곳에는 벌레와 구더기가 들끓었고, 항상 무언가를 태우고 있는 불이 활활 타오르고 있었다.

이런 점에서 사람들은 힌놈의 골짜기를 저주받은 골짜기라고 생각했으며, 선지자들은 '살육의 골짜기'라고 불렀다. 예수님 당시에도 힌놈 골짜기는 예루살렘 주민들이 배출하는 쓰레기와 시체의 소각장이 되어 항상 불타오르고 있었으므로, 내세의 지옥을 가리키는 말로 사용되었다. 그런 내세의 지옥에서 구더기도 죽지 않고 불도 꺼지지 않을 것이라는 말씀은, 지옥이란 곳은 죄에 대한 형벌의 고통이 영원히 멈추지 않는 절망적인 장소임을 뜻한다. 죄 짓는 것에 대한 예수님의 무시무시한 경고는 계속 이어진다.

"또 만일 네 발이 너로 죄짓게 하거든, 차라리 그 발을 잘라 내어라. 멀쩡한 두 발을 가지고 영원한 지옥 불에 던져지는 것보다는, 발 하나만 가지고 영생을 누리는 천국에 들어가는 편이 더 낫다. 지옥에서는 그런 자들을 파먹는 구더기도 죽지 않고, 불도 영영 꺼지지 않느니라."

스승님의 말씀은 엄중했다. 날이 선 칼날이 서려 있었다. 그래서 제자들은 모두 침묵한 채 엄숙한 표정으로 가만히 듣고만 있었다.

"또 만일 네 눈이 너로 죄짓게 하거든, 차라리 그 눈을 빼어 버려라. 그렇게 하여, 멀쩡한 두 눈을 가지고 영원한 지옥 불에 던져지는 것보다는, 애꾸눈이 되더라도 천국에 들어가는 편이 더 낫다. 다시 말하지만, 지옥에서는 그런 자들을 파먹는 구더기도 죽지 않고, 불도 영영 꺼지지 않느니라."

지금 예수님은 죄짓는 것과 관련해서 정말로 신체 절단에 관해 말하고 계시는 것일까? 그건 아니다! 이 같은 예수님의 말씀을 문자 그대로 받아들여선 안 된다. 만약 문자 그대로 받아들인다면 신자들 가운데 사지가 멀쩡한 사람은 아무도 없을 것이다. 그렇다고 해서 그 말씀을 가볍게 생각해서도 안 된다. 여기서 예수님은 교훈의 핵심을 강조하기 위해 과장법을 사용하신 것이다. 교훈의 핵심은 이것이다.

무언가 하나님과의 친밀한 관계를 방해하고, 우리의 영성(靈性)에 해를 끼치는 무엇이 있다면, 곧 우리로 죄짓게 하는 무언가가 있다면, 그것이 무엇이든 마치 신체절단과 같은 각오로 아주 과감하게, 인정사정 보지 말고 가차 없이 제거해야 한다는 것이다. 이제 예수님은 가르침을 마무리하신다.

"내세의 지옥에서는 거기에 던져진 모든 이들이 소금에 절여지듯 불에 절여질 것이다. 소금은 본래 좋은 것이다. 그러나 소금이 짠맛을 잃어버리면, 그 소금은 아무런 쓸모가 없다. 세상에 그 무엇으로써 짠맛을 잃은 소금을 다시 짜게 할 수 있겠느냐? 그러므로 너희도 마지막 심판 때에 지옥에서 불로써 소금 절여지듯 하지 않으려면, 이 땅에서 서로서로 소금 같은 구실을 하여 화목하게 지내도록 하여라."

예수님은 '지옥 불'과 '소금'이란 단어를 적절하게 사용하셔서, 제자들에게 부디 죄짓지 말고 소금 같은 삶을 살아갈 것을 교훈하셨다. 짠맛을 내는 소금은 본래 좋고 꼭 필요한 것으로, 음식물의 상함과 부패를 막는 방부제 역할을 한다. 그처럼 예수님의 제자들은 세상에서 그런 짠맛 내는 소금 같은 방부제 역할을 감당해야 한다. 즉, 예수님의 말씀에 바탕을 둔 신실하고 거룩하고 선한 삶으로 세상의 타락과 부패를 방지해야 하는 것이다.

그런데 문제는, 소금이 그 짠맛을 잃게 되는 경우다. 짠맛을 잃은 소금, 그 소금은 더는 소금의 기능과 가치를 지닐 수 없기에 아무짝에도 쓸모없는 것이 되고 만다. '짠맛 잃은 소금'이란, 예수님의 제자들에게 필수적으로 요구되는 거룩한 영성과 정결한 도덕성을 잃어버리고, 세상의 온갖 죄악에 빠지게 된 상태를 비유한다.

그렇게 된다면, 즉 주님을 따른다고 하면서 예수님의 제자라는 정체성을 잃어버리면, 마지막 심판 때에 지옥에 던져져 영원히 꺼지지 않는 지옥 불로써 소금 절여지듯 영원한 형벌을 받을 수밖에 없다. 그렇게 되지 않으려면, 세상에서 모쪼록 짠맛 내는 소금 같은 구실을 감당하여, 안으로는 교회 공동체를 화목하게 만들고, 밖으로는 세상의 타락과 부패를 적극적으로 방지하는 사명을 감당해야 한다.

10

올바른 혼인관과 재물관

요단강 동쪽에서 바리새파 사람이
예수에게 이혼에 대해서 묻네
하나님께서 짝지어 주신 배우자를
사람이 나눌 수 없다

이혼에 대한 교훈 (10:1-12; 마 19:1-12)

때는 예수님의 공생애 3년 차 후반기(주후 29년경 겨울), 십자가 사역을 위해 예루살렘으로 향하시던 예수님은 제자들과 함께 이스라엘 북쪽의 가이사랴-빌립보 지방을 떠나 갈릴리 지방과 유대 지방을 거쳐 요단강 동편의 베레아 지방까지 이르렀다.

때에 이스라엘의 최대 절기인 유월절을 지내려고 예루살렘으로 상경하는 순례자들이 많았다. 유대인 순례자들은 혼혈민족이 살고 있는 사마리아 지역을 우회하여 베레아 지방으로 나아가서 예루살렘으로 올라가는 것이 관례였다. 예수님은 정통파 유대인들과는 달리 사마리아인들을 경멸하지 않았다. 굳이 사마리아 지역을 우회할 이유가 없었다. 그래서 처음엔 사마리아 지방으로 들어갔지만, 이번에는 사마리아인들이 유대인 일행이 자기네 지역을 통과하는 것을 허락하지 않았다. 할 수 없이 예수님 일행은 베레아 쪽으로 이동할 수밖에 없었다. 예수님은

갈릴리 지방을 떠나 예수살렘으로!

베레아 지방에 잠시 머무셨다.

요단강 동편 곧 베레아 지방에 예수님 일행이 나타나자, 여느 때와 마찬가지로 수많은 사람들이 모여들었다. 그러자 예수께서는 피곤한 장거리 여행 중이었음에도 불구하고 몰려드는 군중을 마다하지 않으시고 예전처럼 힘써 천국 복음을 전하시면서 또한 치료의 사역도 베푸셨다. 그러한 때에 바리새파 사람들 몇 명이 작심하고 와서는, 예수를 시험해서 넘어뜨리려고 비딱하게 묻는다.

"선생, 물어볼 게 있소."

예수님이 그들을 쳐다보았다. 그들은 거두절미하고 자기들이 가져온 질문을 던진다.

"남편이 자기 아내를 버려도 괜찮은 거요?"

평소에 예수님은 모세 율법을 뛰어넘는 놀라운 사랑의 가르침을 베푸셨으므로, 이때 바리새인들은 만일 예수가 모세의 가르침과 다른 말을 하기만 하면, 그걸 걸고 넘어져 예수를 율법 파괴자로 몰아붙일 작정이었다. 앞서 헤롯은 아무 흠도 없는 자기 부인과 이혼하였고, 세례 요한은 그 사실을 지적하고 반대하다 처형당했다. 바리새인들은 예수를 같은 처지로 몰아붙여 처형할 죄목을 만들 작정이었다. 예수님은 바리새인들의 악한 의도를 다 아셨지만, 그들의 질문에 대답하신다.

"모세는 당신들에게 뭐라고 가르쳤소?"

바리새인들은 속으로 '옳거니, 걸려들었다!' 하면서, 즉각 대답한다.

"이혼증서를 써주면, 아내를 버려도 좋다고 했소."

모세 당시에 악한 사람들은 걸핏하면 부인을 버리거나 다른 여인들과 음행을 일삼았다. 이에 모세는 이런 자들의 부도덕과 방종한 이혼 관행을 막기 위해 '이혼증서'를 조건 삼아 이혼을 제한적으로 승인했다. 그러니까 이혼에 관한 모세의 가르침은 어떤 조건에서는 이혼을 해도 된다는 것이다.

그런데 모세가 말하고 있는 '어떤 조건'은 딱 부러지게 "이거다!" 할 수 없는 경우들이 많았다. 그러다 보니 이혼에 대한 예수님 당시의 해석은 두 가지였다. 엄격파인 샴마이파는 간음 외에는 이혼을 못한다 하였고, 자유파인 힐렐파는 다양한 여러 조건 중에 한 가지만 들어맞더라도 이혼이 가능하다고 하였다. 그 조건 중에는 '아내가 밥을 태웠을 때'라는 항목도 들어 있었다. 그러니까 지금 바리새인들은 두 파의 해석 중에 어느 쪽을 지지하느냐를 묻고 있었다.

그러나 예수께서는 바리새인들의 말을 받아 자연스럽게 이혼에 관한 색다른 해석을 내놓는다. 그건 놀라운 가르침이었다. 그 말씀에 권위가 충만했기 때문에, 바리새인들은 꿀 먹은 벙어리마냥 그저 묵묵히 듣기만 할 뿐이다.

"맞소. 그런데 모세가 그런 율법을 만든 것은 당신들의 마음이 본래 악하기 때문이오."

신명기에 기록된 모세의 이혼 규정은 이혼을 장려하기 위함이 결코 아니었다. 그것의 본래 목적은 (남성 위주의 고대 사회를 배경으로) 기회가 주어지기만 하면 기존의 아내를 버리고 새로운 아내를 얻으려는 남편들의 완악한 마음을 최대한 억제시키기 위해서, 또한 버림받은 아내에게 새로운 길을 열어주기 위해서 '이혼증서'라는 까다로운 서류 규정을 만든 것이었다. 그런데도 바리새인들은 모세가 이혼을 허용한 사실만 중시하고, 그렇게 하지 않을 수 없는 정황은 외면하고 있는 것이다.

예수님은 율법의 완성자이시다. '율법의 완성자'라 함은 율법의 조문 속에 숨겨진 참뜻을 드러내어, 그 율법의 본래 목적이 올바르게 작동되도록 하시는 분이다. 그처럼 율법의 완성자이신 예수께서는 모세의 본래 의도를 정확하게 파악하여 그 사실을 밝힌 것이다. 그러니 바리새인들이 어떤 반박도 하지 못한 채 그저 침묵할 수밖에! 이어 예수님은 이혼 문제를 떠나 보다 본질적인 결혼 문제에 관해 하나님의 본래 뜻을 말씀하심으로써 바리새인들의 삐딱한 질문을 원천적으로 봉쇄하신다.

"잘 들으시오! 애당초 하나님께서는 천지를 창조하실 때부터 사람을 남자와 여자로 만드셨소. 이런 이유로 하나님은 말씀하시기를 '남자는 부모를 떠나 자기 아내와 연합함으로써 둘이 한 몸이 된다.' 하였소. 그러므로 결혼한 남녀는 더는 두 몸이 아니라 한 몸인 것이오. 그처럼 하나님이 한 몸으로 짝지어 주신 것을 사람이 감히 함부로 갈라놓아선 안 되는 것이오."

예수님은 악한 의도를 지닌 바리새인들의 삐딱한 질문에 대해선 '하나님이 짝지어 주신 것을 사람이 나누어선 안 된다.' 하고, 이혼 금지를 밝히 말씀하셨다. 왜냐하면 결혼을 하는 순간에 두 사람은 영영 하나로 짝 지워진 것이다. 이와 같은 믿음이 있는 곳에는 이혼이 있을 수 없다. 결혼의 기원이 하나님에게 있기 때문이다. 그렇다면 어떤 경우에도 이혼은 절대로 해서는 안 되는 악한 일인가?

그렇게 볼 수는 없다. 구약시대에는 물론이고 예수님 당시에도 남성 중심의 가부장적 사회구조 하에서 아내들은 법적인 보호를 거의 받지 못했다. 심지어 어떤 경우에는 아내가 남편을 기쁘게 하지 못한다는 이유로 이혼당하기도 했다. 이런 상황에서 예수님은, 결혼은 하나님의 기쁘신 뜻과 섭리 하에 이루어진 일로, 이혼은 결코 하나님의 뜻이 아님을 분명히 가르치셨다.

그렇지만 다른 때에 예수님은 달리 말씀하시기도 하셨다. 배우자가 결혼의 서약을 깨뜨리고 간통했을 경우에는 이혼의 사유가 될 수 있다고 인정하셨고, 후일에 사도 바울은 믿지 않는 배우자가 먼저 갈라서기를 원할 때는 이혼이 가능하다고 말했다. 따라서 이혼에 관한 성경의 가르침을 종합해서 결론 내리면 이러하다.

가능한 한 이혼하지 않는 것이 가장 바람직하고, 또한 최선을 다해 이혼하지 않도록 힘써 노력해야 한다. 그렇지만 신앙적이고 도덕적인 차원에서 부득불 갈라설 수밖에 없는 상황에 봉착하면, 이혼이 절대 불가능한 것도 아니다.

흠 잡을 데 없는 예수님의 확실한 답변을 듣고서 바리새인들이 창피하고 머쓱한 표정으로 떠나갔다. 그런 뒤, 예수님 일행이 다시 집으로 돌아왔을 때, 제자들이 방금 전의 그 이혼 문제를 놓고 예수님께 따로 묻는다.

"스승님, 스승님의 가르침대로라면 아내와 갈라서는 일이 참으로 어렵겠습니다. 정말로 그러합니까? 지금까지 저희들이 알기로는 그렇게 까다롭지 않은 걸로 알고 있었는데요."

바리새인들처럼 예수님의 제자들도 이혼에 관한 모세 율법의 본래 정신을 깨닫지 못하고, 그저 이혼증서만 써주면 쉽게 아내와 갈라설 수 있는 줄로 생각하고 있었다. 그런 제자들의 안이한 생각에 예수께서는 쐐기를 박는 말씀을 하신다.

"내가 다시금 밝히 말하겠다. 누구든지 자기 아내를 버리고 다른 여자와 결혼하면, 그는 자기 아내에 대해 간음죄를 짓는 것이다. 마찬가지로 아내가 자기 남편을 버리고 다른 남자와 결혼하면, 그 여자 역시 남편에 대해 간음죄를 짓는 것이다."

남편과 아내를 불문하고, 자기 욕망에 따라 아내 혹은 남편을 저버리고 다른 사람과 결혼하면, 그것은 죄 없는 배우자를 두고 다른 사람과 눈이 맞아 놀아난 간음(姦淫)의 죄와 같음을 밝힌 말씀이다. 본래 하나님이 두 몸인 남녀를 한 몸으로 짝 지워 주신 결혼의 신성함을 강조하신 것이다.

예수께서 어린아이들을 축복하심(10:13-16; 마 19:13-15; 눅 18:15-17)

"선생님, 얘들이 제 아이들입니다. 선생님께 축복받기를 원합니다."

하루는 사람들이 자신의 아이들을 예수께 데리고 와서 쓰다듬어 주시기를 바랐다. 당시 유대 사회에서는 자녀들을 회당에 데리고 와서는 랍비에게 축복을 받는 풍속이 있었다. 그런 관습이 있다고는 하지만, 제자들의 눈에는 거슬렸다. 지금은 어른들을 대상으로 귀한 말씀을 가르치고 있는 스승께서 아직은 율법과 무관한 아이들을 상대하기에는 타이밍이 좋지 않다고 생각했다. 그래서 제자들은 그 남자가 앞으로 나오는 것을 제지하면서 어린아이들까지 돌려보내려 했다.

"어이, 얘들은 저리 가거라! 여긴 너희들이 올 데가 아니다. 자, 자, 얼른 집으로 돌아가거라! 어서!"

밥벌이를 할 수 있는 노동력이 중시되던 고대 세계에서 어린아이들은 하찮은 존재로 가볍게 취급되었다. 그러한 배경에서 제자들은 어린아이들이 예수께 나오는 것을 꾸짖었는데, 이때 제자들은 자신들이 잘 했다고 생각했다. 당시 예수님은 식사할 겨를조차 없이 몰려드는 군중들에 의해 항상 둘러싸여 있었고, 빽빽한 일정에 매일 시달리고 있었다.

그렇기 때문에, 제자들은 자신들이 요령껏 하찮고 불필요한 일들을 미리 통제해야 한다고 생각해서 그처럼 행동한 것이다. 하지만 예수님의 뜻은 전혀 그게 아니었다. 어린아이들이 가까이 다가오는 것을 제지하는 제자들의 행동에 크게 화를 내셨다. 예수님에게 있어 어린아이들은 천국 시민이 갖추어야 할 순전함, 겸손, 믿음의 모델로서 언제나 환영의 대상이었다.

"아니다! 제자들아, 그러지 마라! 어린아이들이 내게로 오는 것을 막지 마라. 하나님의 나라는 이런 어린아이 같은 자들의 것이다. 내가 밝히 말한다. 누구든지 어린아이 같은 마음으로 하나님 나라를 받아들이지 않으면, 결코 그곳에 들어가지 못한다."

어린아이 같은 마음은 때 묻지 않은 순수하고 순전한 마음, 그리고 잘 따르고 잘 받아들이며 시킨 대로 행하는 순종과 믿음과 겸손의 마음이다. 따라서 누구든지 이런 어린아이 같은 마음을 가져야 하나님의 나라에 들어갈 수 있다.

"자, 아이들아! 모두 이리 오너라! 내게로 가까이…. 그래, 그렇지! 허허허."

예수께서는 자신에게로 가까이 나아온 어린아이들을 하나하나 품에 안으시고, 인자하신 미소로 그들의 머리 위에 일일이 손을 얹어 축복해 주셨다. 그 시간이 한참이나 걸렸다. 그건 부모들이 기대했던 것보다 훨씬 더 많은 축복의 선물이었다. 그래서 예수님 일행이 가는 곳마다 어린아이들의 웃음소리가 들려왔다. 이런 일들이 늘 있었기에 예수께서 예루살렘에 입성하셨을 때 어린이들이 '호산나!'를 외치며 주님을 크게 영접했던 것이리라.

어떤 부자 청년과 많은 재물 (10:17-31; 마 19:16-30; 눅 18:18-30)

어느 날, 예수께서 집에서 나와 길을 떠나려 하실 때였다. 어떤 부자 청년이 오래 기다리고 있었다는 듯 부랴부랴 달려와 예수님 앞에 무릎을 꿇으며 묻는다. 마태는 그를 '부자 청년'으로, 누가는 '관원'이라고 했다. 아마도 지방 공회의 관원으로 보인다. 아마도 30세가 갓 지난 청년이었을 것이다.

"아, 선하신 선생님! 영생을 얻으려면 제가 무얼 어떻게 해야 합니까?"

청년의 질문으로 보아 그는 원래부터 꽤 괜찮은 사람으로 보인다.

"영생을 얻으려면 제가 무얼 해야 합니까?"

세상의 성공과 업적을 쌓는 일에 관심이 많을 연령인데, 이 청년은 남달리 영생의 문제를 탐구하고 그 해답을 청하고 있는 것이다. 예수께서는 걸음을 멈추신 뒤 그 부자 청년에게 대답하신다.

"어찌하여 나를 선하다 하시오? 선하신 분은 오직 하나님 한 분뿐이오."

그렇다면 예수님 자신은 선한 분이 아니란 말인가? 그건 아니다. 근본이 성자(聖子) 하나님이신 예수님은 본질상 선한 분이시다. 다만 여기서 예수님의 답변은, 부자 청년의 의도를 간파한 반문이었다. 때에 부자 청년은 당시 율법 교사들이나 바리새인들에게 붙여진 '선한 선생님'이란 호칭을 예수님에게도 똑같이 적용했는데, 사실 그들은 선한 이들이 아니었다. 따라서 청년은 '선하다'란 말의 참된 의미를 모르고 사용한 것이다. 그래서 예수님은 진정으로 선하신 이는 오직 하나님 한 분임을 일깨워주신 것이다.

또한 예수님은 이참에 진정한 구원의 길을 제시하려 하신다. 청년은 영생을 얻을 수 있는 길이 인간의 선행에 근거한다는 구원관을 가지고 있었다. 유대인들의 전통적 구원관이다. 탈무드에도 "율법 외에 선한 것이 없다"라는 말이 있다. 청년은 자기 자신이 율법에 근거해서는 구원의 조건을 다 갖추고 있는 것이 분명한데도 뭔가 허전한 마음을 지울 수 없었고, 그래서 그 뭔가 허전한 마음을 달랠 수 있는 가르침을 달라고 청한 것이다.

청년은 스스로를 과시하려고 한 것도 아니었고, 바리새인들처럼 삐딱한 질문으로 예수님을 골탕 먹이려고 악의를 품은 것도 아니었다. 구도자적인 자세로만 본다면 기특한 청년이었다. 그렇지만 그 역시도 선한 행동만으로는 영생을 얻을 수 없음을 깨달아야 했다. 예수님은 부자 청년에게 미소를 보이시며 자상한 어조로 말씀하신다.

"청년이여, 당신은 계명을 잘 알고 있지 않소? 하나님의 계명을 보면 어떻게 기록되어 있소? '살인하지 마라, 간음하지 마라, 도둑질하지 마라, 거짓 증언을 하지 마라, 속여 빼앗지 마라, 네 부모를 공경하라.' 하고, 기록되어 있지 않소?"

"네, 그렇습니다. 선생님! 하나님의 계명에는 분명 그렇게 기록되어 있습니다. 그래서 저는 어릴 때부터 그 모든 계명들을 잘 지켜왔습니다."

부자 청년이 계명 준수에 대한 대단한 긍지를 가지고 당차게 대답했다. 과연 그렇게 살아온 것이 분명했으리라. 유대인 남자는 13세가 되면 율법을 준수할 의무를 본인이 감당하겠다고 언약함으로써 '율법의 아들'이 된다. 이를 '바르 미츠바'라 한다. 여자들은 12세가 되면서 '율법의 딸'이 된다. 이를 '바트 미츠바'라고 한다.

미츠바의 나이는 사춘기에 접어드는 시기다. 이 나이가 되기 전에는 부모가 자녀의 유대교 율법과 전통 준수에 대한 책임을 진다. 그러나 '바르 미츠바'가 되면 자녀들은 유대교 율법과 전통, 윤리 등과 관련한 책임을 스스로 지게 되며, 이와 함께 유대 공동체의 모든 활동 영역에 참여할 수 있는 권리도 얻는다. 그래서 전통적으로 '바르 미츠바'가 된 소년의 아버지는 자신이 더 이상 아이의 죄로 인해 벌을 받지 않게 된 것을 신께 감사드린다.

청년의 말에 근거하면, 그는 일반 유대인의 과정에 따라 6세부터 율법을 공부하고 철저히 준수하며 살아온 것이 분명했다. 당당하고 어엿한 '바르 미츠바'였던 것이다. 예수님은 그에게서 바른생활의 모범생 같은 모습을 보았다. 그래서 그 청년을 사랑스러운 눈길로 바라보며 말씀하신다.

"좋소, 그건 참으로 잘한 일이오."

예수님은 그 청년을 칭찬했다. 청년은 별로 쑥스러워하지 않았다. 늘 그런 인정과 칭찬을 들으며 살아왔던 것이다. 하지만 예수님의 평가는 거기에서 끝나지 않았다.

"그런데… 그런데 말이오."

"왜요, 저에게 무슨 문제라도 있단 말씀입니까?"

청년의 물음에 예수님은 말을 돌리지 않고 직선적으로 지적하신다.

"당신에게 한 가지 부족한 것이 있소."

"네에? 한 가지 부족한 것이라고요? 그게 무엇입니까?"

"당신은 지금 많은 재물을 가지고 있소. 그러니 가서, 당신이 가진 재물을 다 팔아 가난한 사람들에게 나누어 주시오. 그리하면, 하늘에서 더욱 소중한 보화를 얻게 될 것이오. 그렇게 행한 다음에, 내게로 다시 와서 나를 따르도록 하시오."

"아, 가진 재물을 다 팔아 나누어 주어야 한다니! 어떻게 그럴 수가…."

예수님의 말씀에, 부자 청년은 크게 낙담하며 침통한 표정을 지었다. 그러더니 슬퍼하며 예수님을 떠나갔다. 많은 재물을 가진 부자 청년은 아무리 생각해도 예수님의 요구대로는 행할 수 없다고 판단했다. 그는 하나님이냐, 재물이냐를 놓고 저울질을 하다가 재물을 택했다. 하나님을 택했으면 마음의 기쁨과 평화를 얻었을 텐데, 재물을 택한 까닭에 근심하고 슬퍼하며 떠나간 것이다.

여기서 한 가지 의문점이 생긴다. 우리가 영생을 얻기 위해서는 우리의 모든 재물을 포기해야 하는가? 부자 청년에게 답변하신 예수님 말씀처럼, 우리가 가진 모든 재물을 다 팔아 가난한 사람들에게 나누어

주어야만 하는 것인가?

그건 아니다. 예수님은 누구든지 영생을 얻으려는 자는 반드시 가진 것이 아무것도 없는 빈털터리가 되어야 한다고 말씀하신 것이 아니다. 여기서 예수님의 주문, 즉 재물을 팔아 모두에게 나누어 주어야 한다는 말씀은 누구에게나 해당되는 것은 아니다. 부자 청년의 경우, 자기는 모든 율법을 지켰기에 율법적으로 완벽했고, 그 결과 영생을 충분히 얻을 수 있지 않을까 생각해서, 그 사실을 예수님께 인정받고 싶었다. 자신의 완벽한 율법 준수에 따른 영생의 보장을 당대 가장 유명한 랍비라고 간주된 예수님에게서 확인받고 싶었던 것이다.

예수님은 그 청년의 착실하고 성실한 면은 인정하면서도 아직 복음을 접하지 못하고 있는 그 상황을 잘 아셨다. 그래서 스스로 의인이라 자처하는 청년에게 가장 준수하기 어려운 조건을 제시하신 것이다. 진정으로 영생을 얻고자 한다면, 자신이 소유한 모든 재물조차도 기꺼이 포기할 각오가 되어 있어야 한다고 말씀하신 것이다. 다시 말해, 이 부자 청년의 경우에는 그의 많은 재물이 영생을 얻는 데 걸림돌이 되었기에, 예수님은 그것을 극복하라고 말씀하셨을 뿐이다. 많은 재물이 없는 다른 사람들의 경우에는 명예나 권세, 혹은 지식이나 평판, 심지어 자녀나 가족 등이 걸림돌이 될 수도 있을 것이다.

"저런, 쯧쯧! 그냥 떠나가다니…."

부자 청년이 낙담한 채 떠나가자, 예수께서는 심히 안타까운 심정으로 그 청년을 바라본 뒤 제자들을 둘러보시며 말씀하신다.

"부자가 하나님의 나라에 들어가기란 참으로 어려운 일이로다."

"네엣? 부자가요? 아니, 그게 대체 무슨 말씀이신지…?"

예수님의 말씀을 듣고, 제자들은 저마다 크게 놀라며 의아해했다. 예로부터 유대인들은, 많은 재물은 의인이 하나님께로부터 받은 축복이라 여겼다. 그런데 예수님의 말씀은 그런 전통적인 관념과는 완전히 다른 가르침이었기에 크게 놀라지 않을 수 없었다. 그런 제자들의 반응에 아랑곳없이 예수님은 이어서 혼잣말처럼 탄식하신다.

"아, 하나님의 나라에 들어가기가 얼마나 어려운지! 부자가 하나님의 나라에 들어가는 것보다 차라리 낙타가 바늘귀로 빠져나가는 것이 더 쉽도다."

팔레스타인에서 가장 큰 동물은 낙타였다. 낙타가 아주 작은 구멍인 바늘귀로 빠져나갈 수는 없다. 가장 큰 동물과 가장 작은 구멍을 생생하게 대조시켜 사람의 힘으로는 불가능하다는 것을 나타내고 있는 것이다.

그렇다면 부자가 하나님의 나라에 들어가는 것은 불가능한 일인가? 그건 아니다. 하지만 매우 어렵다. 왜냐하면 많은 재물은 일만 악의 뿌리가 되기 십상이라, 재물로 인한 각종 유혹과 타락과 범죄를 극복하기가 결코 쉬운 일이 아니기 때문이다. 과연 그렇다. 돈을 좋아하는 마음은 천국과는 거리가 아주 멀다. 돈은 사람들이 벗어나기 힘든 온갖 유혹과 죄악을 만들어내기 때문이다. 그래서 예수님은 '낙타와 바늘귀의 비유'로써 그 사실을 생생하게 일깨워 주셨다. 부자와 천국에 관한 예수님의 가르침에 제자들은 더욱 놀라고 의아해하며 묻는다.

"스승님, 그러하다면 이 세상에서 구원받을 사람이 도대체 누가 있겠습니까?"

제자들은 강한 의구심이 들었다. 부자이며 율법을 잘 지킨 그 청년조차도 영생을 얻을 수 없다면, 도대체 세상에서 누가 영생을 얻을 수 있겠는가? 예수께서는 제자들을 유심히 바라보시다가 말씀하신다.

"그렇다. 사람 스스로의 힘으로 구원을 얻기란 절대로 불가능하다. 그러나 하나님의 능력으로서는 모든 것이 가능하니라."

구원에 관한 한, 하나님의 절대적인 주권 하에 놓여 있음을 강조하신 말씀이다. 구원은 사람 편에 있지 않고 하나님 편에 있는 것이다. 사람의 공로와 노력으로는 구원에 이를 수 없지만, 하나님의 능력과 은혜로는 얼마든지 가능하다는 말씀이다. 구원론의 대강령이다. 그때, 베드로가 선뜻 앞으로 나서며 예수께 말한다.

"스승님, 아시다시피 저희는 모든 것을 버리고 주님을 따랐습니다."

실제로 그러했다. 베드로를 비롯한 예수님의 제자들은 가족을 떠나고 소유물을 남겨둔 채 맨몸으로 예수님을 따랐다. 지금, 재물의 포기와 구원에 관한 가르침을 베풀고 있는 예수님 앞에서 베드로는 자신들의 그런 희생이 인정받기를 원했다. 특히 베드로는 오직 하나님의 능력으로만 구원을 얻을 수 있다는 예수님의 엄정하신 말씀에 일말의 불안감을 느낀 나머지, 예수님에게서 구원에 관한 확증을 얻기를 바라는 마음에서 그렇게 말한 것이다. 이에 예수께서 베드로와 다른 제자들에게 대답하신다.

"내가 진정으로 너희에게 말한다. 누구든지 나를 위해 또 복음을 위해, 자기 집이나 형제자매나 부모나 자녀나 재산을 버린 사람은 반드시 보상을 받게 될 것이다. 지금 이 세상에서는 핍박도 함께 받겠지만, 장차 저 세상에서는 자신이 버린 것들에 비해 100배나 더 많이 돌려받게 될 것이다. 다른 그 무엇보다도, 장차 오는 저 세상에서는 영생을 얻게 될 것이다."

자기 부인(否認)의 삶, 곧 예수 그리스도와 천국 복음을 위해 현세에서는 온갖 핍박을 각오하면서 자신의 모든 것을 기꺼이 포기할 줄 아는 사람이야말로 장차 큰 상급과 구원과 영생을 누릴 천국 시민의 자격이 있다는 말씀이다. 이제 예수님은 한 마디 말씀을 더하심으로써 가르침을 마무리 지으신다.

"그러나 그처럼 천국 영생을 누릴 자들 가운데서도 먼저 된 사람이 나중 되고, 나중 된 사람이 먼저 되는 일이 많을 것이다."

예수님은 믿는 자들의 신앙생활을 '천국 경주'에 비유하셨다. '천국'이라는 최종 목표 지점에 도달하기까지, 신자들은 자만하지 말고 부단히 앞으로 전진해 나아가야 한다. 지금 다른 이들보다 앞서 있다고 해서

방심하거나 게으름을 피우면 이내 뒤처지게 된다. '먼저 된 사람'은 현재 시점에서 앞에서 달리고 있는 자들을, '나중 된 사람'은 현재 시점에서 뒤에서 달리고 있는 자들을 가리킨다. 현재의 이 순위는 언제까지나 고정된 것이 아니다. 각자 열심을 내는 정도에 따라 얼마든지 뒤바뀔 수 있다.

예수님의 생각에, 지금 모든 것을 포기하고 예수님을 따르고 있다고 주장하는 제자들은 저마다 스스로가 먼저 된 자라고 자부할 수 있었다. 그래서 예수님은 특별히 제자들의 마음을 다잡고 각성시키기 위해 이처럼 천국 경주의 비유로써 말씀하신 것이다.

십자가 수난에 대한 세 번째 예고(10:32-34; 마 20:17-19; 눅 18:31-34)

부자 청년은 그렇게 예수님을 떠나갔다. 떠나보내기에는 아까운 청년이었다. 그에게는 재물이 많은 것이 오히려 영생의 길에 방해물이 되었다. 그는 재물을 잠시 동안 소유하기 위해 영생을 버린 것이다. 만일 청년이 그런 사실을 깨닫게 된다면, 그는 다시 예수님 앞에 나아와 엎드리게 될 것이다. 그러나 예수님에게는 시간이 많이 남아 있지 않았다. 예수님의 예루살렘 나들이는 이번이 마지막이었다. 청년은 더 이상 예수님을 만나지 못할 것이다. 그래서 청년이 떠나간 자리에는 아쉬움이 많이 남았다.

요단강 동편의 베레아 지방. 갈릴리 지방을 떠난 예수님 일행은 지금 베레아 지방을 거쳐 예루살렘을 향해 올라가고 있었다. 예수님의 공생애 3년의 막바지 시기다. 이번 여행의 목적지인 예루살렘에는 인류 구원을 위해 메시아 예수가 반드시 감당해야 할 수난의 사역, 곧 십자가 사역이 기다리고 있었다.

예루살렘에 가까이 다가갈수록 예수님은 죽음의 냄새를 맡고 있었다. 그것은 유월절 행사에 희생제물로 죽어가는 동물들의 피 냄새가 아니었다. 그건 자신에게서 나오는 피 냄새였다. 자신이 '유월절 어린양' 되어 인류의 속죄를 위한 희생제물이 될 터였다. 그러다 보니 예수님은 깊은 상념에 빠지게 되었고 저절로 말이 없어졌다.

'이상하다…? 어째서 스승님이 말씀 한 마디 없이 저리도 무겁게 발걸음을 옮기시고 계시는 걸까?'

예루살렘으로 올라가는 길, 예수께서 앞장서서 아무 말 없이 홀로 걸어가시자 제자들은 모두가 놀라고 두려운 마음으로 묵묵히 뒤따라갔다. 그렇게 한참을 가시다가 마침내 예수께서 열두 제자를 자기 곁에 불러 모으셨다. 그런 뒤, 사뭇 진지한 표정과 심각한 어조로 장차 자신에게 닥칠 일을 일러주신다.

"내 말을 잘 새겨듣도록 하여라. 보라, 우리가 예루살렘에 도착하면, 인자는 배신을 당하고 붙잡혀 대제사장들과 율법 교사들의 손에 넘겨질 것이다. 그러면, 그들은 인자를 죽이기로 결정한 후에 이방인들의 손에 넘길 것이다."

'아, 또 그 말씀….'

제자들은 속으로 한탄하며 잠자코 듣기만 했다. 뭔가 불길한 징조를 느꼈다. 예루살렘을 향하고 있는 자신들의 기대감과는 영 다른 느낌이다. 이어지는 스승님의 말씀은 제자들에게는 억장이 무너지는 소리들이었다.

"그렇게 되면, 이방인들은 인자를 침 뱉고 조롱하며 채찍으로 심하게 때린 뒤 결국에는 십자가에 못 박아 죽일 것이다."

아, 그럼 끝장인가! 제자들은 온몸에 힘이 빠졌고. 그 자리에 털썩 주저앉고 싶은 심정이었다. 그리고 두려움이 엄습했다. 스승님은 제자들의 속마음을 들여다보신다.

"그러나 너희는 두려워하지 마라. 인자는 죽었다가 사흘 만에 무덤에서 다시 살아날 것이니라."

이른바 십자가 수난에 대한 예수님의 세 번째 예고다. 공관복음서(마태복음, 마가복음, 누가복음)를 종합해서 살펴보면, 예수님은 자신의 수난과 십자가 죽음과 부활에 관하여 제자들에게 모두 네 번에 걸쳐 예고하셨다. 그러므로 예루살렘에서 벌어질 상황들은 우연한 것이 아니라, 오래전부터 예정된 것이고 예수님 자신은 바로 그 길을 따라가고 있는 것이다.

구약성경의 저자들 역시 훨씬 오래전부터 메시아 예수의 배반당하심, 십자가형에 처해짐, 그리고 무덤에서 부활하심 등에 관하여 예언했다. 예수님은 바로 그 일을 이루기 위해 이 땅에 오신 것이다. 진실로 그러하다! '인류 구원'이라는 메시아의 사명을 완수하기 위해서는 이 같은 십자가 사역이 반드시 요구되었다.

야고보와 요한의 요구 (10:35-45; 마 20:20-28)

예수께서 머잖아 예루살렘에서 겪을 십자가 수난에 대해 진중하게 말씀하고 계실 때, 아까부터 눈치를 살피고 있던 세베대의 두 아들 곧 야고보와 요한이 예수님 곁으로 다가왔다. 그들은 예수님의 십자가 사역을 전혀 이해하지 못했고, 어쨌든 이번 예루살렘 여행이 그토록 기다렸던 메시아 왕국의 실현이라고 착각하고 있었다. 그래서 야보고와 요한은 재빠르게 머리를 굴려 계산했다. 다른 제자들이 나서기 전에, 지금 기회를 잡아야 한다고 생각했다. 그래서 어머니를 앞세우고 예수님에게로 바싹 접근한 것이다.

"저… 스승님, 저희 소원을 들어주시길 바랍니다."

무거운 분위기 가운데 행해지고 있는 예수님의 십자가 수난의 말씀에 전혀 어울리지 않는 말이었다.

"소원이라…. 그래, 너희가 무엇을 원하느냐?"

"스승님, 주께서 영광의 자리에 앉으실 때 저희 가운데 한 명은 주님의 오른편에, 또 한 명은 주님의 왼편에 앉게 해주십시오."

분위기를 파악하지 못한 생뚱맞은 요청이었다. 마태복음에는 어머니가 요구한 것으로 나온다. 아마도 모자가 같이 나와 어머니가 요청했고, 두 형제는 처분만 바란다는 표정으로 함께했을 것이다.

야고보와 요한 형제는 맨 처음 예수님의 제자로 부르심을 받았으며, 베드로와 더불어 선두 그룹이었다. 그들의 어머니 살로메는 마리아와 자매지간으로 여겨진다. 그렇다면 야고보와 요한은 예수님과 이종형제간이다. 이런 연줄이 청탁의 근거가 된 것이다. 그러니까 일종의 친인척의 신분을 이용한 청탁인 셈이다. 야고보와 요한의 말을 듣고서, 예수님은 실망하신 듯 어이없는 표정으로 잠시 그들을 바라보다가 대답하신다.

"세베대의 아들들아, 너희가 지금 내게 요청하는 것이 과연 무엇을 뜻하는 것인지나 알고 하는 말이냐? 과연 너희는 내가 마셔야 할 잔을 마실 수 있겠느냐? 또 내가 받아야 할 세례를 받을 수 있겠느냐?"

여기서 예수님은 '잔'과 '세례'를 상징적으로 사용하셨다. 그러니까 '잔'이나 '세례'는 술이나 물 같은 것으로 가득 채워지거나 잠기는 것으로, 말하자면 이제 조만간 예수께서 받으실 고난과 수욕과 죽음을 상징한다. 하지만 야고보와 요한은 이 같은 상징적인 뜻을 이해하지 못하고, 그것이 메시아 왕국에서 누릴 기쁨의 잔과 영광의 세례인 줄 알고, 자신들도 기꺼이 마시고 받을 수 있다고 자신 있게 대답한다.

"네, 저희는 얼마든지 그렇게 할 수 있습니다!"

그러자 예수께서 초연한 듯 담담한 표정으로 말씀하신다.

"그렇다. 너희는 장차 내가 마시는 잔을 마시게 될 것이고, 내가 받는 세례를 받게 될 것이다. 하지만 너희를 내 오른편이나 왼편에 앉게 할 권한은 내게 없다. 그 자리는 하나님께서 이미 정해 놓으신 사람들에게 돌아갈 것이니라."

과연 야고보와 요한을 비롯하여 예수님의 제자들은 예수님의 죽음, 부활, 승천 이후에 초대교회 상황에서 수욕의 쓴 잔과 고난의 가혹한 세례를 받았다. 그러할지라도 장차 천국에서 받을 상급의 많고 적음과 높고 낮음은 전적으로 성부 하나님의 주권적인 뜻에 달렸다는 말이다.

"뭐얏? 야고보와 요한이 장차 세워질 메시아 왕국에서 예수님의 좌우편에 앉게 해달라고 부탁했다고?"

"세상에, 염치없이 어찌 그런 부탁을 할 수 있어?"

"에잇, 그들이 우리 몰래 발 빠르게 움직였구먼! 거참, 우리가 한 발 늦었네!"

다른 열 제자들이 야고보와 요한이 행한 일을 듣고 저마다 분노했다. 그리고 그들보다 한 발 늦었다는 생각이 들어 모두들 초조해했다. 지금 그들은 스승님의 그동안 가르침에 따르기는커녕 오히려 반대의 길을 걷고 있었다. 스승님을 따라 예루살렘으로 올라가고는 있지만, 사실은 그 반대의 길을 걷고 있었다. 예수님은 심히 답답했다. 머잖아 그런 제자들만 남겨두고 세상을 떠나갈 일이 참으로 암담하고 걱정되었다. 그래서 다시금 제자들을 불러놓고 알아듣기 쉽게 차근차근 말씀하신다.

"제자들아, 너희가 어찌 서로 높아지려고만 하느냐? 너희도 알다시피, 세상의 왕이나 위정자들은 백성들 위에 군림하면서 자신의 권력을 휘두른다. 그러나 너희는 그래선 안 된다. 너희 중에 누구든지 큰 자가 되기를 원하는 사람은, 먼저 너희를 섬기는 자가 되어야 한다. 또 너희 중에 으뜸 되기를 원하는 사람은, 먼저 모든 이들의 종이 되어야 한다."

"네…. 하지만, 그래도…."

제자들은 머쓱한 표정으로 긍정도, 부정도 아닌 애매한 태도를 취했다. 이에 예수님은 자신의 가르침에 쐐기를 박는 말씀을 하신다.

"모두 잘 들어라. 인자는 섬김을 받으러 이 땅에 온 것이 아니다. 도리어 섬기러 왔고, 많은 이들을 구하기 위하여 내 목숨까지도 내어주려고 온 것이니라."

예수님은 종(노예)의 개념을 빌어 겸손과 섬김과 희생의 도를 가르치셨다. 누구든지 크고 높은 자가 되려는 사람, 그 사람은 먼저 지극히 작고 낮은 종이 되어 자신을 희생하면서 다른 이들을 섬기는 자가 되어야 한다는 가르침이다. 그 완벽한 본보기가 바로 '메시아 예수'다. 예수님은 지극히 높은 하늘 보좌를 떠나 지극히 낮고 미천한 이 땅에 다른 이들을 섬기는 종의 모습으로 오셔서, 자신을 십자가에 희생하면서까지 다른 많은 이들을 구원하셨다. 마가는 그런 예수님의 모습을 잘 그려내고 있다. 그래서 마가복음의 대주제는 '섬기는 종으로 오신 메시아 예수'다.

여리고의 시각장애인 바디매오(10:46-52; 마 20:29-34; 눅 18:35-43)

예수님 일행은 요단 동편의 베레아 지방을 통과하여, 다시 요단강을 건너 여리고 성읍으로 들어왔다. 요단강을 건너면 처음으로 만나게 되는 여리고 성읍, 이 성읍은 해수면보다 250m가량 낮기 때문에 여기서부터 해발 760m가량의 고지대에 세워진 예루살렘 성읍까지는 계속해서 오르막길이다. 두 지역 간의 거리는 대략 36km 정도인데, 가파르고 길 옆에는 암석들이 많고 인적이 드문 외로운 길이어서 강도들의 출현이 잦았다.

요단강을 건넌 예수님과 제자들은 일단 여리고 성읍에 들렀다가 이내 성읍을 떠나가셨다. 많은 사람들이 예수님 일행을 뒤따르고 있었다. 예수님 일행이 여리고 성문을 막 빠져나가려 하실 때였다. 그 길목에는 여느 때처럼 디매오의 아들인 바디매오라는 시각장애인 거지가 사람들의 동냥을 바라고 앉아 있었다. 걸인들이 성문 밖에 앉아 있다가 예루살렘으로 향하는 순례자들을 따라가며 구걸하는 모습은 당시에 흔히 볼 수 있는 광경이었다. 시각장애인 바디매오도 그런 걸인 중의 하나였다. 그는 나사렛 예수가 그 길로 지나가신다는 말을 전해 들었다.

"뭐, 뭐라고? 예수님이 이리로 지나가신다고? 아, 그렇다면 바로 지금 이다!"

예수라면…. 바디매오는 눈이 보이지 않았기에 귀는 무척 밝았다. 여리고 성을 지나다니는 사람들을 통해 온갖 소식과 정보, 풍문을 전해 들었다. 그런 그의 귀를 번쩍 뜨이게 하는 소문이 있었다. 나사렛 출신의 선지자인 예수가 놀라운 능력으로 병자들의 각종 병을 고쳐준다는 소문이었다. 자기처럼 눈이 먼 자들도 명령 한 마디로 고친다는 것이었다. 그런 예수님의 소문을 들었을 때부터 예수님은 그에게 유일한 희망이 되었다.

그런 예수님이 바로 지금 자기 앞을 지나간다는 것이다. 인생에 두 번 다시 오지 않을 절호의 기회였다. 이 기회를 놓치면 두고두고 후회를 할 것이다. 그러니 지금 구걸하여 돈 몇 푼 얻는 것이 문제가 아니었다. 모든 걸 제쳐두고 예수님을 만나야 했다. 앞을 볼 수 없는 바디매오는 사방을 두리번거리며 소리를 지르기 시작한다. 젖 먹던 힘까지 내어 목청껏 소리를 지른다.

"다윗의 자손이신 예수님! 저를 불쌍히 여기셔서, 제게 자비를 베풀어 주십시오!"

"어이, 그만 좀 하지! 거 되게 시끄럽게 소리 지르네!"

때에 예수님 뒤를 따르던 많은 사람들이 고래고래 소리 지르는 바디매오를 나무랐다. 그러나 그는 조금도 주눅 들거나 기죽지 아니하고, 도리어 더욱 큰 소리로 외친다. 지금 눈을 뜰 수 있는 유일한 기회가 찾아온 것이다.

"오, 다윗의 자손이시여! 제발 이 몸을 불쌍히 여기셔서 제게 자비를 베풀어 주십시오!"

바디매오는 예수님을 향해 '다윗의 자손'이라 불렀다. 이는 그가 예수님을 구약에서 예언된 '메시아'로 인식하고 있었기 때문이다. 구약

예수께서 여리고 성읍의 시각장애인 바디매오를 고쳐주시다.

의 선지자들은 메시아가 '다윗의 자손'으로 오실 것이라고 누차 예언했다. 이처럼 보지 못하는 시각장애인이 보는 눈을 가진 사람들이 보지 못한 예수님을 올바로 보았다는 것은 아이러니한 일이다. 지극한 마음이 통한 것일까? 마침내 바디매오의 외침이 예수님의 귀에 들렸다. 예수께서 걸음을 멈추시며 말씀하신다.

"지금 내게 부르짖는 그 사람을 내게로 불러오시오."

그러자 사람들이 계속 부르짖고 있던 그 시각장애인에게로 달려가서 그 사실을 일러준다.

"이제 그만 부르짖게!"

"나는, 나는 예수님을 꼭 만나야 하오! 그분은 지금 어느 쪽에 계시는 건가요?"

"안심하고, 자리에서 일어나게. 예수께서 지금 자네를 부르고 계신다네. 자, 우릴 따라오게!"

"저, 정말요? 아, 아, 예수님…!"

바디매오는 크게 감격해하며 자기 겉옷을 훌훌 벗어던지고 자리에서 벌떡 일어나 사람들을 따라 예수께로 왔다. 그 시각장애인을 보시고, 예수께서 물으신다.

"내가 당신에게 무얼 해주기를 바라오?"

이처럼 예수님은 기적을 행하기 전에 종종 그 대상자에게 이런저런 질문을 하셨다. 그 까닭은, 예수께 대한 믿음을 다시금 확인하고, 예수님만 전적으로 의지하면 인간의 어떤 문제도 능히 해결될 수 있다는 확신을 주시기 위해서였다. 예수님의 질문에, 시각장애인 바디매오는 자신의 가장 절실한 소원을 아뢴다.

"선생님이여, 눈을 뜨고 싶습니다. 보기를 원합니다."

소원을 말하며 예수님을 바라보는 바디매오의 처연한 눈빛, 앞이 보이지 않아 예수님과 정확하게 눈맞춤을 하지 못하고 허공을 두리번거리고 있지만, 그 눈빛은 참으로 간절하고 애절했다. 그런 바디매오에게 눈부시도록 찬연한 빛 같은 말씀이 들려온다.

"이제 당신은 볼 수 있을 것이오. 자, 이제 가도 좋소. 당신의 믿음이 당신을 낫게 하였소."

바로 그 순간, 시각장애인 바디매오는 더 이상 시각장애인이 아니었다. 눈을 떠 볼 수 있게 되었기 때문이다.

"아, 보인다! 앞이… 앞이 보인다, 보여! 오, 주님…!"

시각장애인 바디매오, 아니 정상인 바디매오는 너무 좋아 펄쩍펄쩍 뛰었다. 완전히 새로운 삶을 얻었기 때문이다. 눈을 떠 앞을 볼 수 있게 된 그는 집으로 곧장 돌아가지 않고, 뒤따르는 행렬에 섞여 하나님의 영광을 찬양하며 예수님 뒤를 따라갔다. 그 날, 여리고 성읍의 햇살은 어느 때보다도 맑고 밝았다. 바디매오의 눈에서 나오는 빛이 얹어졌기 때문이다.

11

예수님의 예루살렘 입성

예수가 베다니 마을에 이르러
새끼나귀 타고 예루살렘 입성하실 때
사람들은 나뭇가지 흔들어대며
호산나! 주를 영접하네

예수님의 예루살렘 입성(11:1-11; 마 21:1-11; 눅 19:28-40; 요 12:12-19)

여리고 성읍을 떠난 예수님 일행, 부지런히 걷고 걸어 어느새 예루살렘 가까이에 이르게 되었다. 여리고에서 예루살렘까지는 대략 36km, 꼬박 하룻길이다.

'흠… 여기가 베다니 마을이구나.'

때는 예수님의 공생애 3년 차 마지막 일주일 기간으로, 예수께서 십자가에 달리시기 닷새 전인 일요일이었다. 예수님 일행은 올리브산(감람산) 근처에 있는 벳바게와 베다니 마을에 이르렀다. 이 두 마을은 예루살렘 근교에 있는 작은 마을들이다. 벳바게는 '덜 익은 무화과의 집'이란 뜻으로, 베다니와 예루살렘 사이에 있는 마을이다. 베다니는 '슬픔의 집'이란 뜻으로, 예수님이 특별히 사랑하시는 나사로, 마르다, 마리아 세 남매의 고향이다. 올리브산 동쪽에 자리 잡고 있는 작은 마을인데, 예루살렘에서 남쪽으로 대략 3km 떨어진 곳에 있다.

예수님은 이 베다니 마을에서 십자가 사역을 위한 예루살렘 입성을 준비하고자 하셨다. 벳바게 인근의 베다니 마을에 가까이 이르렀을 때, 예수께서는 두 제자를 먼저 보내시며 말씀하신다.

"자, 너희 둘은 너희 앞에 보이는 저 마을로 들어가라. 마을에 들어서면, 아직 아무도 타본 적이 없는 나귀 새끼 한 마리가 매여 있을 것이다. 너희는 그 나귀를 풀어 이리로 끌고 오너라."

"저… 스승님, 그런데 누가 저희더러 '왜 남의 나귀를 끌고 가느냐?' 하고 따지면, 우리가 어찌해야 합니까?"

"누가 그렇게 따지거든, 너희가 말하기를 '우리 주님께서 잠시 쓰시겠답니다. 쓰신 다음에는 곧장 다시 돌려보내 주실 것입니다.' 하고, 대답하여라."

예수님은 주인의 허락 없이 나귀 새끼를 함부로 사용하려고 하신 게 아니다. '주님이 쓰시겠다.'라는 말에 나타나듯, 예수님은 만물의 주인 되시는 주(主)의 권위로 합당하게 사용하려 하시는 것이다. 또한 그 말씀은, 나귀의 주인이 누구든 예수님의 사용에 기꺼이 순복할 것임을 미리 내다본, 메시아 예수의 선견지명을 나타내는 말이다.

"어? 저 나귀 같은데…."

두 제자가 마을 어귀에 가서 보니, 과연 나귀 새끼 한 마리가 집 앞의 길가에 매여 있었다. 제자들이 예수님의 말씀에 따라 나귀를 맨 줄의 매듭을 풀고 있을 때, 거기에 서 있던 사람들 가운데 주인 되는 듯한 사람이 묻는다.

"잠깐만요, 당신들은 왜 지금 남의 나귀를 풀고 있는 거요?"

"아, 네! 우리 주님께서 잠시 쓰시겠답니다. 쓰신 다음에는, 곧장 다시 돌려보내 주실 것입니다."

제자들은 예수께서 일러주신 대로 말했다. 그랬더니 그 사람은 마치 서로 간에 이미 약속된 듯이 더는 묻지 않고 선뜻 허락한다.

"알겠소. 그럼, 그렇게 하시오."

두 제자가 나귀 새끼를 끌고 돌아오자, 예수님의 모든 제자들은 자기들의 겉옷을 벗어 나귀 등에 얹어놓았다. 마침내 예수께서 영광스런 왕의 모습으로 나귀 새끼를 타고 예루살렘 성읍 안으로 들어가실 것이라고 생각했기 때문이다. 과연, 예수님은 겉옷으로 덮여 있는 나귀 등에 천천히 올라타셨다. 그러고는 제자들과 함께 예루살렘 성읍을 향하여 나아가셨다.

베다니 마을에서 예루살렘까지는 대략 3km, 예수님은 굳이 나귀를 타지 않고도 얼마든지 걸어서 예루살렘까지 갈 수 있었다. 그런데도 왜 예수님은 굳이 나귀를 타고서, 그것도 나귀 새끼를 타고서 예루살렘 성읍 안으로 들어가려 하셨을까?

그 까닭은 이러하다. 이 시점에서 예수님은 자신이 구약성경에서 예언된 그 메시아임을 공개적으로 드러내려 하셨다. 그래서 나귀 새끼를 타고 예루살렘 성읍 안으로 들어가심으로써 스가랴 선지자의 예언을 성취시키려 하신 것이다. 그렇다면 이때로부터 대략 550년 전에 활동한 스가랴 선지자의 예언을 한번 들어보자.

> "시온의 딸아, 크게 기뻐하라! 예루살렘의 딸아, 즐거이 환호성을 질러라! 보라, 너희 왕께서 너희에게로 오시나니, 그분은 공의로우시고 구원을 베푸시는 왕이로다. 진실로 그분은 온유하고 겸손하셔서 나귀를 타고 오시나니, 어린 나귀 곧 나귀 새끼를 타고 오시는구나"(슥 9:9).

"와, 예수님이다! 예수께서 나귀 새끼를 타고 예루살렘 성읍으로 들어가신다!"

예수님이 나귀 새끼를 타고 예루살렘을 향하여 나아가자, 예수님을 따르던 군중들과 길가에 서 있던 많은 사람들이 서로 앞 다투어 자기들의

"호산나! 찬송하라, 주님의 이름으로 오시는 분이여!"

겉옷을 벗어 길 위에 펼쳐놓았고, 더러는 나뭇가지를 꺾어다가 깔아놓기도 했다.

이런 광경은, 전쟁에서 승리하고 귀환하는 왕을 맞는 전통적인 환영 방식이었다. 군중들은 예수님을 정치적 메시아로 보고, 자신들을 로마의 압제에서 해방시켜 줄 분으로 기대하고 있었다. 그들은 예수님의 사명이 정치적인 것이 아니라, 죄와 죽음과 사탄의 압제로부터 구원과 영생을 베푸는 영적인 것임을 전혀 깨닫지 못했다.

그러했기에 얼마 가지 못해 예수님이 자신들의 기대에 부응하지 못하자 큰 배신감을 느끼고 그를 십자가에 못 박으라고 빌라도를 향해 외쳤고, 예수님 대신에 바라바를 풀어줄 것을 요구하는 어리석음을 저질렀던 것이다. 하지만 이때까지만 해도 백성들은 예수님에게 잔뜩 기대를 걸었다. 그래서 마치 민족의 해방이 눈앞에 다가온 듯 크게 들뜬 군중들은 나귀 새끼를 타신 예수님을 중심으로 앞뒤에서 환호성을 질렀다. 앞장선 사람들과 뒤따라가는 사람들이 모두 한목소리로 크게 외친다.

"호산나! 찬송하라, 주님의 이름으로 오시는 분이여!"
"복되도다, 장차 임할 우리 조상 다윗의 나라여!"
"오, 찬양하라! 지극히 높은 곳에서, 호산나, 호산나!"

호산나(Hosanna)는 '이제 구원하소서'란 뜻의 히브리어 '호쉬아 나'를 헬라어로 음역한 말이다. 처음에는 기원과 호소의 뜻으로 쓰였지만, 점차적으로 축하와 찬양의 뜻으로 사용되었다. 군중들의 크나큰 찬양과 열렬한 환대 속에 마침내 예루살렘 성읍 안으로 들어가신 예수님은 가장 먼저 성전으로 들어가셨다. 그리고 거기서 성전과 성전 주변의 모든 것을 둘러보셨다. 그러는 동안에 날이 이미 저물었으므로, 예수님은 열두 제자와 함께 예루살렘 성문을 빠져나와 대략 3km 거리에 위치한 베다니 마을로 돌아가셨다.

저주받은 무화과나무 (11:12-14; 마 21:18-19)

이튿날 아침, 그러니까 십자가에 달리시기 나흘 전인 월요일. 예수님 일행은 베다니 마을을 떠나 예루살렘으로 향하셨다. 그때 예수께서는 배고픔을 느끼셨다. 그런 차에 때마침 잎이 무성한 무화과나무가 멀지 않은 길가에 있는 것을 발견하셨다.

'흠, 저 무화과나무에는 열매가 달려 있겠구나. 그걸 좀 따먹어야겠다.'

예수께서는 따먹을 열매가 달려 있을까 싶어, 무성한 잎사귀를 가진 그 무화과나무 가까이로 다가가셨다. 그러나 웬걸! 그 무화과나무는 온통 무성한 잎사귀뿐, 아무런 열매가 달려 있지 않았다. 사실, 무화과 열매가 맺히는 철이 아니긴 했다.

남쪽 지방인 예루살렘 주변의 무화과나무는 보통 3월이나 4월에 잎이 나기 시작하고 잎이 전부 나오는 6월이 되면 열매를 맺는다. 일찍 열매를 맺는 무화과나무들은 3월부터는 제법 먹을 수 있는 쪼그마한 열매들이 달리기도 했다. 그러나 그 무화과나무는 잎만 무성했지 작은 열매들이 없었다. 예수님은 그 무화과나무를 찬찬히 살펴보시면서 무슨 생각을 하시는 것 같더니만, 나무를 향해 실망했다는 어조로 강하게 책망하신다. 차라리 그건 저주에 가까웠다.

"무화과나무야, 이제부터 누구도 너에게서 다시는 열매를 따먹는 사람이 없게 되리라!"

예수께서 성난 목소리로 무화과나무를 호되게 꾸짖는 그 말씀을 제자들이 모두 들었다. 그런데 뭔가 어색했다. 왜 예수님은 무화과가 맺힐 철이 아닌데도, 열매를 맺지 못했다고 하여 그 무화과나무를 저주하신 걸까? 대체 그 무화과나무가 무얼 잘못했단 말인가?

그렇다. 무화과나무가 잘못한 것은 없다. 다만 이때에 예수님은 그 무화과나무를 통해 생생한 교훈을 베푸신 것이다. 비록 무화과가 맺힐 철은 아니었다고 해도, 그 무화과나무는 잎사귀가 무성했기 때문에 무언가를 줄 수 있을 것처럼 보였다. 말하자면 무성한 잎사귀는 사람을 현혹하는 위선적인 겉치레 같은 것이었다. 그래서 예수님은 열매 없는 그 무화과나무를 시청각 교재 삼아, 그 나무를 저주함으로써 삶의 열매가 있는 듯 보이지만 실제로는 아무런 열매가 없는 자들, 특히 당시의 위선적인 바리새인들과 율법 교사들(서기관들)에게 장차 하나님의 심판이 있을 것임을 경고하셨던 것이다.

성전을 깨끗케 하심(11:15-19; 마 21:12-17; 눅 19:45-48; 요 2:13-22)

무화과나무를 저주한 사건 이후, 예수님 일행은 가던 길을 계속 재촉하여 예루살렘에 이르렀다. 예수님은 성전 본당을 둘러싸고 있는 바깥뜰로 들어가셨다. 소위 '이방인의 뜰'이라 불리는 곳이었다. 이곳은 이방인들이 하나님을 예배하고 기도를 올릴 수 있는 유일한 구역이었다. 신분고하를 막론하고 어떤 이방인도 이 뜰 이상을 넘어 성전 안뜰로 들어갈 수가 없었다.

이스라엘의 최대 절기인 유월절을 앞둔 시기인지라, 성전 안팎에는 많은 사람들로 붐볐다. 그래서일까? 성전 안은 그야말로 가관이었다. 돈을 바꾸어주는 환전상들과 제사 짐승들을 사고파는 장사꾼들이 고래고래 소리치며 호객 행위를 하고 있었고, 사람들은 조금이라도 질 좋은 물건을 싸게 구입하려고 야단스럽게 흥정을 하고 있었다. 시끌벅적, 딱 도떼기시장이었다.

그렇다면 왜 사람들은 성전에서 돈을 바꾸고 짐승을 매매했을까? 먼저 돈을 바꾼 까닭은 이러하다. 당시에는 로마 화폐, 헬라 화폐, 유대 화폐, 이 세 종류의 돈이 유통되고 있었다. 절기를 맞아 예루살렘에 올라온 순례자들이 성전세를 내고자 할 때 이방 나라의 화폐로는 낼 수 없었고, 반드시 이스라엘 사람들이 통용하는 화폐로 내야 했다.

짐승을 매매한 이유는, 순례자들이 제사를 위해 먼 곳에서부터 짐승을 직접 끌고 오는 것이 힘들었기 때문이다. 뿐만 아니라, 그 짐승이 희생제물로 적합한지에 대해 까다롭게 검사받는 것보다는 예루살렘 성전 당국에 의해 적합하다고 판정받은 짐승을 현장에서 구입하는 것이 훨씬 간편했기 때문이다.

예수님 당시에 이 같은 화폐 교환과 짐승의 매매는 성전 내 '이방인의 뜰'에서 이루어졌는데, 사람들이 그곳에서 장사하기 위해서는 모두 성전 당국의 승인을 받아야 했고, 이를 통해 대제사장들을 비롯한 종교 지도층은 막대한 수입을 올리고 있었다.

"모두들 여기서 썩 나가시오! 어찌 기도하는 내 아버지의 집을 도떼기시장으로 만들 수 있단 말이오! 내 말이 들리지 않소? 어서 자기 물건을 챙겨 성전에서 당장 나가란 말이오!"

예수님은 아주 크게 화가 나셨다. 거룩한 의분(義憤)이었다. 노끈으로 채찍을 만들어 휘휘 내저으시며 성전 뜰에서 돈을 바꾸고 짐승을 팔고 사는 사람들을 모조리 내쫓으셨다. 뿐만 아니라, 돈을 바꾸어주는 자들의 탁자를 둘러엎으셨고, 비둘기 장수들의 의자를 내동댕이치셨다.

"아, 아니, 저자가 미쳤나? 왜 남의 장사를 함부로 방해하고 난리야!"

환전상들과 장사꾼들은 나사렛에서 올라온 새파란 랍비의 권위 있는 기세에 눌려 반항하지는 못한 채 주섬주섬 자기 물건을 챙겨 급히 성전 밖으로 내쫓기면서 저마다 불평을 터뜨렸다. 그에 아랑곳없이 예수님은 한 사람도 예외 없이 모든 장사치들을 성전 밖으로 쫓아내신 다음, 어느 누구도 물건을 들고 성전 뜰을 지나다니는 일이 없게 하셨다. 그리하여 성전은 거룩하고 고요한 본래의 평화를 되찾았다. 그러자 예수께서는 성전에 모인 사람들을 향해 말씀하신다.

"여러분, 성경에 보면 '내 집은 만민이 기도하는 집이다.'라고 기록되어 있습니다. 그렇지 않습니까? 그런데 당신들은 대체 이 성전에서 무얼 하고 있는 것입니까? 이 성전을 강도의 소굴로 만들어버렸습니다. 그래선 안 됩니다!"

그랬다. 성전에서 장사하는 상인들은 마치 날강도처럼 예루살렘 순례자들을 대상으로 터무니없이 높은 가격으로 돈을 바꾸어주고 희생 제물용 짐승을 팔고 있었다. 이처럼 종교 지도자들과 장사치들은 기도의 장소인 성전을 속임수와 바가지가 판치는 시장 바닥으로 바꾸어놓음으로써 거룩한 성전을 추악한 강도의 소굴로 만들어놓았다.

"뭐야? 예수란 자가 성전에서 사람들을 내쫓고는 그런 말을 했다고? 아니, 대체 그자가 무슨 심보로 그렇게 막무가내로 행동하는 거야!"

대제사장들과 율법 교사들은 예수가 성전에서 행한 일과 말을 전해 듣고는 크게 화가 났다. 자신들의 수입원을 끊었기 때문이다. 그래서 그들은 어떻게 하면 예수를 없애버릴 수 있을지 적극적으로 방도를 찾기 시작했다. 하지만 당장엔 어떻게 손을 써볼 도리가 없었다. 사람들의 마음을 사로잡고 있는 예수가 두려웠던 것이다. 그러는 사이에 하루해가 저물고 밤이 되자, 예수님 일행은 다시 예루살렘 밖으로 나와 베다니 마을로 돌아가셨다.

바싹 말라버린 무화과나무 (11:20-26; 마 21:20-22)

다음날 이른 아침, 그러니까 예수께서 십자가에 달리시기 사흘 전인 화요일. 예수님 일행이 베다니 마을에서 나와 예루살렘을 향해 길을 가다가, 어제 예수께서 저주하신 그 무화과나무가 뿌리째 바싹 말라 있는 것을 보았다. 그러자 베드로가 어제 일을 기억해내고는 의아한 표정으로 예수님께 말한다.

“앗, 저기 보십시오! 스승님께서 어제 저주하신 저 무화과나무가 바싹 말라버렸습니다. 그만 죽고 말았는데요….”

베드로의 말을 듣고 예수님도 바싹 말라버린 무화과나무를 바라보았다. 어제는 그토록 싱싱하고 무성한 잎사귀를 자랑하던 나무가 하룻밤 사이에 바싹 말라버렸다. 잎이 무성했던 것만큼이나 말라빠진 무화과나무의 모습은 허무했다. 그것이 바로 위선적인 이스라엘의 모습이었고 형식주의에 찌든 성전의 모습이

뿌리째 말라버린 저주 받은 무화과나무.

었다.

이처럼 아무런 실속 없이 겉만 번지르르한 위선적인 사람들처럼, 잎사귀만 무성한 채 정작 열매가 없는 무화과나무가 결국 말라죽은 사건에 기초하여, 예수님은 참된 믿음과 기도에 관한 교훈을 제자들에게 베푸신다.

"너희는 의심치 말고 오직 하나님을 믿어라. 내가 진실로 말한다. 만일 너희가 이 산을 향해 명하기를 '저 바다 속으로 빠져라!' 하면서, 마음속에 한 점 의심을 품지 않고 그대로 될 줄로 굳게 믿는다면, 정말로 그대로 이루어질 것이다. 내 말을 잘 새겨들어라. 너희가 기도하고 구하는 것은 이미 받은 줄로 믿어라. 그러면, 정말로 그대로 이루어질 것이다."

하나님의 능력을 조금도 의심하지 않고 굳게 믿는 가운데 하나님께 기도하면, 그래서 자신이 기도한 대로 이루어질 것이라고 굳게 믿으면, 과연 그렇게 이루어질 것이라는 가르침이다. 신자의 신앙생활에서 믿음과 기도는 마치 동전의 양면처럼 아주 밀접하게 연관되어 있음을 보여준다. 예수님의 가르침은 이어진다.

"그러나 너희가 하나님께 기도할 때, 만일 어떤 사람과 무슨 문제로 서로 등진 일이 생각나거든, 먼저 그 사람을 용서하여라. 그래야만, 하늘에 계신 너희 아버지께서도 너희 죄를 용서해 주실 것이다. 그렇지 아니하고, 만일 너희가 그 사람을 용서해 주지 않으면, 하늘에 계신 너희 아버지께서도 너희의 죄를 용서해 주시지 않을 것이다."

앞서 믿음과 기도의 밀접한 연관성에 관해 교훈하신 예수님은 이제 한 걸음 더 나아가 기도와 용서의 밀접한 연관성에 관해 가르치신다. 기도가 그 효력을 발휘하기 위해서는 먼저 수직적으로 하나님께 대한 믿음이 필요하고, 그 다음에 수평적으로 사람에 대한 용서가 필요하다는 가르침이다. 이른바 기도에 적용되는 '십자가(✝)' 정신이다. 또한 예수님은 사람에 대한 용서가 있을 때, 하나님께로부터 역시 용서받을 수 있다는 교훈도 베푸셨다. 이를 달리 표현하면, 하나님께 죄 용서를 받고자 한다면, 먼저 자신에게 죄 지은 자부터 용서해야 한다는 교훈이다. 일찍이 예수님은 '주기도문' 가운데서 이 같은 가르침을 주셨다.

> "우리가 우리에게 죄 지은 자를 용서한 것처럼, 우리의 죄를 용서하옵소서"(마 6:12; 눅 11:4).

예수님의 권한에 대한 질문 (11:27-33; 마 21:23-27; 눅 20:1-8)

예수님으로 인해 성전은 정리정돈이 되었다. 순례자들은 그 일을 크게 반겼다. 그들은 장사꾼들이 성전 당국자들과 짜고 폭리를 취하고 있음을 다 알고 있었다. 그럼에도 검인정의 도장이 없는 짐승들은 계속해서 퇴짜를 받았기 때문에, 뒷돈이 오고가는 부정부패와 횡포가 있다는 것을 빤히 알면서도 울며 겨자 먹기 식으로 그동안 어쩔 도리 없이 비싼 값에 희생제물을 사들일 수밖에 없었다.

예수님은 그런 성전 당국자들의 비리를 만천하에 폭로했다. 장사꾼들은 '이방인의 뜰'에서 추방당했다. 얼마나 통쾌했던지, 순례자들은 10년 동안 쌓여 있던 체기가 싸악 사라지는 것 같은 시원함을 느꼈다. 예수님이 계시는 동안은 성전 장사꾼들이 다시는 장사판을 벌일 수 없을 것이다. 이번 유월절 장사는 크게 망친 것이다. 그러니 성전 당국자들이나 장사꾼들이 예수님을 원수처럼 보게 될 것은 불 보듯 당연한 일이었다.

예수님 일행은 다시 예루살렘 성읍 안으로 들어갔다. 때는 예수님의 공생애 마지막 일주일 가운데 화요일(주후 30년, 유대 종교력 정월), 예수님은 이때로부터 사흘 후인 금요일에 십자가를 지실 터이다. 예루살렘 성읍 안으로 들어가신 예수께서는 성전으로 올라가 그곳 뜰을 거닐고 계셨다. 장사꾼들은 더 이상 보이지 않았고 순수한 참배객들만 있었다.

예수님의 입가에 미소가 살짝 지어졌다. 바로 그때였다! 대제사장들과 율법 교사들과 장로들이 마치 단단히 벼르고 있었다는 듯 예수께로 나아오더니 따져 묻는다.

"잠깐만, 선생! 당신은 무슨 권한으로 성전에서 사람들을 내쫓으며, 또 무슨 권한으로 사람들에게 가르침을 베푸는 것이오? 도대체 누가 당신에게 그런 일을 할 수 있는 권한을 주었단 말이오?"

유대의 종교 지도자들은 예수를 신성모독죄나 거짓 선지자로 정죄하기 위해 이처럼 공격적으로 질문했다. 저들의 질문은 두 가지였다. '너의 권세가 무엇이냐?' 또 '너의 권세의 근원이 누구냐?' 즉, '누가 네게 이런 일을 할 수 있도록 권세를 주었느냐?' 하는 것이었다. 저들의 송곳 질문에 까딱 잘못 걸리는 날에는 신성모독죄나 거짓 선지자의 누명을 뒤집어쓰고 추방당하거나 처형당할 판국이었다. 이에 예수님은 모든 것을 알면서도 조금도 위축당하지 않고 당당하게 대답하신다.

"그것이 궁금한 것이오? 그렇다면 나도 당신들에게 한 가지 묻겠소. 당신들이 내 질문에 대답하면, 나도 대답해 주겠소."

"무슨 질문이오?"

"요한의 세례는 하나님에게서 나온 것이오, 아니면 사람에게서 나온 것이오?"

요한의 세례는, 세례 요한이 세례(洗禮)를 통해 베푼 그의 사역과 교훈 전반을 가리킨다. 그런데 세례 요한은 예수님을 하나님의 아들이신 '메시아'로 증언했다. 따라서 요한의 세례가 하나님에게서 나온 것이라면, 자연히 예수님의 메시아적 권위도 인정받는 셈이다. 예수님의 질문을 받고, 유대의 종교 지도자들은 혼란에 빠졌다.

그동안 예수에 대한 정보가 갈릴리에서 꾸준히 올라왔기에 어느 정도 예수라는 자를 알고 있다고 생각했다. 그러나 지금 예수의 질문을 받는 순간, 예수가 자신들이 생각하는 것보다 훨씬 더 강력한 자라는 것을 직감한다. 그의 지혜는 도대체 어디에서 오는 것일까? 혹시 하늘이 내린 자는 아닐까? '아니지, 아닐 거야!' 하며, 허튼 생각이라고 머리를 흔든다. 그러나 마음이 답답하고 눈빛이 흔들리는 것은 어쩔 수가 없다. 그들은 서로의 얼굴에서 그런 모습들을 보았다. 그러고는 대답할 적당한 말을 찾지 못하고 잠시 머뭇거리다가 자기들끼리 수군댄다.

'이것 참, 난감하네. 우리가 만일 요한의 세례가 하나님에게서 나온 것이라고 대답하면, 예수 저자는 우리에게 그러면 왜 자기 자신을 받아들이지 않느냐고 하겠지….'

'그러게 말이야. 그렇다고 우리가 요한의 세례를 사람에게서 나온 것이라고 대답하면, 사람들이 우리를 어떻게 생각할는지가 두렵구먼. 모두가 세례 요한을 하나님께서 보낸 예언자로 굳게 믿고 있으니 말일세! 거참, 어떻게 대답해야 하지?'

유대의 종교 지도자들은 한참 동안 수군대며 서로 의논한 끝에 어렵사리 대답한다.

"우리는 알지 못하오."

유대의 종교 지도자들은 이렇게 대답함으로써 자신들의 체면을 살리는 동시에 논점을 피하려 했지만, 사실상 이 같은 답변은 자신들의 패배를 인정한 셈이었다. 예수와의 일전에서 그들은 보기 좋게 패배한 것이다. 그러자 예수께서 여유를 갖고 그들을 향해 입을 여신다.

"지금 알지 못한다고 하였소? 그렇다면, 나도 무슨 권한으로 이런 일을 하는지 당신들에게 대답하지 않겠소."

궁색한 답변으로 물러서는 유대의 종교 지도자들과는 대조적으로, 예수님은 신적인 권위로 당당하게 "나도 대답하지 않겠다."고 말씀하심으로써 유대 종교지도자들과의 쓸모없는 논쟁에 말려들지 않으셨다. 예수님의 지혜가 돋보인다. 사실, 예수님의 가르침에는 귀를 굳게 닫고, 어떠하든 꼬투리를 잡고 시비를 걸어 무언가 약점을 잡아내려는 유대 종교 지도자들과의 논쟁은 백해무익하기 때문이다.

예수께서 산헤드린(공회) 교권자들을 상대하는 동안에 제자들은 긴장감에 오금이 저려 죽는 줄 알았다. 사실, 예루살렘 산헤드린 공회원들을 이렇게 한꺼번에 많이 보는 것도 처음이었다. 그들은 막강한 권력을 지닌 정치적, 종교적 집단이었다. 비록 당시에 유대가 로마의 식민지 상태 하에 놓여있었지만, 그들은 민심을 충동해 봉기를 일으킬 수 있는 막강한 권력집단이었다. 그래서 로마에서 파견된 빌라도 총독부가 눈치를 볼 정도였으니, 그들의 세력이 어느 정도인지는 족히 알 수 있다.

그러하였기에 그들과의 일전에서 스승님이 패하거나 어떤 꼬투리라도 잡혀 체포라도 된다면, 그의 수하들인 제자들에게도 같은 체포령이 떨어질 것이고, 그렇게 되면 자신들의 꿈은 물거품처럼 사라지게 되는 것은 물론, 자신들의 목숨조차 보전할 수 없을 터였다. 그래서 스승님이 산헤드린 교권자들과 아슬아슬하게 줄타기를 하는 동안에 제자들은 차마 내색을 하지 못했지만 속으로는 두려움으로 벌벌 떨고 있었다. 그것은 갈릴리 바다에서 풍랑을 만나 죽을 지경에 처했을 때의 그 공포심에 못지않았다. 다행히 논쟁에서 스승님이 이겼고, 그것도 통쾌하게 저들의 입을 막아버렸다.

'휴, 살았다! 과연 우리 스승님은 대단하신 분이야.'

제자들은 한시름 놓았다. 그들은 오늘 느꼈던 두려움과는 비교할 수 없을 정도로 큰 공포의 쓰나미가 밀려오고 있다는 것은 까맣게 모르는 채, 그날 밤 승리를 만끽하며 곤한 잠에 빠져들었다. 베다니의 밤은 고요하게 깊어갔다.

12

세금과 헌금

세금에 대해 예수에게 물을 때
데나리온 한 잎 가져오게 하네
가이사의 것은 가이사에게
하나님 것은 하나님께 바쳐라

포도원의 악한 소작인 비유(12:1-12; 마 21:33-46; 눅 20:9-19)

때는 예수님의 3년 공생애 중 마지막 한 주간으로, 화요일 아니면 수요일이다. 예수님은 이번 주 금요일에 십자가를 지실 터였다. 이렇게 복음 사역의 최후 막바지에 이른 때, 예수님은 자신이 더는 세상에 머물 시간이 많이 남아 있지 않았으므로, 하나라도 더 가르치고 싶어 혼신의 힘을 다하여 사람들에게 비유를 들어 말씀하신다.

그동안은 기적을 많이 행했지만, 마지막 주간은 제자들과 백성들에게 집중적으로 하늘나라의 교훈을 전하기에 혼신의 힘을 다하였다. 이적은 한두 사람에게 해당된 것이고 그 놀라움은 쉽게 사라지고 잊힌다. 그러나 하나님의 말씀은 마음에 씨앗으로 뿌려져 나중에 몇십 배, 몇백 배로 열매를 맺게 될 터였다.

"여러분, 어떤 사람이 포도원을 일구어 울타리를 둘러치고, 포도즙 짤 구덩이를 파고, 망대를 세웠소. 그런 뒤에 주인은 그 포도원을 소작인들에게 맡기고 멀리 여행을 떠났소. 세월이 흘러 어느덧 수확할 때가 이르자, 주인은 소작인들에게서 포도원의 소출을 받아 오라고 자신의 종을 보냈소."

유대 농부들은 나무를 심어 울타리를 대신했다. 그리고 외부의 침입자를 살펴보고 막기 위해 망대를 세웠다. 망대의 높이는 보통 5m가량 되었다. 망대는 농부들이 거하는 곳이기도 하며, 때로는 소출을 보관하는 창고로도 사용되었다. 이런 광경은 이스라엘 사회에서 흔히 볼 수 있었기에, 예수님의 말씀은 사람들의 귀에 친숙하게 들렸다. 이처럼 비유는 심오한 진리를 쉽게 풀어내는 효과가 있다. 예수님의 비유는 계속 이어진다.

"그런데 말이오, 소작인들은 포도원의 소출을 내놓기는커녕 주인이 보낸 그 종을 붙잡아 때린 후에 빈손으로 돌려보냈소. 그러자 주인은 다른 종을 다시 소작인들에게 보냈소. 하지만 소작인들은 그 종도 마찬가지로 머리를 때리고 심하게 모욕한 후에 그냥 돌려보냈소."

"저런!"

"그러자 주인은 또 다른 종을 보냈소. 그랬더니 이번에는 아예 그 종을 죽여 버렸소. 그래서 주인이 다음에는 더 많은 종들을 한꺼번에 보냈소. 그랬더니 소작인들은 그들을 더러는 때리기도 하고, 더러는 죽이기도 하였소. 물론, 아주 뻔뻔하게도 포도원 소출은 하나도 내놓지 않았소."

"에구, 저런! 못된 소작인들이 다 있나! 참으로 악한 자들이로세."

예수님의 비유를 듣고 있던 사람들은 모두가 혀를 끌끌 차며 소작인들의 악한 행위를 개탄했다. 그 비유의 마지막 칼끝이 이스라엘의 지도자를 향하고, 나중에는 자신들을 겨냥하고 있음을 알아차리지 못한 청중들은 포도원 소작농들을 욕한다. 예수님의 비유는 계속 이어진다.

"이제 포도원에 보낼 사람이라곤 한 사람밖에 남아 있지 않았소.

바로 주인이 가장 사랑하는 아들뿐이었소. 그래서 주인은 마지막으로 자기 외아들을 보내며 생각하기를 '저들이 아무리 악해도, 내 아들만은 존중해 주겠지. 설마 내 아들에게까지는 악한 짓을 행하지 않겠지.' 하였소."

예수님의 생생하고 흥미진진한 비유에 청중들은 이어지는 내용이 무척이나 궁금한 듯 침을 꿀꺽 삼키며 귀를 기울인다.

"그러나 주인의 생각이 순진하였소. 소작인들은 주인의 아들이 오는 것을 보고는 서로 수군거리기를 '잘 됐다! 저 사람은 포도원의 상속자다. 그러니 아예 그를 죽여 버리자. 그러면 포도원은 결국 우리 차지가 되겠지.' 하였소."

"세상에나! 저런 나쁜 놈들! 천벌을 받을 놈들!"

군중들은 마치 자신들의 일인 양 저마다 화를 내며 악한 소작인들을 욕했다.

"여러분, 그래서 결국 소작인들은 주인의 아들까지 붙잡아 가차 없이 죽인 다음, 그 시신을 포도원 밖으로 던져버렸소."

그 당시 팔레스타인에서는 상속할 사람도 없고 주인도 없는 땅은 먼저 주장하는 자가 합법적으로 소유할 수 있었다. 그래서 비유 속에 등장하는 소작인들도 하나밖에 없는 주인의 아들을 살해하면 상속자가 사라지고 포도원을 자신들이 차지할 수 있을 것이라고 생각해서 무모하게 일을 저지른 것이다.

"자, 사정이 이러하다면 포도원 주인이 그들을 어떻게 하겠소?"

"그야 인정사정 볼 것 없이 악한 소작인들을 처벌하겠지요!"

"그렇소! 크게 화가 난 주인은 부리나케 돌아와서, 악한 소작인들을 모두 죽여 버리고, 그 포도원을 다른 착한 소작인들에게 맡길 것이오."

예수께서 '포도원의 악한 소작인 비유'를 통해 말씀하고자 하신 교훈의 핵심은 이것이다. 악한 소작인 같은 유대의 종교 지도자들이 하나님께서 줄곧 보내신 선지자들(종들)을 능욕하고 죽였으며, 심지어 하나님의 독생자인 예수(아들)까지 잡아 죽이는 죄악을 저질렀다는 것이다. 그리하여 결국엔 유대의 종교 지도자들이 그들의 죄악으로 인해 하나님의 두려운 진노의 심판을 받게 될 것이라는 내용이다. 이는 결과적으로 이스라엘 전체가 심판받아야 할 몫이다. 이제 예수님은 구약성경 중 시편의 한 구절을 인용하시면서 비유를 마치신다.

"당신들은 성경에서 이런 구절을 읽어보지 못했소?"

"무슨 구절 말이오?"

"귀 기울여 잘 들어보시오."

> "건축자들이 버린 돌이 집 모퉁이의 머릿돌이 되었구나. 주께서 이 같은 일을 행하셨으니, 그 얼마나 놀라운 일인가"(시 118:22-23).

이 말은, 건축자들에 해당하는 유대의 종교 지도자들이 메시아이신 예수의 참된 가치를 알지 못하여 예수를 배척하고 버려 십자가에 못박아 죽일 것이지만, 마침내 하나님께서 예수님을 죽음으로부터 살려내셔서 열방의 머릿돌로 삼으시는 놀랍고 기이한 일을 행하실 것이라는 의미다. 한편, '머릿돌'은 건물이나 가옥의 주춧돌(초석)을 가리키는데, 이 돌은 건물(혹은 가옥)을 유지하는 데 가장 중요하고 필수적인 돌이다.

군중들 속에 섞여 예수님의 비유를 처음부터 끝까지 듣고 있던 유대의 종교 지도자들, 곧 대제사장들, 바리새인들, 율법 교사들 곧 서기관들, 사두개인들은 그 비유가 자신들을 두고 하신 이야기인 줄 즉시 알아차렸다.

'아니, 예수 저자가 감히 우리를 능욕하다니!'

유대의 종교 지도자들은 이를 갈면서 예수를 잡아 죽이려고 체포할 방도를 찾았다. 하지만 예수님을 따르는 수많은 군중들이 두려웠기 때문에 예수께 어찌 손을 대지 못하고 속으로 분을 삭이며 그냥 가버렸다.

로마 황제에게 세금을 바치는 문제(12:13-17; 마 22:15-22; 눅 20:20-26)

"에잇, 아무리 생각해도 분해 죽겠네. 그자가 우리를 악한 소작인에 비유하다니…. 뭐라? 하나님의 아들을 잡아 죽인 벌로 우리가 하나님의 심판을 받게 될 거라고? 그런 말도 안 되는 소릴 군중들에게 마구 지껄이다니!"

유대의 종교 지도자들은 분을 삭이지 못했다. 생각할수록 화가 치밀어 올랐다. 그래서 그들은 어떡하든지 수단과 방법을 가리지 않고 예수의 말에서 꼬투리를 잡아 예수를 체포할 빌미를 얻기 위해, 바리새파 사람들과 헤롯 당원 몇 사람을 예수께 보냈다. 물론 사전에 예수를 걸고넘어질 시나리오가 있었다. 그건 정치적으로 예수를 옭아매는 것이었다. 그들이 예수께로 나아와서 짐짓 점잖게 말한다.

"선생님, 우리는 선생님이 진실한 분인 줄 알고 있습니다. 참으로 선생님은 어느 누구에게도 얽매이지 않고, 하나님의 말씀을 참되게 가르치는 분인 줄 압니다. 그러니 지금 우리가 묻는 것에 대해 옳은 길을 가르쳐 주십시오."

"그게 무엇이오?"

"우리가 로마 황제에게 세금을 바치는 것이 옳습니까, 아니면 바치지 않는 것이 옳습니까? 세금을 바쳐야 합니까, 바치지 말아야 합니까?"

간교한 질문이었다. 유대인들 중 바리새인들은 로마정부에 세금 내는 것을 몹시 싫어하던 부류였다. 그들과는 반대로, 헤롯 당원들은 그것을 적극적으로 지지한 부류였다. 이 두 부류의 상반된 사람들이 민감한 세금 문제로 예수를 정치적 올무에 빠뜨릴 요량으로 함께 힘을 모았다. 아무리 날고뛰는 예수라 해도 이번 문제만큼은 빠져나가지 못할 것이라 확신했다.

만일 예수가 로마정부에 세금 바치는 것을 긍정하면 국수주의자들인 바리새인들이 예수님을 매국노로 몰아가고, 만일 그것을 부정하면 친

(親)로마 집단인 헤롯 당원들이 예수를 로마정권의 반역자로 몰아가려는 속셈이었다.

한편, 여기서 유대인들이 로마정부에 바치는 세금이란 '인두세(人頭稅)'를 가리킨다. 주후 6년 이후에 부과된 세금으로 남자 14-65세, 여자 12-65세까지 매년 일인당 노동자 하루치의 품삯에 해당하는 1데나리온씩 바치는 세금이다. 바리새인들과 헤롯 당원들의 질문을 받고서, 예수께서는 그들의 간교한 속셈을 다 아시고 담담하게 대답하신다.

"어찌하여 당신들은 나를 시험하여 내게 덫을 놓으려 하는 것이오?"

"그, 그게 아니라… 다만 궁금해서…."

속셈을 들킨 바리새인들과 헤롯 당원들은 쩔쩔매며 억지 변명을 했다. 그렇지만 예수께서는 더는 따지지 않고 말씀하신다.

"데나리온 한 닢을 가져와 내게 보여주시오. 그러면 가르쳐 주겠소."

데나리온(Denarius)은 신약시대에 가장 널리 통용되던 로마제국의 은화(銀貨)인데, 3.88g 정도인 그 동전에는 로마 황제(가이사)의 흉상이 새겨져 있었다. 그들은 어쨌든 예수가 자신들의 계략에 말려들었다고 생각하면서 얼른 동전을 가져와 예수께 주었다. 그러자 예수께서 그 동전을 그들에게 도로 보여주며 물으신다.

"이 동전에 새겨진 초상이 누구요? 누구라고 글씨가 새겨져 있소?"

예수님 당시에 사용된 로마의 화폐, 데나리온 동전.

예수께서 바리새인들과 헤롯 당원들에게 동전의 초상과 거기 새겨진 글을 보라고 하신 까닭은, 동전에 새겨진 그 통치자에게 세금을 내는 관례를 상기시키기 위해서였다.

"그야… 동전에 새겨진 초상은 로마 황제(가이사)의 얼굴이고, 거기엔 '로마 황제(가이사)'라는 글씨가 새겨져 있습니다."

그랬다. 당시 통용되던 데나리온에는 로마 황제의 흉상(胸像)과 로마 황제를 칭송하는 글이 새겨져 있었다. 예수님 당시의 로마 황제는 디베료(Tiberius, AD 14-37년)인데, 그는 자신의 재위 기간에 데나리온을 만들고, 전면에는 자신의 흉상과 함께 '가이사 디베료, 신성한 아구스도의 아들, 만인의 주'라는 글을 새겼다. 그리고 뒷면에는 자신의 모친인 리비아(Livia)의 초상을 새겨 넣었다. 바리새인들과 헤롯 당원들의 대답을 듣고서 예수께서 그들에게 말씀하신다.

"그렇소! 로마 황제(가이사)의 것은 로마 황제(가이사)에게 바치고, 하나님의 것은 하나님께 바치도록 하시오."

참으로 절묘한 대답이었다. 그 결과, 두 부류의 사람들(바리새인들, 헤롯 당원들)은 누구도 예수님의 대답에 반박하거나 그것을 꼬투리 잡아 올무를 씌울 수 없었다. 예수님은 하나님의 율법을 인정하면서도, 다른 한편으로는 인간의 정부도 인정하셨던 것이다. 하지만 사실상 이것은 하나님의 왕국과 가이사(로마 황제)의 왕국이 서로 별개의 것이 아니라, 모든 권세는 하나님께로부터 비롯되었다는 하나님의 주권에 근거한 답변이었다.

"가이사의 것은 가이사에게, 하나님의 것은 하나님께!"

"그렇습니까? 그

럼, 그렇게 하지요."

바리새인들과 헤롯 당원들은 허를 찔린 듯 무척 당황한 어투로 예수님의 대답에 우물쭈물 응한다. 그러나 속으로는 예수님의 대답에 입을 다물지 못하고 크게 놀라며 감탄했다. 비록 자기들의 적이며 경쟁자이긴 해도 저렇게 명쾌하게 정리를 해준 사람은 여태껏 들은 적도 본 적도 없었기 때문이다.

부활에 관한 논쟁(12:18-27; 마 22:23-33; 눅 20:27-40)

바리새인들과 헤롯당원들이 예수를 쓰러뜨리는 데 실패하자 이번에는 사두개파 사람들이 나섰다. 예수님 당시의 유대 종교 지도자들 가운데 바리새인들과 더불어 '사두개파 사람들'이라고 불리는 사두개인들이 있었다. 이 종파의 이름은 다윗과 솔로몬 시대의 대제사장이었던 '사독'의 이름에서 비롯되었다.

이들 사두개인들은 율법주의자이며 형식주의자인 바리새인들과는 달리, 부활이나 영생 같은 내세(來世)를 부정하고 천사와 사탄 같은 영계(靈界)도 부인하는 극도의 현실주의자들이었다. 그들은 구약성경 가운데 모세오경만을 인정하였고, 구약성경에 대한 전통적인 해석을 거부하고, 그 말씀들을 현세적이고 합리적인 방법으로 해석하였다. 이처럼 부활이란 있을 수 없다고 주장하는 사두개파 사람들 몇 명이 예수께 나아와서 질문을 한다. 물론, 예수를 시험하여 함정에 빠뜨리기 위해서다.

"선생님, 모세 율법에는 형이 자식 없이 죽으면 그의 동생이 형수와 결혼하여 형의 이름으로 자식을 낳아주어야 한다고 기록되어 있습니다."

그랬다. 모세의 신명기 율법은 어느 형제가 후사(後嗣) 없이 죽은 경우에는, 남은 형제가 홀로 된 죽은 형제의 아내와 결혼하는, 이른바 계대결혼(繼代結婚)을 인정하였다. 그 이유는 분명했다. 그것은 죽은 형제의 대를 이을 자식을 낳아줌으로써 후사 없이 죽은 형제의 가문을 일으켜 세워, 그의 집안과 유산이 계승되도록 하기 위해서였다. 따라서 계대결혼을 통해 낳은 첫 아들은 죽은 형제의 이름을 이어나갔다. 사두개인들은 이 같은 율법에 근거해서 질문을 이어나간다.

"그런데 선생님, 어느 집안에 일곱 형제가 있었습니다. 맏형이 결혼했는데 자식 없이 그만 죽자, 율법에 따라 둘째가 형수와 결혼했습니다. 그런데 둘째도 자식 없이 죽자, 이번에는 셋째가 형수와 또 결혼했습니다. 그러나 셋째 역시 자식 없이 죽었습니다…."

'도대체 무얼 말하려고 하는 게지?'

청중들 가운데는 사두개파 사람들의 심중을 파악하지 못하고 궁금증을 더해가는 사람들이 있었다. 예수님은 그들이 하는 말을 가만히 듣고 계셨다. 얼굴에는 아무런 표정도 없었다. 사두개인들은 예수를 옭아매려는 일념으로 자기들의 말을 이어나간다.

"이렇게 해서, 차례대로 일곱째까지 형수와 결혼했지만 모두가 자식 없이 죽었습니다. 그러다가 마침내 그 여자까지도 죽었습니다."

"그렇군요! 그런 일이 일어난다는 건 쉽지 않은데…."

예수님은 이미 그들의 속셈을 파악하고 있었다. 그들은 계대결혼법을 이용해서 자신을 옭아매려 하는 것이다. 그러나 짐짓 모른 척한다. 사두개파 사람들은 이제 한 방 크게 먹일 요량으로 예수님의 의견을 묻는다.

"자, 그렇다면 선생님! 이런 경우에 부활의 때가 되면, 그 여자는 누구의 아내가 되어야 합니까? 일곱 형제가 모두 한 여자를 아내로 삼았는데 말입니다."

사두개인들은 속으로 킥킥 웃고 있었다. 사두개인들의 관심은 모세 율법이 정한바 계대결혼 자체가 아니었다. 그들은 단지 부활의 개념이 아주 허무맹랑하다고 믿고, 부활을 조롱하기 위해 억지스런 경우를

예수께서 사두개인들과 부활에 관한 논쟁을 벌이시다.

고안해낸 것이다. 예수께서 그들의 악한 속셈을 모를 리 없었다. 아주 권위 있는 어투로 그들에게 대답하신다.

“지금 당신들은 성경도 모르고 하나님의 능력도 모르기 때문에 그런 허황된 생각을 하는 것이오.”

“아니, 무슨 말을 그렇게 심하게…. 우리 생각이 허황되다니요!”

“내 말을 똑똑히 잘 들으시오. 사람이 죽음에서 다시 살아나는 부활의 때에는 현세처럼 결혼을 하지 않소. 그때는 사람들이 장가도 가지 않고, 시집도 가지 않소. 그때에 사람들은 하늘나라에 있는 천사들처럼 될 것이오.”

하나님은 자신을 섬기고 자신의 임무를 수행토록 하기 위해 영적(靈的) 존재인 천사를 만드셨다. 필요한 수효만큼 만드셨으므로, 영적 존재인 천사들은 사람과는 달리 결혼을 통해 더 이상 번식하지 않는다. 천사의 임무는 하나님의 심판을 수행하고, 하나님의 메시지를 전달하며, 하나님의 백성을 보호한다. 그래서 하나님은 지상에서 어떤 일을 하고자 하실 때, 혹은 어떤 사람에게 중요한 메시지를 주고자 하실 때 종종 천사를 보내셨다. 천사들은 각자 고유의 직위와 이름도 가지고 있다. 성경에서 그 이름이 언급된 두 천사가 있는데, '가브리엘'과 '미가엘'이 바로 그들이다. 여기서 예수님은 부활의 때에는 사람들도 천사들처럼 결혼하는 일이 없을 것이라고 말씀하신 것이다.

"아니, 대체 그게 무슨 말씀이오? 부활의 때에는 결혼하는 일이 없다니! 그렇다면 선생님은 부활이 분명 있다는 것이오?"

"그렇소! 부활은 분명히 있소. 자, 죽음에서 다시 살아나는 부활에 관해 말해 봅시다."

예수님의 역습에 사두개파 사람들은 움찔했다.

"당신들은 모세의 책에서 읽어 보았을 것이오. 떨기나무가 불타는 가운데 하나님께서 모세에게 하신 말씀 말이오. 하나님은 모세에게 이르시기를 '나는 아브라함의 하나님이요, 이삭의 하나님이며, 야곱의 하나님이니라.' 하시지 않았소?"

"그런 말씀이 출애굽기에 기록되어 있는 것으로 알고 있소."

"맞소! 그렇다면 그 말씀이 무얼 뜻하겠소? 어찌하여 하나님은 아브라함의 하나님도 되고, 아브라함의 아들인 이삭의 하나님도 되며, 또 이삭의 아들인 야곱의 하나님도 되는 것이냔 말이오?"

"그건…."

"그건 바로 하나님은 죽은 자들의 하나님이 아니라, 살아있는 자들의 하나님이란 뜻이오. 사람들이 죽었다가 다시 부활하여 살아나기 때문에, 하나님은 언제까지나 살아있는 자들의 하나님이 된다는 뜻이란 말이오. 그렇지 않소? 그러니 부활이 없다는 당신들의 생각이 크게 잘못된 것이오."

예수님의 명쾌한 답변에 사두개인들은 달리 반박할 말이 없었다. 그들은 신명기에 나타난 성경 말씀을 들어 예수님을 시험했지만, 예수님

역시 출애굽기에 나타난 성경 말씀을 들어 부활을 밝히 입증하셨기 때문이다. 그들은 머리를 긁적이며 멋쩍게 돌아갔다.

가장 크고 중요한 계명(12:28-34; 마 22:34-40; 눅 10:25-28)

때마침 그 자리에 있던 율법 교사들 가운데 한 명이 예수님과 사두개인들 간에 토론하는 것을 주의 깊게 듣고 있었다. 그는 나사렛의 젊은 랍비가 사두개인들의 질문에 아주 명쾌하게 답변하는 모습을 인상 깊게 지켜보고는, 예수께 가까이 다가와 다른 질문을 던진다.

"선생님, 질문이 하나 있습니다."

"무엇이오?"

"율법에 기록된 모든 계명들 중에서 어느 것이 첫째가는 계명입니까?"

이 율법 교사의 질문에는 불순한 저의가 조금도 없었다. 그는 사두개파 사람들의 논조를 가볍게 격파하시는 예수님의 지혜에 순수한 존경심을 품고 질문한 것이다. 예수님도 그런 사실을 알고서 지체 없이 즉각 대답하신다.

"가장 크고 중요한 계명은 바로 이것이오. 그것은 곧 '이스라엘아 들으라. 우리 하나님, 여호와께서는 유일한 분이시다. 그러므로 네 마음을 다하고, 네 목숨을 다하고, 네 생각을 다하고, 네 힘을 다하여 여호와이신 네 하나님을 사랑하라.' 하는 계명이오."

내친 김에 예수님은 율법 교사가 묻지도 않은 둘째가는 계명까지도 말씀하신다.

"둘째가는 계명도 궁금하지 않소? 그것은 '네 이웃을 네 몸같이 사랑하라.' 하는 계명이오. 이 두 계명보다 더 크고 중요한 계명은 없소."

이때 예수님은 모든 계명의 대헌장인 십계명을 두 가지 계명으로 요약하셨다. 즉, 십계명의 전반부는 하나님께 대한 계명으로, 그 핵심은 '하나님 사랑'이다. 그리고 십계명의 후반부는 사람에 대한 계명으로,

그 핵심은 '이웃 사랑'이다. 가장 크고 중요한 계명이 무엇이냐고 묻는 율법 교사의 질문에, 예수님은 '하나님 사랑'이 첫째가는 계명이고, 이어 '이웃 사랑'이 둘째가는 계명이라고 아주 명쾌하게 답변하셨던 것이다.

예수님의 답변을 듣고서, 그 율법 교사가 응답한다.

"그렇습니다, 선생님! 과연 하나님은 한 분뿐이시고, 그분 외에 다른 신이 없다고 하신 성경 말씀은 백번 옳은 말씀입니다. 또한 마음을 다하고, 지혜를 다하고, 힘을 다하여 하나님을 사랑하는 것과 자기 이웃을 자기 몸과 같이 사랑하는 것이 번제물과 희생제물을 바치는 것보다 훨씬 더 중요합니다."

"오호, 그렇지요!"

예수께서는 그 율법 교사의 현명한 대답을 들으시고 속으로 기뻐하시며 말씀하신다.

"당신은 하나님의 나라에서 멀리 떨어져 있지 않소."

성경에서 예수님이 율법 교사를 칭찬한 첫 번째 경우다. 그도 그럴 것이 이 율법 교사의 대답은 틀린 구석이 하나도 없기 때문이다. 예수님 당시에 바리새인들을 비롯하여 거의 모든 율법 교사들은 말씀의 올바른 의미를 이해하지 못한 채 형식적인 율법주의에 얽매여 있었다. 그런데 놀랍게도 이 율법 교사는 하나님을 사랑하고 이웃을 사랑하는 것이 모든 번제물보다 낫다고 말함으로써 율법의 참된 가르침을 올바로 이해하고 있었다. 그래서 예수님은 이 율법 교사의 영적 분별력을 칭찬하시면서, 그가 하나님 나라로 인도 받을 수 있는 가능성이 충분히 있음을 인정해 주셨던 것이다.

"아, 참으로 예수님은 모르는 게 없는 분이시구나!"

군중들은 어려운 질문으로 도전하는 사두개인들과 율법 교사를 자유자재로 다루시는 예수님을 보고는 저마다 감탄을 금치 못했다. 그래서 이후로는 아무도 감히 예수께 더 묻는 사람이 없었다.

그리스도와 다윗의 자손(12:35-37; 마 22:41-46; 눅 20:41-44)

때는 예수님의 공생애 마지막 해(주후 30년), 마지막 주간의 수요일쯤. 이제 이틀 후면 십자가에 매달리실 예수님은 분초를 아껴 사람들을 부지런히 가르치셨다. 여기는 예루살렘 성전의 뜰, 예수께서 사람들을 가르치고 계신다.

"여러분, 어찌하여 율법 교사들은 그리스도(메시아)를 '다윗의 자손'이라 말하는 것입니까? 일찍이 다윗은 성령의 감화를 받아 친히 이렇게 말하지 않았습니까?"

그러면서 예수님은 다윗이 한 말을 인용한다.

> "여호와께서 나의 주 그리스도(메시아)께 말씀하시기를 '내가 네 원수들을 네 발 아래 굴복시킬 때까지, 너는 내 오른편에 앉아 있어라.' 하셨도다" (시 110:1).

"자, 보십시오. 이렇듯, 다윗은 그리스도(메시아)를 '주'라고 불렀는데, 어떻게 그리스도가 다윗의 자손이 될 수 있겠습니까?"

이때 예수님은 다윗이 쓴 시편 110장 1절을 인용하셨다. 이 시편을 쓸 때 다윗은 이스라엘의 왕이었다. 따라서 다윗이 '주'라고 부를 대상은 그리스도(메시아) 외에는 달리 누구도 없다. 사람들 중에는 다윗 왕보다 더 높은 자가 없기 때문이다. 그러므로 예수님은 이스라엘 왕 다윗이 '주'로 칭한 그 메시아는 단순히 유대인들이 기대하는 정치적인 군주 이상의 존재가 되어야 함을 지적하셨다. 즉, 메시아는 다윗의 자손 이상이 되는, 하늘의 신적 존재가 되어야 함을 일깨워 주시면서 자신이 바로 그 메시아임을 암시해 주신 것이다.

"아, 맞아. 정말 그렇군!"

"어? 그렇네. 듣고 보니, 예수님의 말씀이 하나도 틀리지 않네!"

예수님의 가르침에 많은 사람들이 크게 감탄하면서 기쁘게 그 말씀을 받아들였다. 지금껏 유대의 종교 지도자들에게서는 한 번도 들어보지 못한 아주 신선하고도 놀라운 가르침이었기 때문이었다.

율법 교사들을 조심하라(12:38-40; 마 23:1-36; 눅 20:45-47)

여전히 예루살렘 성전 뜰, 예수께서는 거기에 모인 사람들에게 또 다른 가르침을 베푸신다.

"여러분, 여러분은 율법 교사들을 조심해야 합니다! 그들은 긴 예복을 차려입고, 장터를 돌아다니면서 사람들에게 인사 받기를 좋아합니다. 또한 그들은 회당에서 제일 높은 자리만 찾고, 잔칫집에서도 윗자리에만 앉습니다."

유대의 종교 지도자들인 대제사장들, 바리새인들, 율법 교사들 곧 서기관들, 그리고 사두개인들 같은 자들의 명예욕을 경계하라는 가르침이다. 그들은 자신들을 다른 사람들과 구별 짓고, 자기 신분을 돋보이게 하려고 바닥에 끌릴 정도로 길고 술 장식이 달린 특별한 겉옷을 입었다. 그런 자들은 언행일치의 진솔한 삶을 통해 자연스럽게 명예를 얻는 것이 아니라, 가식적이고 위선적인 삶을 통해 억지로 명예를 추구했다.

이때 예수님이 언급하신 두 자리, 곧 회당의 상좌와 잔칫집의 상석은 명예욕을 대변하는 대표적인 두 자리다. 당시 종교 지도자들 사이에는 누가 상좌와 상석을 차지하느냐 하는 문제로 자주 질시와 반목이 발생하곤 했다. 예수님의 가르침은 이어진다.

"뿐만 아닙니다. 그들은 과부들의 재산을 가로채어 빼앗고, 남에게 보이려고 길게 기도합니다. 그러므로 그런 사람들은 장차 더 엄중한 벌을 받게 될 것입니다."

종교 지도자들의 탐욕과 위선을 경계하라는 가르침이다. 예수님 당시 타락한 종교 지도자들은 자신들의 종교적 지위를 남용하여 과부,

고아, 나그네 같은 가난하고 소외된 자들의 재산을 착취했다.

또한 그들은 하나님께 보이려고 기도하는 것이 아니라, 다른 사람들에게 자신의 경건함을 과시하려고 실속 없는 내용을 중언부언 장황하게 기도하곤 했다. 그래서 사람들에게 감명을 주고 신용과 명예를 얻으려고 애썼다. 참된 신앙과는 상관없이, 오로지 자신의 입지를 공고하게 다지기 위함이었다. 예수님은 그런 자들의 화려한 행동, 부패한 탐욕, 위선적 모습을 지적하고 꾸짖었다.

가난한 과부의 헌금을 칭찬하심 (12:41-44; 눅 21:1-4)

때에 예수님은 예루살렘 성전 뜰을 두루 돌아다니시면서 사람들에게 하나님의 말씀을 가르치고 계셨다. 그러던 중에 예수님은 성전 뜰에 놓여 있는 헌금함 맞은편에 앉으셨다. 이 헌금함은 놋쇠로 만든 나팔형의 함(函)으로, 성전 경내의 맨 바깥쪽인 '여인의 뜰'에 놓여 있었다. 당시 여인의 뜰 맞은편 벽에는 이런 헌금함이 13개 놓여 있었다. 이런 헌금함에 모인 헌금은 성전 유지와 빈민 구제를 위해 사용되었다. 헌금함의 맞은편에 앉으신 예수님은 사람들이 헌금함에 돈 넣는 모습을 아무 말 없이 한동안 가만히 지켜보고 계셨다.

'흐흠…, 많이들 헌금 하는군….'

헌금함에 많은 돈을 집어넣는 부자들이 적지 않았다. 그런데 그런 부자들 틈에 끼여 어떤 여인 하나가 헌금함에 조심스럽게 다가와서는 겨우 두 렙돈, 곧 한 고드란트 되는 돈을 헌금함에 집어넣는 모습이 보였다. 그녀는 남편을 잃은 가난한 과부였다.

여기서 '렙돈'은 헬라의 화폐 단위이고 '고드란트'는 로마의 화폐 단위다. 렙돈은 당시 이스라엘 사회에서 통용되던 가장 소액의 동전으로, 당시 노동자 하루 품삯인 1데나리온의 128분의 일(1/128)에 해당하는 작은 가치를 지녔다(그러니까 오늘날 하루 품삯을 10만 원으로 계산한다

예수께서 가난한 과부의 헌금을 칭찬하시다.

면, 1렙돈은 대략 780원의 가치를 지녔다고 볼 수 있다). 그리고 고드란트는 두 렙돈에 해당되는 가치를 지녔다.

'흠…, 참으로 가난한 과부로구나. 하지만 그녀의 믿음은 참으로 크구나….'

가난한 과부가 헌금함에 두 렙돈 넣는 것을 보신 직후, 예수께서는 제자들을 자신의 곁에 가까이 불러놓고 말씀하신다.

"내가 진정으로 너희에게 말한다. 보라, 저 가난한 과부가 다른 누구보다도 더 많은 돈을 넣었다. 다른 부자들이야 넉넉한 가운데서 조금 떼어내어 넣었지만, 저 과부는 당장 입에 풀칠하기도 힘든 지극히 가난한 중에서도 자신이 가진 생활비 전부를 바쳤기 때문이니라."

예수님은 헌금의 양보다 그 헌금에 담긴 정성을 보셨다. 여기서 '생활비'는 하루 벌어 하루 먹는 일용 근로자의 최저 생계비를 가리키는 말로, 말하자면 가난한 과부는 자신의 생명과 직결되는 생활비 전부를 바쳤음을 보여준다. 이처럼 헌금에 관한 가르침에서 예수님은 헌금의 액수보다 헌금 바치는 자의 마음자세, 그의 생활 형편과 처지, 그리고 마음에서 자발적으로 우러나는 믿음 등이 더욱 중요한 요소로 평가된다고 말씀하셨다.

13

세상 끝날의 징조와 재림

그날에는 태양도 달도 빛이 없네
별도 하늘도 크게 흔들릴 때
어느새 인자가 구름을 타고 임하여
온 사방에서 택한 자를 모으리라

성전 파괴에 대한 예언 (13:1-2; 마 24:1-2; 눅 21:5-6)

때는 예수님의 공생애 마지막 해(주후 30년경)의 마지막 달(유대 종교력 정월), 마지막 주간의 수요일쯤. 아침부터 사람들에게 여러 교훈을 베푸신 예수께서 이제 날이 저물려고 하자 예루살렘 성전을 떠나려 하셨다. 그때, 제자들 가운데 한 명이 성전을 가리키며 감탄어린 어조로 말한다.

"저길 보십시오! 스승님, 얼마나 크고 멋진 돌들입니까! 참으로 아름답고 굉장한 건물들이지 않습니까!"

당시 예루살렘 성전은 헤롯 왕이 증축했다고 하여 '헤롯 성전'이라고도 불렸다. 유대인과 사이가 좋지 않았던 헤롯 왕조가 유대인의 호의를 얻기 위해 증축한 건물이다. 성전은 크고 하얀 돌들과 풍부한 금장식으로 지어졌다. 어떤 돌은 높이가 11.3m에 너비가 5.5m에 달했다고 한다. 주후 1세기의 유대 역사가인 요세푸스는 성전의 아름다움을 묘사하면서

"금을 입히지 않은 부분은 모두 순백색으로 보였다"라고 기록하였다.

성전은 웅장한 아름다움과 함께 예루살렘 도성의 6분의 1을 차지할 정도였으니, 그 화려함과 위엄, 장대함은 그 성전을 바라보는 이마다 감탄을 금치 못했다. 예수님의 제자 역시 조금도 다름이 없었다. 예수께서 성전을 보며 감탄을 발하는 제자의 말을 듣고 그에게 말씀하신다.

"이 건물들이 그렇게도 아름답고 멋져 보이느냐? 그러나 장차 이 건물들의 돌 하나도 다른 돌 위에 얹혀 있지 못하고 다 무너져 내리고 말 것이니라."

"네엣? 그, 그게 무슨 말씀이신지…?"

이때 예수님은 장차 있을 예루살렘 성전의 철저한 파괴를 예언하신 것이다. 과연 예수님의 이 예언이 있은 때로부터 43년가량 흐른 주후 70년, 디도(Titus) 장군이 이끄는 로마 군대의 공격으로 예루살렘 성전은 본 건물을 포함하여 모든 부속 건물들까지 돌 위에 돌 하나 얹혀 있지 않을 정도로 철저히 파괴당하고 말았다. 그렇게 된 까닭은, 성전이 본래의 참된 신앙의 기능을 상실하고, 단지 겉모습만 크고 화려한 건물에 지나지 않았기 때문이다. 나아가 이스라엘 백성들이 메시아(그리스도)이신 예수를 알아보지 못하고 십자가에 못 박아 죽인 데 대한 징벌이었다.

말세에 임할 재난의 징조 (13:3-13; 마 24:3-14; 눅 21:7-19)

성전을 빠져나온 예수께서는 예루살렘 성전의 맞은편에 위치한 올리브산(감람산)에 올라가 앉아 계셨다. 그때, 예수님의 제자들 중 베드로와 야고보와 요한과 안드레가 따로 예수께 나아와 조용히 묻는다.

"스승님, 저희에게 말씀해 주십시오. 언제 그런 일이 닥치겠습니까? 그런 끔찍한 재난이 일어나기 전에 어떤 징조들이 있겠습니까?"

제자들은 우선적으로 성전이 언제 파괴될는지 알고 싶어 했다. 뿐만 아니라 제자들은 예수님의 재림 때 있을 징조들과 인류 역사의 마지막

"말세에 너희는 미혹을 당하지 않도록 조심하여라."

날에 대해 궁금해했다. 예수님은 제자들의 질문에 답변해 주셨지만, 제자들이 정말 알고 싶어 했고, 모든 크리스천들이 궁금해 하는 사항, 곧 예수님 재림의 정확한 시기에 대해서는 알려주지 않으셨다. 그것은 전적으로 성부 하나님께 속한 주권적인 권한이었기 때문이다.

"너희는 무엇보다 미혹을 당하지 않도록 조심하여라. 마지막 때가 다가오면, 많은 사람들이 내 이름으로 와서는 '내가 그리스도다!' 하고 주장하면서, 숱한 사람들을 속일 것이다. 또 여기저기에서 전쟁이 일어났다는 소문을 듣게 되어도 놀라지 마라. 그런 일이 반드시 일어날 것이지만, 그것이 아직 마지막 때는 아니다. 민족과 민족, 나라와 나라가 서로 대적하여 일어날 것이고, 온 땅의 도처에서 지진이 일어나며, 곳곳의 사람들이 기근으로 큰 고통을 받을 것이다. 그러나 이런 일들은 아직 시작일 뿐이니라."

예수님은 인류 역사의 마지막 날, 곧 재림의 징조에 관해 말씀하셨다. 재림에 앞서 많은 적그리스도들의 출현과 미혹, 전쟁에 관한 잦은 소문 및 실제로 민족과 나라 간의 전쟁 발발, 지구상 도처에서 지진과 기근 등이 발생하게 될 것이라고 가르치셨다. 내용이 심각한 만큼, 제자들은 근심어린 얼굴로 바짝 귀 기울여 듣고 있었다. 예수님의 말씀은 계속 이어진다.

"너희는 정신을 바짝 차려야 한다. 그러한 때에 너희는 법정에 넘겨질 것이고, 회당에서 매를 맞을 것이다. 나를 따른다는 이유로, 위정자들과 왕들 앞에 서서 증언을 하게 될 것이다. 명심하여라. 세상 마지막 날이 오기 전에, 천국 복음이 먼저 온 땅의 모든 민족들에게 전파되어야 한다."

"스승님, 정말로 우리가 붙잡혀 매를 맞고 증언대에 서는 일이 있는 것입니까? 생각만 해도 두렵습니다."

"그렇다. 분명 그렇게 될 것이다. 그러나 너희가 붙잡혀 증언대에 서서 재판을 받을 때 사람들 앞에서 무슨 말을 할까 하고, 미리 염려하지 말아라. 무엇이든, 그때그때마다 성령을 통해 너희에게 주어지는 말을 담대히 증언하여라. 말하는 이는 너희가 아니라 성령이시니라."

"성령께서 우리에게 할 말을 주신다고요?"

"뿐만 아니라 그때에는 형제가 형제를, 아버지가 자식을 배반하여 죽게 할 것이고, 또한 자식들도 부모를 배반하여 죽게 할 것이다. 그리고 너희가 내 사람이라는 이유로, 세상 사람들에게 배척을 당하고 미움을 받을 것이다. 그러나 참고 견뎌라. 끝까지 참고 견디는 사람은 마침내 구원을 얻을 것이다."

예수님은 자신의 부활과 승천 이후 재림이 있을 때까지, 그 기간 동안에 제자들이 겪을 핍박과 박해, 배척과 미움에 관해 알려주셨다. 그러면서 끝까지 참고 견디는 자에게 주어질 소망 찬 구원에 관해 약속해 주셨다. 말하자면, 제자들이 예수님으로 인해 겪는 모든 고난과 핍박은 결코 헛된 것이 아니고, 영원한 생명과 구원을 위해 반드시 통과해야 할 연단이며 시련이라는 뜻이다.

말세에 임할 가장 큰 환난(13:14-23; 마 24:15-28; 눅 21:20-24)

재림과 관련하여, 세상 종말에 있을 여러 일들에 관해 예수님의 말씀은 계속 이어진다. 제자들은 심각한 표정으로 귀 기울여 듣고 있었다. 내용이 무겁고 심각했던 만큼, 제자들의 얼굴빛이 사뭇 진지하다.

"내 말을 듣는 사람은 깨닫기를 바라노니, 그때에 너희가 멸망의 가증한 것이 성전에 서 있는 것을 보거든, 유대 땅에 있는 사람들은 얼른 산으로 피신하여라. 지붕에 있는 사람들은 아래로 내려오지도 말고, 물건을 가지러 집 안으로 들어가지도 말아라. 만일 들판에 있거든, 돈이나 옷을 가지러 집으로 돌아가지 말아라."

재난이 갑자기 아주 긴박하게 임할 것임을 보여주는 말이다. 얼마나 상황이 다급하고 긴박한지, 집안에 있는 물건이나 돈이나 옷을 가지러 집에 돌아갈 시간조차 없을 것이라는 말이다. 한편, 여기서 '멸망의 가증한 것'이란 말은 하나님의 징벌로 인해 멸망할 수밖에 없는 이방신, 또는 아주 가증하고 부정한 그 무엇을 가리키는 말이다. 그런 것이 성전에 서 있다는 것은 거룩한 성전이 지독하게 모독당하고 있다는 뜻이다.

사실, 이스라엘 역사상 이러한 예가 이미 있었다. 주전(BC) 167년경, 침략자인 수리아 왕 안티오쿠스 4세가 부정한 동물인 돼지를 잡아 성전 제단에 올려놓음으로써 성전을 크게 모독했다. 이제 예수님은 세상 종말 및 재림의 징조와 관련하여 또 다른 지독한 성전 모독을 예언하셨다. 그런데 일차적으로 그것은 주후 70년에 성전 파괴자인 로마군대에 의해 일어날 것이고, 궁극적으로는 예수의 재림 전에 적그리스도에 의해 그런 일이 일어날 것임을 예언한 것이다. 예수님의 말씀은 이어진다.

"그 날에는, 임신한 여자들과 젖먹이 딸린 여자들은 참으로 불행하다! 그러므로 너희는 그런 일이 겨울에 일어나지 않도록 해달라고 기도하여라. 참으로 이런 큰 환난의 때는, 하나님께서 세상을 창조하신 이래로 지금까지 없었고 앞으로도 없을 것이다. 그렇다. 만일 주께서 그 환난의 기간을 줄여주시지 않는다면, 살아남을 사람이 하나도 없을 것이다. 그러나 자비로우신 주께서는 택한 자들을 구원하시기 위해 그 기간을 줄여주셨느니라."

재림 전, 곧 세상 종말에 있을 전무후무한 큰 환난과 관련하여 예수님은 그런 환난을 감당하기 어려운 임산부와 젖먹이 딸린 여자들이 참으로 불행하다고 한탄하시면서, 그런 환난의 날이 겨울에 일어나지 않도록, 다시 말해 견디기 어려운 계절에 임하지 않도록 기도하라고 권면하셨다. 팔레스타인의 겨울은 비가 쏟아지는 우기(雨期)이기 때문에 피난을 떠나기에는 아주 부적합했다.

하지만 예수님은 소망의 메시지도 함께 주셨다. 그때의 환난이 전무후무할 정도로 아주 크고 벅찰 것이지만, 하나님의 자비하심으로 인해 그 기간이 많이 줄어들게 될 것이라는 내용이다. 자비로우신 하나님께서 택한 자들의 온전한 구원을 위해 그런 은총을 베푸시게 될 것이라는 말씀이다. 그러므로 끝까지 참고 견디면, 환난의 때가 속히 지나갈 수도 있다는 위로의 말씀이다. 예수님의 말씀은 이어진다.

"그때에 너희가 반드시 조심해야 할 것이 있다. 만일 어떤 사람이 주장하기를 '여기에 그리스도가 있다! 혹은 저기에 그리스도가 있다!' 하더라도, 너희는 그 말을 절대로 믿지 말아라. 왜냐하면 세상 종말에는 많은 거짓 그리스도들과 거짓 예언자들이 나타나서, 하나님의 자녀들을 최대한 속이고 미혹하려고 그들이 할 수 있는 모든 기적들과 놀라운 일들을 다 행할 것이기 때문이니라. 그러므로 너희는 정신을 바짝 차려야 한다! 내가 이 모든 일을 미리 경고하는 것이니, 너희는 부디 삼가고 경계하며 조심 또 조심하여라!"

예수님의 말씀에서 한 가지 의문점이 생긴다. 세상 종말에 출현할 거짓 그리스도와 거짓 예언자들이 하나님의 자녀들을 속이고 미혹하기 위해 정말로 기적들과 놀라운 일들을 행할 수 있느냐 하는 것이다.

결론부터 말하면, 어느 정도 가능하다는 것이다. 그런 자들은 영물(靈物)인 사탄이나 악령(귀신)의 세력에 힘입어 활동하는 자들이므로, 제한된 범위 내에서는 어느 정도 놀라운 일들을 행할 수 있다. 하지만 그것은 참된 기적이 아니라, 연약한 영혼을 미혹하기 위한 일종의 눈속임이나 사기술에 불과하다. 참된 기적과 기사는 그것을 통해 하나님께 영광 돌리고 사람을 구원의 길로 인도한다. 그러하기에 하나님의 자녀된 신자들은 사도 요한이 권면한 대로 거짓 그리스도와 거짓 예언자들을 가려낼 수 있는 영적 분별력을 키워야 한다.

> "사랑하는 형제들이여, 어느 영이든지 무턱대고 다 믿지 말고, 그 영이 정말로 하나님께로부터 나온 영인지 시험해서 분별해야 합니다. 왜냐하면 거짓 영을 소유한 거짓 예언자들이 세상에 많이 나타났기 때문입니다" (요일 4:1).

인자가 다시 오시는 날(13:24-27; 마 24:29-31; 눅 21:25-28)

재림 전, 곧 세상 종말에 있을 여러 징조들에 관해 말씀하신 예수님은 여기서 한 걸음 더 나아가 이제는 재림 때 있을 일들에 관해 말씀하신다. 재림의 당사자가 아니고서는 도무지 알 수도 없고 말할 수도 없는 내용이다. 자, 예수님의 제자들처럼 우리도 귀 기울여 들어보자.

"내가 지금껏 말한 그 큰 환난의 때가 다 경과하면, 보라! 갑자기 태양은 어두워지고 달은 빛을 잃게 될 것이다. 또한 별들이 하늘에서 우수수 떨어지고 모든 천체가 크게 흔들릴 것이다."

재림 때에는 천체(天體)의 질서가 크게 와해될 것이라는 말씀이다. 이 같은 사상은 신구약 성경의 전체에 걸쳐 꾸준히 언급되었는데, 이제 예수님은 그런 사실을 분명히 확인해 주셨다. 그렇다. 예수님 말씀대로, 태초 이래로 변함없이 지속되어 온 물질 세계는 마침내 예수님의 재림을 맞아 실체적이고 가시적으로 큰 변화를 맞게 될 것이다.

"모든 천체가 크게 흔들리는 바로 그 순간, 모든 사람들은 인자가 구름을 타고 큰 권능과 영광에 둘러싸여 이 땅에 임하는 것을 보게 될 것이다. 그리고 바로 그때에 인자는 천사들을 보내어 땅 끝에서 하늘 끝에 이르기까지 택한 자녀들을 하나도 빠짐없이 온 사방에서 다 모을 것이니라."

"그때에 인자가 구름을 타고 오리라."

예수님의 재림 장면이 생생하게 묘사되었다. 살펴보자.

첫째, 세상 마지막 순간에 태양은 어두워지고 달이 빛을 잃으며 별들이 하늘에서 우수수 떨어지는 등 천체가 크게 흔들린다.

둘째, 바로 그 순간에 예수님이 구름을 타고 천군천사들을 거느린 채 큰 권능과 영광 가운데 이 땅에 재림하신다.

셋째, 땅으로 재림하시면서 동시에 예수님은 천사들을 온 땅의 사방으로 보내어 택한바 구원받은 백성들을 하나도 빠짐없이 다 모으신다.

무화과나무의 교훈 (13:28-31; 마 24:32-35; 눅 21:29-33)

세상 마지막 날과 재림에 관한 예수님의 종말론적인 가르침을 듣고 있는 제자들, 그들은 사뭇 걱정되는 얼굴빛으로 마른 침을 꿀꺽 삼킨다.

모두 긴장한 표정이 역력하다. 그런 제자들을 부드러운 눈길로 바라보시며 예수님은 계속해서 말씀하신다.

"나의 제자들아, 너희는 무화과나무를 보고 교훈을 배워야 한다. 보라, 무화과나무의 가지가 연해지고 잎이 돋으면, 너희는 여름이 가까워졌다는 것을 알아차리지 않느냐? 마찬가지다. 너희도 내가 금방 말한 그런 일들이 너희 주변에서 일어나는 것을 보거든, 인자가 문 앞에 이르렀다는 사실을 알아차려야 한다."

"네, 스승님. 명심하겠습니다."

"좋다. 내가 분명히 너희에게 말한다. 이 세대가 다 지나가기 전에 이 모든 일들이 일어날 것이다. 비록 하늘과 땅은 없어질지라도, 내 말은 영원토록 없어지지 않을 것이다."

"네엣? 이 세대가 다 지나가기 전에요?"

제자들은 잔뜩 겁먹은 표정으로 반문하였다. 그렇다면 예수님의 그 말씀은 무슨 뜻일까? 여기서 '세대'는 유대인들의 개념으로 보통 '40년'을 가리킨다. 예수님은 주후 30년에 이 말씀을 하셨다. 그러므로 세상 종말에 관한 예수님의 이 말씀은, 가깝게는 주후 70년에 로마 군대에 의해 자행될 예루살렘의 멸망을 염두에 둔 것이다. 그렇게 본다면, 과연 예수님의 말씀은 그 세대의 사람들이 다 죽기 전에 실제로 일어났다. 하지만 예루살렘의 멸망 사건은 세상 종말에 관한 최종적인 예언의 성취가 아니다. 그것은 세상 마지막 때에 일어날 천체의 대변화와 최종적인 심판 사건을 미리 보여주는 전조적(前兆的) 사건일 뿐이다.

재림의 날과 시각은 아무도 모름(13:32-37; 마 24:36-44)

"오, 주님, 그렇다면 주님께서 천군천사들을 거느린 채 큰 권능과 영광 가운데서 이 땅에 다시 오실 날은 언제입니까? 저희들이 마음의 준비를 단단히 할 수 있도록 좀 더 구체적으로 알려주십시오."

이때 제자들은 자기들 세대에 예수님의 재림이 있을 것으로 생각하고는 보다 구체적인 재림의 일시를 알고 싶어 했다. 하지만 예수님은 의외의 답변을 하신다.

"아니다, 그런 일이 일어날 재림의 그 날과 그 시각은 아무도 모른다. 사람들은 물론이고, 하늘에 있는 천사들도 모른다. 심지어 나조차도 모른다. 재림의 날과 시각은 오직 하늘 아버지만이 아신다."

그렇다. 예수님 말씀대로, 재림의 당사자인 예수님조차도 그 날과 시각을 알 수 없다. 그 까닭은, 예수께서 인류 구원의 사명을 띠고 사람이 되셨을 때 스스로 온전히 낮아져 모든 권한을 아버지 하나님께 맡기셨기 때문이다. 따라서 재림의 일시에 관한 문제도 아버지의 뜻과 주권에 전적으로 순복하기로 작정하셨다. 그래서 예수님조차도 알지 못한다. 그러므로 오늘날 주님의 재림 일시를 구체적으로 예언하거나 혹은 알 수 있다고 주장하는 사람이나 단체가 있다면, 그런 사람이나 단체는 두말할 필요 없이 거짓 선지자요 이단이다. 그러하기에 예수님은 제자들에게 특별히 당부하신다.

"제자들아, 그러므로 언제 인자의 재림이 있을지 모르니 너희는 항상 정신을 차리고 깨어 있도록 하여라."

"그래도 그렇지, 어떻게 주님조차도 재림의 일시를 알 수 없다는 것인지요?"

"그러니까… 옳지, 인자가 다시 오는 것은 어떤 집주인이 멀리 여행을 떠났다가 다시 돌아오는 것에 비유할 수 있겠구나. 그 집주인이 집을 떠나면서 자기 종들에게 각자 해야 할 일을 맡기고, 문지기에게는 자기가 돌아올 때까지 깨어 있으라고 당부한 것과 같다고 할 수 있겠다."

집주인 되는 예수께서 부활, 승천하심으로써 이 세상을 떠나가신 뒤, 곧 먼 여행을 떠난 뒤 언젠가는 반드시 다시 돌아오게 될 것이라는 말씀이다. 예수께서 이런 여행의 비유를 드신 까닭은 제자들에게 꼭

하고 싶은 교훈이 있었기 때문이다. 들어보자.

“그러므로 너희는 항상 깨어 있어야 한다. 멀리 여행을 떠난 집주인이 언제 돌아올지 너희가 알 수 없기 때문이다. 그렇다. 집주인이 다시 돌아오는 시각이 저녁일지, 한밤중일지, 이른 새벽일지, 아니면 날이 밝아올 때일지, 너희는 알지 못한다.”

제자들은 여전히 심각한 표정으로 가만히 듣고 있다.

“그렇기 때문에 집주인이 어느 날 어느 때에 갑자기 돌아왔을 때, 너희가 잠들어 집주인을 맞아들이지 못하는 일이 없도록 조심해야 하느니라. 정신을 바짝 차리고 항상 깨어 있어야 하느니라. 그렇다. ‘너희는 항상 깨어 있어라!’ 내가 하는 이 말은 너희에게 주는 말인 동시에, 온 세상의 모든 사람들에게 주는 말이니라.”

예수님의 재림과 관련하여 제자들과 세상 사람들이 해야 할 것은 언제 닥쳐올지 모를 재림에 대비하여 정신을 차리고 항상 깨어 있는 것이다. 예수께서 말씀하신 ‘열 처녀 비유’에 따르면, 각자의 등잔에 믿음의 기름을 가득 채워놓고서 언제든지 신랑 되시는 예수님을 맞이할 준비를 갖춘 슬기로운 신부가 되는 것이다.

14

배반당하고 수난받는 예수님

겟세마네 동산에서 기도 마치자
군사들이 몰려와 예수를 체포하네
대제사장 집에서 심문당할 때
베드로는 예수를 세 번 부인하네

예수님을 죽일 음모를 꾸밈(14:1-2; 마 26:1-5; 눅 22:1-2; 요 11:45-53)

때는 예수님의 공생애 마지막 해(주후 30년), 마지막 달(유대 종교력 1월), 마지막 주간의 수요일(12일), 이제 이틀이 지나면 유월절과 무교절이 시작된다. 유월절과 무교절은 일반적으로는 같은 절기로 간주된다. 하지만 엄밀히 따지면 차이점이 있다. '유월절'은 유대 종교력으로 정월(아빕 월 혹은 니산 월) 14일 저녁에 지키는 절기로, 유월절 어린양을 잡아 그 음식을 먹는 절기다. 이에 비해 '무교절'은 유월절 밤이 지난 그 다음날 아침부터 일주일 동안 지키는 절기로(정월 15일~21일), 누룩 없는 빵을 먹는 절기다.

"아, 어찌 좋은 방도가 없겠소? 유월절을 치르기 전에 예수란 자를 반드시 붙잡아 죽여야 할 텐데…."

"그러게 말이오, 그자가 군중들의 마음을 더 홀리기 전에 얼른 제거해야 할 텐데…. 무슨 뾰족한 수가 없을까?"

예수께서 성전 맞은편의 올리브산(감람산)에 앉아 제자들에게 한창 세상 종말에 관한 교훈을 베풀고 있을 즈음, 대제사장들과 율법 교사들(서기관들)은 한 자리에 모여 서로 머리를 맞대고 예수를 체포하여 죽일 방도를 찾고 있었다.

대제사장들과 서기관들은 당시에 유대 종교를 대표하는 지도자들이다. 여기서 대제사장이 복수로 표기된 것은, 현직 대제사장인 가야바와 전직 대제사장인 안나스가 둘 다 대제사장으로 군림하고 있었기 때문이다. 가야바는 안나스의 사위이고 후계자였는데, 안나스는 현직에서 물러났어도 그의 영향력은 가야바를 능가했다. 그리고 서기관들은 율법의 보존과 교육을 담당했던 율법 교사들로, 산헤드린 공회원들이었다.

"무교절 기간 중에는 예수를 체포할 수 없는데…. 그랬다간 그 일로 군중들이 소동을 일으킬 게 뻔한데…. 아, 어쩌면 좋지? 무교절 기간을 피해서, 반드시 그 전에 예수란 자를 어떻게 처리해야 하는데…, 참으로 걱정이로구먼!"

대제사장들과 서기관들은 예수를 체포하는 일을 두고 끙끙댔다. 예수님 주변에는 항상 많은 군중들이 따라다녔기에 섣불리 손을 댈 수가 없었다. 게다가 절기(유월절, 곧 무교절)에는 세상 도처에 흩어진 유대인들(곧 디아스포라 유대인들)이 예루살렘으로 엄청 모여들었기 때문에 더 더욱 예수를 체포할 수 없었다. 당시에 대략 100만 명가량이 모여들었다. 이래저래 유대 종교 지도자들의 고민은 깊어만 갔다.

예수님의 머리에 향유를 부은 여인(14:3-9; 마 26:6-13; 요 12:1-8)

예루살렘 근교의 베다니 마을. 때에 예수께서는 그 마을에 살고 있는 '시몬'이란 이름을 가진 어느 가까운 지인의 집에 머물고 계셨다. 그는 이전에 나병환자였는데, 예수께 병 고침을 받은 뒤 예수님을 극진히 섬기고 따르는 자였다. 예수께서 제자들과 함께 그 시몬의 집에서 음식을 잡수시고 계셨다.

그때, 한 여인이 매우 값진 순전한 나드(Nard) 향유가 든 옥합을 가지고 예수께로 가까이 나아오더니, 조금도 망설임 없이 그것을 깨뜨려 예수님의 머리에 붓는 것이 아닌가!

한 여인이 예수님의 머리 위에 값진 향유를 붓다.

방안에는 일순간에 향기로운 냄새가 가득 퍼져 나갔다. 나드 나무는 주로 히말라야 산맥이나 인도 지방에서 재배가 되어 수입되기에 팔레스타인에서는 가격이 매우 높다. 그걸 아낌없이 머리에 쏟아 부었으니, 아무나 쉽게 엄두를 낼 수 있는 행동은 아니다.

그 여인의 예기치 못한 행동을 보고, 제자들은 저마다 눈이 휘둥그레졌다. 이내 예수님과 함께 식탁에 앉아 음식을 먹고 있던 제자들 중 몇 사람이 벌컥 화를 내며 그 여자를 냅다 나무란다.

"아니, 당신은 어째서 그 비싼 향유를 그렇게 함부로 낭비하는 거요? 그 향유를 내다팔면 족히 300데나리온 이상은 받을 수 있었을 텐데…."

"그 돈을 가난한 사람들에게 나누어주었더라면 얼마나 좋았겠소? 그런데 어찌 이런 일을, 쯧쯧! 아이고, 아까워라!"

제자들의 말은 사실이었다. 당시 '순전한 나드 한 옥합'은 대략 300데나리온의 가치가 있었다. 당시 1데나리온은 노동자의 하루치 품삯이었다. 따라서 '순전한 나드 한 옥합'은 노동자의 열 달치 품삯에 해당되는 큰돈이었다(그러니까 오늘날 노동자의 하루 일당을 10만원으로 계산한다면, 대략 3천만 원에 해당되는 큰 액수다).

이때 제자들은 평소 가난한 자들을 특별히 챙기시고 돌보시던 예수께서도 자신들의 의견에 동조해 줄 줄 알았다. 특히 바닥에 흘러내리는 비싼 향유를 바라보며 가장 애석해하는 욕심 많은 가룟 유다가 더욱 그러했다. 그런데 예수님의 반응은 아주 의외였다.

"그만, 가만두어라! 왜 그 여자를 괴롭히는 것이냐? 그녀는 내게 아주 신실하고 갸륵한 일을 한 것이다."

'아니, 이건 또 무슨 말씀이지?'

제자들은 속으로 크게 놀랐다. 예상과는 너무나 달랐기 때문이다.

"가난한 사람들이야 언제든지 너희 주변에 있으니, 너희가 마음만 있으면 어느 때고 그들을 도와줄 수 있지 않느냐? 그러나 나는 언제까지나 너희와 함께 있는 것이 아니다."

이때 예수님은 가난한 자들을 돕고 구제하는 일을 가볍게 생각하신 것이 아니다. 여기서 예수님은, 그 돈이 다른 좋은 용도로 사용될 수 있는 것과는 상관없이, 하나님을 영화롭게 하려는 목적으로 행해진 신실함과 관대함이 결코 비난받아서는 안 된다는 점을 강조한 것이다. 어떤 인간적인 구실도, 비록 그것이 무척 고상한 일일지라도, 하나님께 영광 돌리는 거룩한 일보다 우선시되어서는 안 되기 때문이다. 사실, 예수님은 생애 전반의 삶을 통해 가난한 자들에게 많은 자비심과 돌보심을 베푸셨고, 숱한 가르침을 통해 가난한 자들을 보살피고 도울 것을 강조하셨다.

예수님은 자신의 머리 위에 순전한 나드 한 옥합을 부은 그 여인을 비난하는 제자들을 향해 계속해서 말씀하신다.

"지금 이 여인은 자기가 할 수 있는 최선의 일을 한 것이다. 그렇다. 그녀는 내 장례를 위하여 내 몸에 미리 향유를 부어준 것이다. 그러므로 내가 분명히 너희에게 말하겠다. 온 세상 어디서든 복음이 전파되는 곳마다 이 여인이 행한 이 갸륵하고 신실한 일도 함께 전해져 사람들이 그녀를 길이길이 기억하게 될 것이다."

예수님은 자신이 이틀 후에 십자가에 못 박혀 죽을 줄 알고 있었다. 자신이 십자가형으로 갑자기 죽게 되면, 제자들로서는 아무런 장례 계획을 세울 수 없기에 얼떨결에 무덤에 안치할 터였다. 너무나 경황이 없어 누구도 돌아가신 스승님의 시신에 향을 발라줄 사람도 없을 것이다. 예수님은 이런 상황까지 미리 내다보시고서 자신의 몸에 향유를 부은 이 여인의 행동을 칭찬하셨던 것이다. 자신의 장례를 미리 준비하는 아주 가치 있는 상징적 행위라고 여기신 것이다.

그러하다. 당시에 죽은 자의 몸에 향유를 바르는 관습이 있었다. 그래서 예수님은 제자들과는 달리 그 여인의 행위를 헛된 낭비로 본 것이 아니라 귀한 헌신으로 보았다. 그러했기에 예수님은 그녀를 칭찬하셨고, 그녀의 행위가 대대로 길이 기념될 것이라고 말씀하셨다. 여기에 중요한 원칙이 있다. 주님을 영예롭게 하기 위해 자신의 최선과 최고의 것을 바치는 행위는 결코 헛된 낭비가 아니라 귀한 헌신이라는 점이다.

여인은 죄인마냥 고개를 숙이고 있었다. 그 얼굴에 눈물이 흐른다. 자신의 순수하고 선한 동기가 제자들에게 그렇게도 매정하게 비난받을 줄은 몰랐다. 오히려 제자들은 자신의 행동을 칭찬하고 함께 기뻐해줄 것으로 기대했다. 아니다. 처음부터 칭찬을 기대했던 것은 아니다. 뭔가 주님에게 자신의 가장 소중한 것을 드리고 싶었을 뿐이다. 주님은 주야로 얼마나 힘들게 일하시는가. 그 고단하신 몸에 귀한 걸 부어드리고 싶었다.

그래서 이것저것 생각하지 않고 향유를 부었다. 그런데 그게 제자들에게 그리도 그릇된 일로 보이게 만들었고, 그 일이 존경하는 랍비님을 곤란하게 만든 것 같아 몸 둘 바를 몰랐다. 그런데 주님은 '괜찮다' 하신다. 아니, 도리어 '복음이 전파되는 곳마다 두고두고 갸륵하고 좋은 일로 기억될 것이다'라고 하신다. 여인의 귀에는 사람들이 기억하는 것보다 랍비님이 기억해 주시겠다는 말씀으로 들렸다. 여인은 기쁘고 행복했다. 그것이면 충분했다. 이 일이 세간에 알려져 이후에 더 많은 비난이 쏟아질지라도, 다만 랍비님이 좋은 일로 기억해 주신다면 그것으로 되었다. 눈물은 뜨거웠다. 눈물이 뜨겁다면 여인의 마음이 행복하다는 증거다. 그러면 된 것이다.

하지만 여인의 그 행동은 나비 효과를 낳아 또 다른 엄청난 파장을 일으켰다. 여인의 행동에 처음엔 모든 제자들이 당황하고 비난했지만, 스승님의 한 마디로 모든 상황이 정리되었다. 그러나 열두 제자 중 오직 한 명, 가룟 유다만은 그렇지 못했다. 아무리 생각해도 여인의 행동은 낭비였고, 이런 낭비를 귀한 헌신이라고 칭찬하는 스승의 처사에 대해서 더 더욱 납득하기 어려웠다. 스승은 당연히 여인을 책망했어야 했다. 그런데 스승은 반대로 자신들을 책망했다.

'스승은 그런 분이었던가…?'

가룟 유다는 스승에게 배신감을 느꼈다. 그렇잖아도 근래 들어 동료들과의 사이가 좋지 않았다. 딱히 꼬집을 것은 없지만 뭔가 불편했다. 스승이 베드로, 야고보, 요한만을 따로 불러, 그들 세 제자들과 자주 동행하는 것도 눈에 거슬렸다. 그때쯤 유다는 재정에 손을 대고 있었다. 처음부터 그럴 생각은 아니었지만, 회계를 맡은 이후로 언제부터인가 아무도 모르게 조금씩 돈을 축내고 있었다. 군식구들은 늘어나고 생활비는 많이 드는데 스승과 제자들은 자신에게 많은 돈을 맡겨놓은 것처럼 돈에 대해선 대체적으로 관심이 없었다. 어쩌다 보니 개인적으로 돈을 유용하게도 되었다. 그 사실을 스승과 제자들이 알게 된다면…. 제자 그룹에서 내쳐질 것이 두려웠다. 그래서 여인이 그토록 비싼 향유를 예수님의 머리 위에 쏟아 부었을 때는 눈이 뒤집어졌다.

'아, 저 돈이면 몇 달을 걱정 없이 사는데….'

그보다 더 기가 막힌 것은 스승이 자신을 책망한 것이다. 물론 다른 제자들도 책망을 받았다. 그러나 가룟 유다의 입장에서는 마치 자신만을 겨냥해서 책망하시는 것 같은 기분이 들었다.

'스승은 헌금을 유용하는 나의 농단을 알고 있을까….'

그제야 가룟 유다는 언제부터인가 스멀스멀 계속되던 불길함의 정체를 알게 되었다. 분명 스승은 헌금을 축내고 유용하는 일을 알고 있다…. 그렇다면 내쳐지기 전에 먼저 스승을 내쳐야 한다. 물론, 헌금 유용 때문만은 아니다. 그 일은 어떻게든 무마할 수도 있었다. 더 큰 문제는 스승의 정체성이었다. 대체 스승은 어떤 분이란 말인가?

아무리 깊이 생각하고 이모저모 살펴보아도, 예수는 자기가 애타게 기다리던 그 메시아는 아니었다. 로마정부에 맞서 유대를 독립시키는 일에는 하등 관심이 없었다. 대신에 자꾸만 십자가에 매달려 죽을 것이라는 얘기만 하니, 이런 애매모호한 상황을 더는 지속해 나갈 수 없었다. 내가 먼저 뭔가를 행동해야 한다. 가룟 유다는 그 밤에 큰 결심을 한다.

가룟 유다의 배반 (14:10-11; 마 26:14-16; 눅 22:3-6)

"아니? 당신은 예수의 제자들 중 한 사람이 아니오? 그런데 무슨 일로 우리를 찾아온 것이오?"

"그게… 저… 그러니까… 그…."

"무슨 말인데 그리 뜸을 들이는 것이오? 답답하니, 얼른 말해 보시오."

"그래요! 나는 예수의 제자인 '가룟 유다'라 합니다. 내가 내 스승인 예수를 당신들께 넘겨주겠습니다!"

"뭐, 뭐요? 지금 그대가… 예수를 우리에게 넘겨주겠다 했소?"

그 무렵, 예수님의 열두 제자 가운데 하나인 가룟 유다가 대제사장들을 몰래 찾아가서, 자기 스승인 예수를 그들에게 넘겨주겠다고 말했다. 그러니까 가룟 유다는 예수를 잡아 죽이려고 호시탐탐 기회를 노리고 있던 대제사장들에게 예수를 팔아넘기겠다고 말한 것이다. 그들이 예수를 손쉽게 붙잡을 수 있도록 좋은 기회를 만들어 줄 테니, 그에 합당한 대가를 지불하라고 거래를 제의한 것이다.

"그게 정말이오? 그렇게 해준다면야 섭섭지 않게 사례하리다. 하하, 참으로 잘 생각했소!"

대제사장들은 가룟 유다의 말을 듣고 입이 귀에 걸릴 정도로 무척 기뻐하며 그에게 돈을 주겠다고 약속했다. 서로의 관심사가 맞아떨어져 거래는 쉽게 성사되었다. 그래서 이때부터 가룟 유다는 자기 스승인 예수를 대제사장들에게 넘겨줄 적당한 기회를 엿보기 시작했다. 그렇다면 예수님을 3년 가까이 따라다닌 제자 가룟 유다는 왜 이제 와서 예수님을 배반하는 것일까?

여인의 향유를 낭비라고 비난했던 자신을 도리어 책망하는 스승에게서 매우 섭섭한 감정을 느낀 것은 사실이다. 그게 도화선은 되었지만, 그 때문만은 아니었다. 무엇보다 가룟 유다는 처음부터 예수가 정치적 메시아가 되어주길 원했다. 예수가 그의 큰 능력으로 로마 정부와 싸워 동족인 유대인을 해방하고 나라를 독립시켜 주길 바랐다. 찬란한 다윗 왕국의 재건을 기대했다. 하지만 그런 조짐이 전혀 보이지 않았다. 마침내 그는 예수에 대한 기대를 접었다. 덧붙여 가룟 유다는 돈을 무척 좋아했다. 결국 가룟 유다는 신실한 마음으로 예수님을 따른 것이 아니라, 능력 있는 예수님을 통해 자신의 이기적인 욕망을 추구하려 했고, 그래서 그 결과는 사악한 배신이었다.

유월절을 준수함(14:12-21; 마 26:17-25; 눅 22:7-14, 21-23; 요 13:21-30)

때는 공생애 마지막 주간의 목요일(주후 30년, 유대 종교력 1월 13일), 예수께서 십자가를 지시기 전날이다. 유월절 곧 무교절이 시작되는 첫째 날(14일) 저녁에는 '유월절 양'을 잡는 것이 관습이었다. 유대인들에게 있어 유월절은 출애굽을 기념하는 구원과 해방과 절기다. 출애굽

전날에 이스라엘 백성들이 어린양을 잡아 그 피를 집의 문설주와 인방(引枋)에 바름으로써 구원을 받았기 때문에, 그 이후로 변함없이 대대로 그런 관습이 지켜져오고 있었다.

이때 예수님은 유월절 당일에는 자신이 몸소 '유월절 어린양'이 되어 십자가에 매달려 죽어야 했으므로, 유월절 당일보다 하루 앞서 어린양을 잡아 제자들과 함께 유월절 음식을 먹기 원하셨다. 그러한 예수님의 뜻을 알고는 제자들이 예수께 묻는다.

"스승님, 스승님께서 드실 유월절 음식을 어디에다 차려야 합니까?"

"음, 그래! 유월절 음식을 차려야겠지."

그러면서 예수께서는 제자들 가운데 두 사람(베드로, 요한)을 예루살렘 성읍 안으로 들여보내시며 말씀하신다.

"너희가 예루살렘 성읍 안으로 들어가면, 물동이를 들고 걸어오는 사람을 만날 것이다. 그러면 너희는 그 사람을 따라가거라."

"물동이를 들고 걸어오는 사람을요?"

"그렇다. 그 사람을 따라가다가 그 사람이 들어가는 집에 너희도 따라 들어가서 집주인에게 말하기를 '우리 스승님께서 제자들과 함께 유월절 음식을 먹을 방이 준비되어 있는지 알아보라 하십니다.' 하여라."

"집주인에게 그렇게만 말하면 됩니까?"

"그렇다. 그러면, 집주인은 이미 자리가 다 마련된 큰 다락방으로 너희를 안내할 것이다. 바로 거기에다 유월절 음식을 준비해 놓도록 하여라. 자, 이제 가 보아라."

유월절 음식 준비는 양고기를 굽고, 무교병과 식초와 포도주, 그리고 양념에 적신 마른 과일 사이에 쓴 나물을 적절한 위치에 배열하는 것이다.

성경학자들은, 예수께서 제자들과 함께 유월절 음식을 먹음으로써 최후 만찬을 나눈 그 다락방은 이 책(마가복음)을 쓴 마가 집안의 다락방으로, 예수님 승천 이후 오순절에 신자들이 함께 모여 기도하던 중에 성령 충만함을 받은 바로 그곳이라고 한다.

예수님의 명을 받고 두 제자가 예루살렘 성읍 안으로 들어가 보니, 모든 일이 예수께서 일러주신 그대로 척척 이루어졌다. 그래서 두 제자는 집주인이 마련해둔 큰 다락방에 유월절 음식을 정성껏 준비하였다. 저녁때가 되자, 예수께서는 다른 제자들과 함께 그 집으로 가셨다.

"준비하느라 수고 많았구나. 자, 모두 자리에 둘러앉도록 하여라."

제자들은 예수님을 중심으로 각자 자리를 잡은 후 식탁에 둘러앉아 음식을 먹기 시작했다. 원래 유월절 식사는 서서 먹는 전통이 있었다. 하지만 예수님 당시에는 의자에 비스듬히 기댄 채 앉아서 먹었다. 그러니 음식을 먹는 시간만큼은 더할 나위 없이 즐겁고 우정이 돈독해졌다.

유대인들은 유대종교력으로 정월(아빕월, 오늘날 태양력으로는 3월 중순~4월 중순경) 10일에 유월절 양(羊)을 준비하고, 13일 저녁에는 등불을 켜서 집안의 모든 누룩을 제거한다. 그리고 다음날인 14일 저녁에 준비한 양을 잡아 우슬초 묶음에 양의 피를 적셔 집 좌우의 문설주와 인방에 바른다. 그런 후 유월절 식사를 한다. 이때 예식 순서는 이러하다.

1) 참석자들에게 포도주 잔을 돌리고 집례자(주로 가장)가 축복한 후에 마신다.
2) 손을 씻고 기도한 후 차로셋(charoseth)과 무교병, 쓴 나물, 어린 양 고기의 의미를 설명한다. '차로셋'은 포도주에 수초, 무화과, 아몬드, 대추, 건포도 열매와 향신료를 섞어 만든 일종의 크림으로, 애굽에서 진흙을 반죽하던 조상들의 고통을 상기시키는 것이다.
3) 이어 만찬 음식을 분배하고 다시 잔을 채운 후 두 번째 포도주를 마시며 감사한다.

4) 할렐(하나님을 찬양하는 시편) 113편, 114편을 부르고 유월절 음식을 먹는다.
5) 다시 세 번째 포도주를 마신다. 식사는 식사용 침상에 비스듬히 기대어 먹었는데, 이런 습관은 더 이상 노예가 아니라 자유인임을 나타내기 위해서 시작되었다는 주장도 있다.
6) 마지막으로 네 번째 포도주를 마신 후, 할렐 115-118편을 찬양하면서 유월절 만찬을 끝낸다.

예수님은 유대인으로 살면서 유월절을 매번 지켰다. 유월절 음식을 한창 먹고 있을 때, 예수께서 천천히 입을 열어 제자들에게 말씀하신다. 사뭇 무겁고 진지한 분위기다.

"제자들아, 내가 너희에게 분명히 말한다. 지금 나와 함께 음식을 먹고 있는 너희 가운데 한 사람이 나를 배신할 것이다."

그 순간, 둔기로 머리를 세게 맞은 듯 제자들은 잠시 멍하니 침묵했다. 이내 정신을 차린 듯 제자들은 너나 할 것 없이 큰 근심에 싸인 얼굴로 저마다 예수께 묻는다.

"스승님, 그 사람이… 설마 저는 아니지요?"

"에이, 스승님. 누가 감히 스승님을 배반한

"너희 가운데 한 사람이 나를 배신할 것이다."

다고 그러세요. 그런 말씀 하지 마십시오."

제자들은 도무지 믿기지 않는 듯 저마다 손을 내저으며 자신이 아님을 강조했다. 그런 제자들을 향해 예수께서 다시금 말씀하신다.

"아니다. 너희 열두 사람 가운데 하나가 나를 배신할 것이다. 보라, 지금 나와 함께 그릇에 손을 담근 자가 바로 그 사람이니라."

이때 예수께서는 자신을 배신할 자에 대해 구체적으로 일러주시지 않고, 다만 그를 추측할 수 있는 실마리만 제시하셨다. 여기서 '그릇'은 유월절 음식인 어린양의 고기, 누룩 없는 빵, 그리고 쓴 나물 등을 찍어먹을 수 있도록 식초나 과일 따위를 혼합하여 만든 소스를 담은 자그마한 그릇을 말한다. 공동식사를 할 때, 통상 사람들은 제각기 가까운 데 놓인 이 그릇에 음식을 찍어 먹었기 때문에, 지금 예수님과 동시에 그릇에 손을 담근 자가 누구인지는 선뜻 알아내기 어렵다.

그러므로 이때 예수께서 하신 말씀은, 배신자가 누구인지 다른 제자들에게 알리기 위해서가 아니라, 그 배신자(가룟 유다)를 향해 이제라도 회개할 것을 촉구한 말씀이라고 볼 수 있다. 배신자의 길을 가려는 제자에게 뉘우치고 돌이킬 수 있는 마지막 기회를 주신 것이다. 따라서 배신자 가룟 유다가 끝내 망한 것은, 예수님을 배신한 그 사실 자체보다는 자신의 배신을 끝내 돌이키지 않고 회개하지 않은 데 있었다. 이와는 달리, 베드로 역시 대제사장 가야바의 집 뜰에서 예수님을 세 번이나 부인함으로써 스승을 배신했지만, 그는 철저히 회개함으로써 구원의 길을 걸었음을 기억하라!

때에 예수님과 함께 그릇에 손을 담그고 있던 예수님의 열두 제자 가운데 하나인 그자, 곧 가룟 유다는 예수님의 말씀이 바로 자신을 가리키는 것임을 직감하고는 가슴이 뜨끔했다. 그러나 그는 짐짓 아무것도 모르는 일인 양 태연하고도 뻔뻔하게 음식을 계속 먹고 있었다. 돌이켜 살 수 있는 회개의 기회를 주었건만, 양심에 화인을 맞은 가룟 유다는 그 기회를 발로 차버렸다. 예수님은 기다렸다. 그러나 배반자 가룟 유다에게서 "주여, 접니다! 제가 스승님을 배신하려는 계획을 세웠습니다. 제발 저를 용서해 주십시오!"라는 고백이 들려오지 않자, 체념한 듯 처연한 목소리로 말씀하신다.

"아, 참으로 안타깝구나. 인자는 오래전부터 선지자들이 선포한 대로 죽음의 길을 걷겠지만, 인자를 배신한 그자에게는 참으로 화가 미칠 것이다. 차라리 그는 세상에 태어나지 않았더라면 더 좋았을 것을…."

예수님의 이 말씀은 증오나 저주가 아니다. 멸망의 길을 스스로 걷는 가련한 제자에 대한 동정심이었고, 지금이라도 돌이키라는 안타까운 호소였다. 그러나 그런 호소는 공허한 메아리가 되어 돌아왔다.

가룟 유다, 그가 세상에 태어난 것은 모든 새 생명이 그러하듯 기쁨과 축복이었다. 게다가 가룟 유다는 예수님의 열두 제자 중 일인이 되어, 예수님 곁에서 3년 동안 많은 가르침을 받았다. 그에게는 올바른 구원의 삶을 살아갈 수 있는 기회가 많이 주어졌다. 하지만 그는 참된 제자의 길을 거부하고, 이기적인 세상 욕망에 이끌려 끝내 자기 스승인 예수를 팔아넘기고 말았다. 그것은 그가 자신의 자유의지로써 스스로 선택한 삶이었다. 그래서 결과론적으로 볼 때 그는 태어나지 않는 편이 차라리 더 좋았을…, 참으로 인류 역사상 최대의 비극적인 인물이 되고 말았다.

최후의 유월절 만찬(14:22-26; 마 26:26-30; 눅 22:15-20)

실내에는 팽팽한 긴장감이 흐르고 있었다. 누구도 쉽게 입을 열지 않았다. 식사 중에 배신자를 언급하시는 예수님의 갑작스런 말씀에 제자들은 잠시 놀라고 근심스런 표정을 지었다. 하지만 이내 하나 둘 대수롭게 생각하지 않고 먹던 음식을 계속해서 먹기 시작했다. 그렇게 모두가 유월절 음식을 한창 먹을 때였다.

이번에는 예수께서 빵을 들어 감사기도를 하신 후에 제자들에게 그 빵을 떼어주시며 말씀하신다. 이때 배신자 가룟 유다는 자리에서 일어나 밖으로 나간 뒤였다. 다른 제자들은 가룟 유다가 회계 일을 맡고 있었으므로, 명절에 사용할 물건을 사러 나간 줄로 알고 있었다. 그러니까 성찬식 자리에는 가룟 유다를 제외한 11명의 제자들만 있었다.

"자, 모두 받아먹어라. 이 빵은 내 몸이니라."

제자들은 한 명씩 예수께로부터 빵을 받아서 먹기 시작했다. 제자들이 빠짐없이 모두 빵을 받아먹자, 이번에는 예수께서 포도주가 든 잔을 들어 하나님께 감사기도를 드린 후에 그 잔을 제자들에게 주셨다. 그러자 제자들은 한 명씩 모두 돌려가며 잔을 따라 마셨다. 모두 마시자, 예수께서 제자들에게 말씀하신다.

"너희가 지금 마신 그 잔은 내 피니라. 모든 사람을 위하여 흘리는 새 언약의 피니라. 내가 너희에게 밝히 말한다. 장차 하나님 나라에서 새 포도주를 마시게 될 그날까지, 나는 포도나무 열매로 빚은 것을 다시는 마시지 않을 것이다."

지금 마신 포도주가 땅 위에서 마신 마지막 포도주라는 말씀이다. 이제 날이 새면 예수님은 군사들에게 붙잡혀 십자가에 못 박혀 죽으실 것이기 때문이다. 그러나 제자들은 그런 사실을 까맣게 모르고 있었다. 유월절의 관습을 좇아 유월절 의식을 행하는 줄로만 알았다.

예로부터 유대인들은 이집트의 압제로부터 해방된 사실을 기념하기 위해 빵과 포도주로 유월절을 지켰다. 이러한 유월절 기념의 날에 예수님은 자신의 십자가 죽음이 가지는 구원과 해방의 의미를 보여주기 위해 유월절의 빵과 포도주를 사용하셨다. 그리하여 예수님의 최후 만찬에서 행해진 빵과 포도주 의식은 이집트의 노예 상태로부터의 해방을 기념하는 의식보다 더 많은 것을 기념하는 의식이 되었다. 그러니까 그것은 죄와 죽음에 속박된 노예 상태로부터의 영원한 구원과 해방을 기념하는 의식이 된 것이다. 이처럼 예수님은 자신이 직접 '유월절 어린양'이 되셔서 옛 언약을 새 언약으로 대체하셨다.

"자, 이젠 하나님을 찬미하도록 하자!"

빵을 먹고 포도주를 마신 뒤, 예수님 일행은 유월절 기념 의식에 따라 찬송을 부르기 시작했다. 이 찬송은 유월절 식사를 다 마친 후에 식사에 참여한 모두가 마지막으로 다함께 부르는 '할렐루야 찬송'(시편 115-118편)으로, 한 사람이 먼저 시편 본문의 전반부를 선창하면, 다른 사람들은 "할렐루야!" 하고 소리 높여 응답한 후에 그 시편 본문의 후반부를 노래로 화답하는 형식으로 이루어졌다. 그렇게 예수님 일행은 할렐루야 찬송을 부른 뒤에, 다 함께 자리에서 일어나 올리브산으로 올라갔다.

올리브산, 곧 감람산은 예루살렘 동편에 있는 산으로, 해발 814m가량이다. 산의 명칭은 산 전체에 널리 퍼져 있는 올리브나무(감람나무) 숲에서 유래된 이름이다. 십자가를 앞두고 예수께서 피땀 흘려 기도하신 겟세마네 동산은 이 산의 기슭에 위치하고 있다. 예루살렘에서 올리브산까지의 거리는 '안식일에 갈 수 있게끔 허용된 거리'로, 예루살렘 성문에서 대략 1km 정도 떨어진 곳에 있었다.

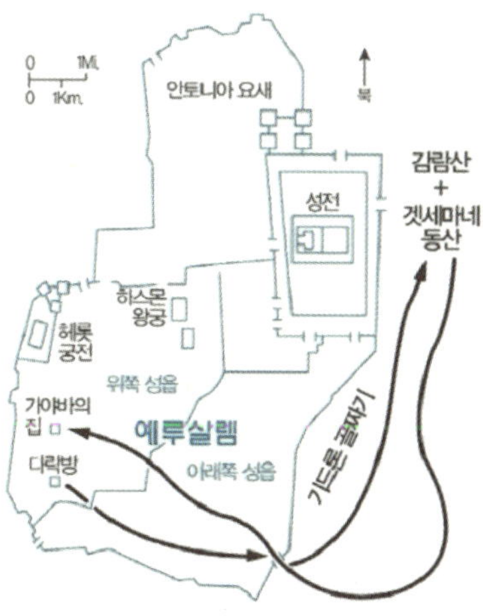

유월절 만찬 후에 겟세마네 동산으로!

베드로의 부인을 예고하심 (14:27-31; 마 26:31-35; 눅 22:31-34; 요 13:36-38)

최후 만찬을 가진 예루살렘 성읍의 다락방을 떠나 올리브산으로 향하는 길에, 예수께서는 엄숙한 표정으로 제자들에게 말씀하신다.

"제자들아, 너희는 이제 곧 모두 나를 버릴 것이다."

그렇잖아도 만찬석상에서 배신을 예고 받은 후 모두들 마음이 착잡한데, 지금은 한 사람이 아니라 제자들 모두가 스승을 버린다는 것이다. 모두 두려운 심정이 들기도 했지만, 스승이 자신들에게 뭔가 불만이 있는 것은 아닌가, 하는 생각이 들었다. 오늘은 스승님의 태도가 다른 날과는 사뭇 다르다. 무슨 일일까…?

"스승님, 무슨 말씀을 그리 하십니까? 우리가 스승님을 버리다니요? 아닙니다. 그런 일은 없을 것입니다!"

"아니다. 이미 하나님께서 옛 선지자들을 통해 말씀하셨느니라. 들어 보아라."

> "내가 칼을 들어 목자를 칠 터인즉, 그의 양떼가 뿔뿔이 흩어지리라" (슥 13:7).

"그럴지라도 난 너희를 버리지 않겠노라. 내가 죽음에서 다시 살아난 뒤, 너희보다 먼저 갈릴리 호수로 갈 것이다. 거기서 만나도록 하자."

"갈릴리 호수요?"

갈릴리 호수, 그곳은 여러 제자들이 예수께 부르심을 받은 현장이었고, 예수님의 공생애 기간 동안 피땀과 눈물이 배여 있는 주요 사역 장소였다. 그러하기에 부활하신 예수님은 이런 뜻 깊은 현장에서 제자들을 다시 만나, 그들에게 복음의 열정을 일깨우는 지상(至上) 대명령을 내리길 원하셨다. 그때, 베드로가 앞으로 선뜻 나서며 강한 어조로 예수님께 말한다.

"스승님, 절대로 그럴 리 없습니다! 만에 하나, 다른 사람들은 다 주님을 버린다고 해도 저 베드로는 절대로 주님을 버리지 않겠습니다!

믿어주십시오!"

크게 장담하는 베드로를 지긋한 눈길로 바라보시며 예수께서 담담하게 대답하신다. 그러나 그 어조는 강하다.

"아니다! 베드로야, 오늘 밤에 닭이 두 번 울기 전에 너는 세 번이나 나를 모른다고 부인할 것이다."

그러자 베드로가 크게 답답한 듯 가슴을 탁탁 치며 더욱 힘주어 말한다.

"아닙니다! 아닙니다, 스승님! 절대로, 절대로 그런 일은 없을 것입니다. 비록 주님과 함께 죽는 일이 있더라도, 저는 결단코 주님을 모른다고 부인하지 않겠습니다. 어찌 제가 주님을 모를 수 있겠습니까!"

"스승님, 저도 마찬가지입니다! 어떤 경우에도 제가 주님을 버리는 일은 결단코 없을 것입니다."

"스승님, 저도 그렇습니다. 그러니 너무 걱정하지 마십시오. 우리 모두는 끝까지 주님과 함께 하겠습니다."

베드로를 따라 다른 열 제자들도 서로 뒤질세라 모두 똑같은 다짐을 했다. 그때의 분위기로 봐서는 누구도 주님을 버리지 않고 끝까지 함께할 것처럼 보였다. 그러나… 과연 그랬을까?

겟세마네 동산의 기도 (14:32-42; 마 26:36-46; 눅 22:39-46)

겟세마네 동산, 예루살렘 동쪽의 기드론 골짜기를 건너 올리브산 서쪽 기슭에 위치한 동산이다. '기름 짜는 틀'이란 뜻으로, 예수께서 제자들과 자주 모여 기도하고 대화하던 장소다. 예루살렘 성문에서 대략 1km 안팎의 거리에 위치하고 있다.

"흠…, 여기가 좋겠구나."

겟세마네 동산에 도착하신 예수님, 제자들에게 말씀하신다.

"자, 여기에 머물도록 하자. 나는 저만큼 떨어진 곳에서 따로 기도하고 있을 테니, 너희는 여기 앉아 휴식을 취하도록 하여라. 그리고 베드로, 야고보, 요한은 나를 따라오너라."

예수께서는 여덟 제자들을 겟세마네 동산의 언저리에 머물게 하신 뒤, 베드로와 야고보와 요한 셋만을 따로 데리고 조금 더 높은 언덕으로 올라가셨다. 밤은 이슥한데 하늘의 별들은 반짝였고 공기는 맑았다. 어디선가 간간히 짐승의 울음소리도 들렸다. 이때 예수께서는 큰 근심과 깊은 번민에 휩싸여 있었다. 무법한 자들에게 붙잡혀 심한 고초를 겪은 뒤 십자가를 질 시간이 목전에 이르렀기 때문이다. 그래서일까? 베드로, 야고보, 요한을 보며 도움을 청하듯 간절하게 말씀하신다.

"얘들아, 지금 내 마음이 너무도 괴롭고 아파서 죽을 지경이구나. 그러니, 너희는 여기에 머물면서 깨어 기도하고 있도록 하여라."

"네, 알겠습니다. 그런데… 스승님은 어떻게 하시려구요?"

"나는 조금 더 나아가 저만치서 따로 기도하도록 하마."

그런 뒤 예수께서는 세 제자를 떠나 홀로 저만큼 더 걸어가시더니 적당한 곳에 자리를 잡고 땅에 엎드려 기도하기 시작하셨다.

"오, 아빠! 아버지여! 아버지께서는 모든 일을 능히 하실 수 있습니다. 그러니, 내 앞에 놓인 이 십자가 고난의 잔을 내게서 치워 주소서. 만일 그리하셔도 괜찮으시다면, 이 고난의 시간이 나를 그냥 지나쳐 가게 해 주소서. 그러나… 그러나 아버지여, 내 뜻대로 하지 마시고, 오직 아버지의 뜻대로 하소서. 오, 아빠! 아버지여…."

이때 예수님은 십자가 사명 감당하기를 꺼려하신 것이 아니다. 인류의 구원자로서 죄인을 구원하시려는 거룩한 목적으로 하늘 보좌를 떠나 기꺼이 이 땅에 내려오신 예수님은 한 순간도 그 사명을 잊거나 소홀히 한 적이 없었다. 다만 온전한 하나님이시지만 또한 온전한 사람이기도 하신 예수님은 지금 연약한 인성(人性)을 지닌 사람의 입장에서 이제 눈앞에 닥쳐온 엄청난 십자가 수난을 생각하며 아버지 하나님의 특별한 도움을 바라고 떨리는 마음으로 호소하고 있는 것이다.

예수님의 피땀 어린 겟세마네 기도.

그래서 겟세마네 기도에서 예수님은 하나님을 '아빠!'라고 부르셨다. 그러니까 십자가를 앞둔 가장 힘들고 고통스러운 상황에서, 예수님은 아버지 하나님의 사랑받는 외아들로 돌아가 하나님을 그렇게 부른 것이다. 하나님을 향한 예수님의 이 '아빠'라는 호칭은, 그 당시 유대인들로서는 상상조차 할 수 없는 말로, 예수님과 하나님 사이의 친밀함이 어느 정도인지를 잘 보여준다.

'지금쯤 어떻게들 하고 있을까?'

한동안 전력을 쏟아 기도하신 후, 예수께서는 자리에서 일어나 세 제자가 있는 곳으로 돌아오셨다. 자신의 기도에 동참해 주기를 바라는 마음으로…. 그런데 웬걸! 세 제자는 쿨쿨 자고 있었다. 코까지 골며 깊은 잠에 빠져 있었다. 예수께서는 가까이에 있는 베드로를 가볍게 흔들어 깨우며 말씀하신다.

"시몬, 시몬아! 자고 있느냐? 이제 일어나라. 단 한 시간도 깨어 나와 함께 기도할 수 없단 말이냐? 너는 깨어, 시험에 빠지지 않도록 기도해야 한다. 아, 그러나 네가 마음으로는 원할지라도 육신이 참으로 약하구나!"

십자가 고난과 죽음을 기다리고 있는 예수님은 참으로 외로우셨다. 그래서 자신과 함께 기도할 팀과 친구가 필요했다. 뿐만 아니라 예수께서 예고하셨듯이, 이제 곧 제자들(특히 세 번이나 예수님을 부인할 것이라고 예고된 베드로)에게 닥쳐올 유혹과 시험을 생각하면, 베드로는 깨어 기도함으로써 두렵고 거친 도전과 맞서 싸울 마음의 준비를 단단히 갖추어야 했다. 그러나 낮부터 유월절 음식을 준비하느라 피곤해서였을까? 베드로는 육신이 약해 잠을 이기지 못하고 깊이 곯아떨어졌다.

베드로를 깨워 기도하라고 말씀하신 뒤, 예수께서는 다시금 저만치 떨어진 자신의 기도 장소로 걸어가셨다. 그런 다음, 땅에 엎드려 방금 전과 똑같은 말씀으로 하늘에 계신 아빠, 아버지께 간절히 기도하셨다. 얼마나 기도했을까? 한참 시간이 흘러 다시 세 제자가 있는 곳으로 돌아와 보니, 무정하게도 제자들은 여전히 쿨쿨 자고 있었다. 예수님이 강하게 흔들어 깨우자, 그제야 겨우 부스스 눈을 뜬 제자들은 민망한 표정을 지었다. 염치가 없어, 모두들 예수님께 무슨 말을 해야 할지 몰랐다.

"아, 스승님! 너무나 피곤해서 그만…. 하지만 이제부터는 깨어 주님과 함께 기도하겠습니다. 약속합니다."

"그래, 그래 주면 참으로 고맙겠다. 자, 그러면 나는 다시 기도하러 가마."

예수께서는 세 번째로 자신의 기도 장소로 나아가 땅에 엎드려 간절히 하나님께 기도하셨다. 이마의 땀방울이 핏방울처럼 되도록 전심전력을 다해 간절히 기도하셨다. 그렇게 한참을 기도하신 뒤 예수께서는 다시 세 제자가 있는 곳으로 돌아오셨다. 그런데… 제자들은 여전히 자고 있었다. 코까지 쿨쿨 골며 깊은 잠에 빠져 있었다. 예수께서는 제자들을 깨우신 뒤 안타깝고도 가련한 마음으로 다독이듯 말씀하신다.

"아직도 자고 있느냐? 그쯤 쉬었으면 되었다. 자, 이젠 때가 되었다. 보라, 인자가 죄인들의 손에 넘겨질 때가 이르렀다. 어서 일어나 가자! 나를 넘겨줄 자가 가까이에 와 있구나!"

열두 제자 가운데 예수님을 배신한 가룟 유다가 스승인 예수를 넘겨주려고 군사들을 인도하여 겟세마네 동산에 이르렀다는 말이다. 예수님의 제자였던 가룟 유다는 평소 겟세마네 모임을 자주 가졌기에, 예수님 일행이 그때쯤 어디에 있을지 잘 알고 있었다. 그리고 그때는 이른 새벽녘인지라 예수님 주변에 군중들이 아무도 없고 단지 제자들뿐일 것이다. 예수를 체포하기에는 더할 나위 없이 적절한 기회였다.

예수께서 체포당하심(14:43-50; 마26:47-56; 눅 22:47-53; 요 18:2-12)

"자, 자, 이쪽으로! 다들 이쪽으로 오시오!"

예수님이 제자들에게 말씀하고 계실 때, 열두 제자 가운데 하나인 가룟 유다가 무리를 인도하여 예수님 앞에 나타났다. 가룟 유다와 함께 온 무리들은 저마다 손에 칼과 몽둥이를 들고 있었다. 유대의 종교 지도자들인 대제사장들과 율법 교사들과 장로들이 예수를 체포하려고 보낸 일당이었다. 자기 스승인 예수님을 본 가룟 유다, 무척 반가운 듯 만면에 미소를 활짝 띠며 곧장 예수께로 다가온다.

"아, 스승님!"

가룟 유다는 예수님을 다정하게 껴안고 뺨에 입을 맞추었다. 이때 가룟 유다가 예수께 굳이 입을 맞춘 까닭이 있었다. 예수를 체포하려는 무리들에게 자신이 입을 맞추는 자가 바로 '예수'라는 사실을 알리기 위해서였다. 일종의 신호(sign)였다. 사실 가룟 유다는 겟세마네 동산으로 나아오기 전에 무리들에게 말하기를 '내가 껴안고 입 맞추는 사람이 바로 예수이므로, 바로 그 사람을 실수 없이 붙잡도록 하시오!" 하고, 미리 정해둔 터였다.

유대 사회에서 입맞춤은 전통적인 인사법이었다. 제자는 통상 자신의 스승에게 존경과 순종의 표시로 스승의 뺨이나 수염에 자신의 입을 맞추면서 다정하게 껴안았다. 하지만 여기서 가룟 유다의 입맞춤은 참으로 사악하고 가증스럽다. 스승을 배반하기 위한 신호로 존경과 순종의 표시인 입맞춤을 악용하고 있기 때문이다.

"바로 저자다! 저자를 체포하라!"

가룟 유다가 예수를 껴안고 입을 맞추자, 칼과 몽둥이를 든 일당들이 우르르 달려들어 재빨리 예수를 붙잡았다. 바로 그 순간, 예수 곁에서 있던 제자들 가운데 하나가 얼른 칼을 빼어 무리들 중 하나를 힘껏 내리쳤다. 그러자 그 사람은 자신의 귀를 부여잡고 고통스럽게 울부짖었다.

"아악, 아, 아악!"

그 사람이 귀가 칼에 베여 땅에 뚝 떨어졌던 것이다. 요한복음의 기록에 따르면, 이때 귀를 벤 제자는 '베드로'이고, 귀를 잘린 자는 대제사장의 하인인 '말고'였다. 의사였던 누가가 기록한 복음이기 때문인지, 누가복음은 예수께서 말고의 귀를 치료하신 장면까지 기록하고 있다. 무리들에 의해 붙잡히신 예수님은 일당들을 향해 꾸짖듯 말씀하신다.

"아니, 당신들이 칼과 몽둥이를 들고 나를 잡으러 오다니! 내가 흉악한 강도라도 된단 말이오? 내가 날마다 성전 뜰에서 가르칠 때는 왜 나를 잡지 않았소? 하지만 됐소. 이제 내게 이런 일이 일어난 것은 모두 성경의 예언을 이루기 위한 것이오."

예수께서 붙잡히시고 일당들에게 말씀하시는 동안, 예수님의 제자들은 저마다 살 길을 찾아 사방으로 뿔뿔이 달아났다. 비록 죽을지언정 결단코 예수님을 버리지 않겠다고 굳게 맹세한 때가 방금 전인데, 그런 맹세쯤은 헌신짝처럼 냅다 던져버리고 모두가 제 한 목숨 건지려고 3년 동안이나 밤낮 따라다니던 예수님을 떠나 각기 흩어져 어디론가 달아나 버렸다. 참으로 비겁하고 야속하고 비정한 제자들이었다.

한 청년이 벗은 몸으로 달아남 (14:51-52)

예수께서 제자들과 함께 겟세마네 동산으로 향하던 때, 예수님의 제자가 아닌 어떤 청년 하나가 삼베로 된 홑이불 같은 잠옷만을 몸에 걸친 채 예수님을 줄곧 뒤따라갔다. 예수께서 붙잡히실 때, 일당들은 제자들 속에 섞여 있던 그 청년도 한 패로 간주하고 함께 붙잡으려 했다. 그러자 그 청년은 크게 놀라고 당황하여 홑이불 같은 잠옷을 훌훌 던져버리고는 알몸으로 재빨리 달아났다. 그렇다면 그 청년은 누구일까?

성경이 그 청년에 대해 구체적으로 밝히고 있지 않기 때문에 확실하게 말할 수는 없다. 그러나 초대교회는 그 청년을 본서의 기록자인 '마가(Mark)' 자신이라고 본다. 아마도 마가는 예수님과 제자들이 최후의 유월절 만찬을 마치고 자신의 집을 떠나갈 때, 나이트가운만을 얼른 걸친 채 예수님 일행을 뒤따랐던 것으로 보인다.

그러다가 예수님 일행과 한 패로 몰려 체포되려는 순간, 다급한 마음에 옷을 벗어던지고 벗은 몸으로 도망쳤던 것이다. 말하자면 마가는 여기서 염치없고 부끄러운 자기고백을 한 셈이다. 여하튼, 이 같은 기록은 예수님의 제자들과 예수님을 따른 자들이 하나같이 위기의 순간에 예수님을 버리고 제 살 길만을 찾아 뿔뿔이 도망친 모습을 잘 보여준다.

재판(14:53-65; 마26:57-68; 눅 22:54-55, 63-71; 요18:13-14, 19-24)

예수를 체포한 일당들은 의기양양한 모습으로 예수를 끌고서 대제사장 가야바의 저택으로 갔다. 그러자 다른 대제사장과 율법 교사들(서기관들)과 장로들이 예수를 체포했다는 연락을 받고 속속 모여들었다. 그러니까 예수를 재판하려고 즉석 공회(산헤드린)를 개최한 것이다. 사실, 유대 전통에 의하면 해 뜨기 전에는 공회는 개최할 수 없었는데, 유대의 종교 지도자들은 어떡하든 예수를 빨리 처형시키려고 불법적인 공회를 연 것이다.

공회(산헤드린) 앞에 서서 심문받는 예수님.

'아, 어쩌다가 능력 많으신 우리 스승님께서 저리도 손쉽게 붙잡혔단 말인가.'

겟세마네 동산의 현장에서는 어떠하든 붙잡히지 않으려고 멀리 달아났던 베드로, 예수님의 수석 제자로서 양심이 찔렸던지 다시 발걸음을 돌이켜 멀찍이 떨어져 예수님을 뒤따라 대제사장 가야바 저택의 안뜰까지 들어왔다. 때는 이른 새벽녘인지라 어둑어둑해서 서로 간에 얼굴을 잘 분간할 수 없었다. 그래서 베드로는 짐짓 구경꾼들 중 하나인 체 행동하면서 경비병들 틈에 웅크리고 앉아 불을 쬐고 있었다. 무척 쌀쌀했기에 뜰의 여기저기에는 장작불이 피워져 있었다.

"누가 예수란 자의 불법에 대해 증언할 사람 없소? 하찮은 것들 말고, 중대한 것이면 더욱 좋소. 만일 있다면, 누구든지 앞으로 나와 증언하도록 하시오!"

대제사장들과 모든 공회(산헤드린) 의원들은 예수를 죽이기 위해 어떻게든지 증거를 찾고자 혈안이 되었다. 하지만 아무것도 찾을 수 없었다. 공회원들의 독촉에 여러 사람들이 일어나 예수에 대해 이것저것 거짓으로 증언을 해댔지만 서로 간에 일치하지 않았다. 증거로서 아무런 가치가 없었다. 유대의 종교 지도자들은 답답해하고 초조해했다. 그러던 차에 증인들 가운데 몇 사람이 자리에서 일어나 눈이 번쩍 뜨일 만한 증언을 했다.

“대제사장님, 우리는 저 사람에게서 똑똑히 들었습니다. 저 사람이 뭐라고 했느냐 하면, ‘사람의 손으로 지은 예루살렘 성전을 허물어 버리고 사흘 만에 다시 짓겠다!’ 했습니다.”

“제가 들은 바로는 ‘성전이 무너져 돌 위에 돌이 하나도 얹혀 있지 않을 것이다!’라고 했습니다.”

이처럼 예루살렘 성전에 관한 증언들도 증인들 간에 서로 들어맞지 않았다. 모두가 거짓 증인들이었기에 중구난방(衆口難防)이었다. 그러자 대제사장이 크게 답답했던지 자리에서 벌떡 일어나 앞으로 걸어오면서 예수께 직접 묻는다.

“그대는 왜 계속 침묵하고 있는 것인가? 아무 말도 하지 않을 작정인가? 이 사람들이 지금 그대에게 불리한 증언을 하고 있지 않은가? 뭐라도 말 좀 하는 게 좋을 텐데….”

하지만 예수께서는 여전히 입을 다무시고 침묵으로 일관하셨다. 사실, 재판은 처음부터 아주 불법적이고 편파적이며 적대적이었다. 공정한 심문은 기대할 수 없었다. 이 같은 상황에서 예수님은 여러 거짓 고소들에 대해 일일이 답변할 가치를 느끼지 못했다. 그래서 입을 굳게 다무신 것이다. 그러자 대제사장이 다시 묻는다.

“그대는 정녕 그대 자신이 하나님의 아들 ‘그리스도’라고 생각하는가?”

그제야 예수께서 입을 열어 대답하신다. 조금도 망설임 없는 확신 있는 목소리다.

“그렇소. 내가 바로 ‘그리스도’요. 장차 당신들은 인자가 능력 많으신 하나님의 오른편에 앉아 있는 것과 하늘 구름을 타고 이 땅에 다시 내려오는 것을 보게 될 것이오.”

“뭐, 뭐라고? 그대가 그리스도? 하나님 우편에 앉아 있다가, 하늘 구름을 타고 다시 내려와…?”

예수님의 답변을 듣고, 대제사장 가야바는 자기 옷을 잡아 찢으며 크게 말한다.

"오, 참람하도다! 더 이상 무슨 증언이 필요하랴! 하나님을 모독하는 저자의 말을 지금 우리 모두가 두 귀로 똑똑히 들었소. 자, 여러분은 저자의 말에 대해 어떻게들 생각하시오?"

그러자 공회원들을 비롯하여 뜰에 모인 군중들은 한 목소리로 예수를 사형에 처해야 마땅하다고 주장하였다. 그리하여 다수의 결정에 따라 예수를 사형에 처하기로 결론지었다. 미리 짜 놓은 각본대로였다. 예수에게 사형언도가 내려지자, 군중들 가운데 더러는 예수를 향해 침을 뱉었고, 더러는 예수의 얼굴을 가린 후에 주먹으로 치면서 마구 놀려댄다.

"어이, 하나님의 아들 그리스도! 지금 누가 너를 쳤는지, 어디 한번 알아맞혀 보시지!"

유대 랍비들은 가르치기를, 정녕 메시아라면 눈으로 보지 않고 냄새만으로도 판단할 수 있다고 했다. 군중들은 지금 그 말에 따라 예수를 시험하고 있는 것이다. 이 같은 군중들의 조롱에 이어, 대제사장 저택의 경비병들도 예수를 끌고 가더니 손바닥으로 뺨을 때리며 놀려댄다.

"내가 어느 쪽 손바닥으로 때렸게? 어이, 예수! 선지자 노릇 좀 해 보라구!"

베드로의 부인(14:66-72; 마26:69-75; 눅22:56-62; 요18:15-18, 25-27)

예수께서 대제사장 가야바에게 심문을 받고 있는 동안, 베드로는 대제사장 저택의 안뜰 아래쪽에서 사람들 틈에 섞여 장작불을 쬐고 있었다. 그런데 대제사장의 저택에서 일하는 여종 하나가 아까부터 고개를 갸웃하며 의아해하더니 베드로에게 가까이 다가와 말한다.

"가만…, 당신도 저 나사렛 사람 예수와 함께 다니던 사람이지요? 낯이 무척 익은데요…."

베드로가 예수님을 알지 못한다고 강하게 부인하다.

베드로가 깜짝 놀라며 즉시 부인한다.

"아니, 도대체 무슨 소리를 하는 건지 모르겠군! 사람 잘못 보았소!"

그러고서 베드로는 얼른 그 자리를 떠나 바깥뜰로 나가버렸다. 그런데 그 여종은 자기 생각에 확신을 가졌는지, 베드로를 따라 바깥뜰까지 따라와서는 거기 서 있는 베드로를 다시 가리키며 곁에 있는 여러 사람들에게 또다시 강하게 말한다.

"맞아요! 이 사람은 예수와 한패인 것이 틀림없어요! 내가 분명 이 사람을 보았어요!"

"허, 거참! 아니래도! 이자가 생사람 잡겠네!"

베드로는 또다시 예수님을 모른다고 강하게 부인하였다. 벌써 두 번째 부인이었다. 그때 어디선가 닭 울음소리가 들려왔다.

"꼬끼요!"

그런데 그로부터 조금 뒤, 곁에 서 있는 또 다른 사람이 베드로를 빤히 바라보며 다시 말한다.

"당신 말투를 들어보니 갈릴리 사투리를 쓰고 있는데, 그렇다면 아무래도 당신은 갈릴리 사람인 저 예수와 한패인 게 틀림없소!"

이렇듯 객관적인 사실까지 들이대며 추궁하자, 안 그래도 궁지에 몰려 쩔쩔매던 베드로는 크게 당황했다. 이 순간, 베드로는 어떡하든 위기를 모면하려는 생각밖에 없었다. 그래서 맹세하고 저주까지 하면서 예수님을 부인하기에 이른다.

"닥치시오! 도대체 지금 무슨 소릴 하는 거요? 나는 저 사람을 만나본 적도 없소! 내 말이 거짓이라면 천벌이라도 받겠소!"

바로 그때였다.

"꼬끼요!"

닭이 두 번째로 울었다.

'아, 닭 울음소리…!'

그제야 베드로는 예수님의 말씀이 뇌리를 스쳤다. 최후 만찬을 마치고 올리브산으로 향하던 길에 예수님이 베드로를 보며 말씀하시지 않았던가!

"오늘 밤, 닭이 두 번 울기 전에 너는 세 번이나 나를 모른다고 부인할 것이다."

"오, 오, 오, 주님…!"

베드로는 마치 미친 사람마냥 정신없이 밖으로 뛰쳐나가더니 땅에 그대로 엎어져 울었다. 큰 소리 내며 엉엉 슬피 울면서, 자기 가슴을 치며 대성통곡했다.

"오, 오, 주님! 오, 주님! 이 몹쓸 놈이…, 이 못난 놈이… 우리 주님을, 우리 주님을 모른다고…, 알지 못한다고…. 오, 주님, 이 죄를 어찌하려고! 아, 주님…."

눈물, 콧물 줄줄 흘리며 베드로는 목 놓아 엉엉 울었다. 못난 자신이 너무도 미웠다. 날이 밝도록 그의 울음소리는 그칠 줄 몰랐다. 죄를 뉘우치는 통회의 눈물이었다.

밤이 많이 깊어졌는지 사방은 조용하고 고요하기만 했다. 이제는 베드로의 울음소리도 그쳤다. 하지만 초대교회 전승에 의하면, 베드로는 이후에도 닭 우는 소리만 들리면 엉엉 울었다고 한다.

예수님의 두 제자. 은 삼십 냥에 스승을 팔아넘긴 가룟 유다와 스승을 세 번이나 모른다고 부인한 베드로. 자신들의 배신행위에 양심의 가책을 느끼기는 둘 다 마찬가지였다. 하지만 가룟 유다는 끝내 회개의 눈물 없이 스스로 자기 목을 맨 극단적인 선택으로 생을 마감함으로써 결국 실패자가 되고 말았다. 그러나 베드로는 가슴속 뜨거운 눈물로 회개하고 돌이킴으로써 마침내 한때의 실패를 극복하고 결국 승리자가 되었다. 회개 여부가 두 사람의 생을 갈랐던 것이다.

회개는 죄보다 강하다!

15

예수님의 죽음과 장례

가시관을 씌운 예수를 십자가에 못 박자
낮 12시부터 3시까지 캄캄해지네
하나님, 왜 나를 버리십니까
크게 외치다 숨을 거두신 예수

빌라도 앞에 서신 예수님(15:1-5; 마 27:1-2, 11-14; 눅 23:1-5; 요 18:28-38)

날이 밝았다. 예수님에게는 지치고 아프고 외로운 밤이었다. 그만큼 밤이 길었다. 제자들 역시 한숨도 자지 못했다. 지금 그들을 괴롭히고 있는 것은 가룟 유다의 배신으로 스승이 체포당했다는 사실이었다.

'아, 어떻게 유다 형제가 스승을….'

"너희 중에 한 사람이 나를 배신할 것이다."라는 스승의 말을 믿었던 제자들은 없었다. 유대 사회에서 그건 있을 수 없는 일이었다. 그랬기에 입을 맞추는 가장 친절한 모습으로 스승을 대적들에게 팔아넘기는 가룟 유다를 보면서 제자들은 큰 충격에 빠졌다.

'이 모든 사실을 알고 있으면서 스승은 얼마나 견디기 힘드셨을까….'

그런 스승님의 마음을 생각하니 가슴이 아려왔다.

'여기까지인가….'

스승님이 처형당하면 자기들의 소망도 사라지는 것이다. 3년의 고생이 물거품이 되어 버린다는 사실에 가슴이 아려왔다. 이럴 때는 맏형 되는 베드로가 아우 된 제자들을 붙들어 주어야 마땅하건만, 지금은 도저히 그럴 형편이 못 되었다. 베드로는 오늘 새벽에 세 번이나 스승님을 부인했다는 사실에 고개조차 제대로 들 수 없었고, 몰려드는 자괴감과 수치심으로 누구보다도 힘겨운 시간을 보내고 있었다.

날이 밝고 아침이 되면서 대제사장들과 장로들과 율법 교사들은 부지런히 움직였다. 그들은 이번 기회를 결코 놓칠 수 없었다. 만약 이번에 어떤 식으로든지 결단을 내지 못하면 다시는 기회가 오지 않을지도 모른다. 거세지는 예수의 바람을 막을 수 없을 것이다. 그만큼 이번의 기회는 절호의 찬스이면서 위기였다. 이번에 예수 문제를 제대로 처리하지 못하면 백성들의 폭동이라는 역풍을 맞을 수도 있다. 그러면 로마 총독부는 로마황제의 추궁을 피하기 위해 산헤드린에 모든 책임을 물을 것이다.

'어서 서둘러야 한다….'

날이 밝아오자, 대제사장들과 장로들과 율법 교사들(서기관들)은 급히 움직였다. 오늘 새벽 예수님의 심문에 참여하지 못한 나머지 공회(산헤드린) 의원들과 함께 전체 회의를 열어 의견을 모았다. 그들은 예수에게 신성모독의 죄명을 씌워 그를 사형에 처하기로 최종 결정을 내렸다. 하지만 당시 로마의 지배 아래 있던 유대 공회는 독자적으로 사형을 집행할 권한이 없었다. 그래서 그들은 예수를 결박한 후에 끌고 가서 로마 총독 빌라도에게 넘겨주었다.

여기서 공회(公會, Sanhedrin)에 대해 잠깐 살펴볼 필요가 있다. 공회에 해당하는 히브리어 '산헤드린'은 '모임'을 뜻하는 헬라어 '쉬네드리온'에서 파생된 말로, 모두 71명으로 구성된 유대인들의 최고 의결기구였다. 주전 3세기 말엽에 구성되어 예루살렘 함락(주후 70년) 때까지 지속되었는데, 공회 회원은 바리새인들과 서기관들과 사두개인들과 장로들 가운데 유력한 자들로 구성되었다. 의장은 현직 대제사장이 맡았다. 공회의 임무는 주로 모세 율법과 장로들의 전통을 수호하면서 이를 어기는 자를 치리하는 것이었다. 동시에 유대 백성들의 민사 문제를 처리할 수 있는 권한도 갖고 있었다.

본래는 개인에 대한 사형 집행권도 갖고 있었으나, 예수님 당시에는 유대가 로마제국의 지배 아래 있었기 때문에 사형 집행을 독자적으로 수행할 수 없었다. 그래서 어떤 죄인에 대해 사형을 집행하기 위해서는 로마정부에서 파견된 총독에게 상신하여 허락을 받아야 했고, 최종적으로 로마 총독이 그 죄인에 대해 사형을 언도해야만 했다. 그러했기에 예수를 사형에 해당된다고 정죄한 유대 공회가 독자적으로 사형을 집행하지 못하고, 로마 총독 빌라도에게 다시금 예수를 고소한 것이다.

당시 유대를 관할하는 로마 총독은 유대인의 사형 집행권과 산헤드린 공회의 결정을 변경할 수 있는 권한, 그리고 대제사장에 대한 임면권(任免權)을 가지는 등 군사와 사법과 종교를 두루 관장하는 절대 권력을 가지고 있었다. 로마 군영은 가이사랴에 본부를 두고 있었고, 민란 등을 염려하여 예루살렘 성전 내의 안토니아 요새에 분견대를 파견하고 있었다. 총독은 주로 본부가 있는 가이사랴에 머물렀고, 유월절 등 특별한 시기에만 예루살렘에 주둔하면서 군대 병력을 강화하였다.

당시 로마 총독은 본디오 빌라도였다. 그는 유대 주재 제5대 총독(주후 26-36년 재위)으로, 티베리우스 황제 때 발레리우스 그라투스 후임으로 파견되어 유대, 사마리아, 이두매 지역을 다스렸으며, 수리아 총독인 비텔리우스 지휘 아래 있었다.

고대 문헌에 의하면, 빌라도는 '뇌물을 좋아하고, 신을 모독하며, 사람에게 공평하지 않은 재판을 하여 근거도 없이 중형을 내리기로 유명한 자'로 소개된다. 한 마디로 그는 자기 출세에만 혈안이 된 부패하고 악한 총독이었다. 당시 빌라도 총독은 세상 도처에서 유대인들이 모여드는 유월절 절기를 맞아, 예루살렘 성읍 내의 안토니아 요새에 머물고 있었다.

'흠… 저자가 병을 고치고 기적을 행사한다는 그 예수란 자인가…?'

로마 총독 빌라도(주후 26-36년 재위), 그 역시 예수에 관한 여러 소문을 익히 들어 잘 알고 있었다. 빌라도는 뭔지 모를 야릇한 호기심이 생겼다. 그는 거들먹거리며 자기 앞에 서 있는 예수를 유심히 바라보며 묻는다.

"그래, 그대가 유대인의 왕이냐?"

빌라도가 예수에게 첫 질문으로 이렇게 물은 것은 까닭이 있었다. 사실, 로마 총독 빌라도는 유대인들의 종교 문제에는 아무런 관심이 없었다. 하지만 로마 정부의 권력에 도전하는 사회적, 정치적 반역 요소에는 매우 민감했다. 따라서 자신을 정치적 지도자나 왕이라고 주장하는 자는 로마정부에 위협이 되는 인물로 간주하여 누구든지 제거 대상이 되었다. 이런 점을 노리고, 유대의 종교 지도자들은 예수를 로마황제(가이사)에게 세금 내는 것을 반대하

로마 총독 빌라도가 예수님을 심문하다.

고, 로마정부에 반역하는 인물로 고소했던 것이다. 그래서 빌라도는 그런 고소 내용이 맞는지 사실 심문을 한 것이다.

"그렇소. 당신이 말한 대로요."

"그래, 그대가 유대인의 왕이라고? 그런데 어찌…."

빌라도는 영 미덥지 못한 듯 고개를 갸웃하며 재차 물으려 했다. 아무리 살펴봐도 예수에게서 정치적인 선동꾼의 모습을 찾아볼 수 없었기 때문이다. 자칭 '유대인의 왕'이라고 주장하는 정치적 선동꾼치고는 너무나도 온화하고 인자한 면모를 지녔다. 이런 종류의 사람은 절대 선동가 기질이 아니다. 서로 죽고 죽이며 물고 물리는 정치판의 속성을 누구보다 잘 알고 있는 빌라도, 그는 속으로 확신했다.

'내 앞에 있는 저 예수라는 사내는 절대로 정치할 사람은 아니다…. 그렇다면…?'

문득 예수란 자는… 정신적인 문제를 지닌 몽상가가 아닌가 하는 의심이 들었다. 빌라도가 내심 그런 생각을 하고 있을 때, 빌라도의 심문이 영 탐탁지 않았던지 예수를 고소한 대제사장들이 앞으로 나서며 여러 다른 죄목을 들어 예수를 비난하기 시작한다.

"총독님, 그뿐 아니라 저자는 성전을 허물고…."

"잠깐, 조용히들 하시오. 내가 지금 예수에게 심문하고 있지 않소."

그런 뒤 빌라도는 다시 자세를 고쳐 앉으며 예수께 묻는다.

"왜 그대는 아무 말도 하지 않느냐? 저 사람들이 지금 여러 죄목을 들어 너를 고소하고 있는 것이 들리지 않느냐? 그렇게 입 다물고 있으면 그대에게 불리하다는 사실을 알지 못하느냐?"

그런데도 예수께서는 입을 꾹 다무신 채 더 이상 아무런 말씀도 하지 않으셨다.

'거참, 이상한 자로군…. 그런데 아무리 살펴봐도 정치적 선동꾼은 아닌 것 같군!'

빌라도는 여러 고발에도 불구하고 자신을 전혀 변호하지 않는 예수를 아주 이상하게 여겼다. 그렇지만 자신의 오랜 정치 경험에 비춰볼 때, 유대 종교 지도자들이 고소한 것처럼 예수가 정치범이라는 생각은 전혀 들지 않았다.

그렇다고 예수를 선뜻 놓아줄 수도 없었다. 대제사장들이 여기까지 예수를 끌고 온 것은 딱 한 가지 이유에서다. 그를 처형해 달라는 것. 아무리 총독이지만 유대 교권자들의 세력을 무시할 수 없었기에 빌라도는 망설였다. 이러지도 못하고 저러지도 못한 채 결단을 내리지 못하고 깊이 고민하고 있었다.

사형판결을 받으심 (15:6-15; 마 27:15-26; 눅 23:13-25; 요 18:39-19:16)

예로부터 유대인들의 최대 명절인 유월절이 되면, 유대 백성들이 원하는 죄수 한 명을 풀어주는 관례가 있었다. 로마 총독이 식민지 백성의 환심을 사기 위해 시행하던 일종의 사면(赦免) 관례였다. 때마침 큰 폭동을 일으켜 사람을 여럿 죽이고 감옥에 갇혀 있는 '바라바'라 하는 소문난 죄수가 있었다. 그는 로마정부에 대항하여 민란을 일으킨 열혈 국수주의자로, 극우적인 유대인들에겐 민족적 영웅으로 숭상되었다.

"총독 각하! 이제 유월절이 다 되었으니, 관례에 따라 죄수 하나를 풀어주십시오!"

유대 군중들은 로마 총독 빌라도에게 유월절 관례대로 시행해 줄 것을 요구했다. 그러자 빌라도가 군중들에게 묻는다.

"좋소! 그리 하겠소. 그렇다면 여러분은 누굴 원하시오? 풀어주기를 원하는 사람이 '유대인의 왕'이라 하는 그자요?"

이때 빌라도는, 사람들에게 인기 많은 예수를 대제사장들이 시기한 나머지 그자를 자기에게 넘긴 것임을 알고는 이렇게 말한 것이다. 그렇다면 군중들은 당연히 예수란 자가 풀려나기를 바랄 것이라고 생각했다.

그러나 빌라도의 예상이 틀렸다. 대제사장들이 이미 사람들을 풀고 손을 써서 군중들을 선동해 놓았기 때문이다. 그리하여 군중들은 예수가 아닌 '바라바'를 풀어 달라고 빌라도에게 요구했다. 때에 군중들은 유대의 종교지도자들에게 선동당하여 비이성적인 광분 상태였다. 그 결과, 유대 백성들은 예수 대신에 바라바를 선택한다.

"바라바요, 바라바를 풀어주시오! 우리는 바라바를 원합니다!"

총독 빌라도는 난감해졌다. 자신의 예상과는 영 어긋나게 일이 진행되고 있었기 때문이다. 빌라도의 입장에서는, 로마정부에 대항하여 민란을 일으킨 흉악한 정치범이자 살인범인 바라바보다는 스스로를 '유대인의 왕'이라고 생각하고 있는 온순한 몽상가인 예수를 풀어주는 편이 훨씬 나았다. 그러나 선동당한 줄도 모른 채 이미 비이성적인 군중심리에 빠져든 유대 백성들은 미친 듯이 바라바를 외쳐댔다. 자칫 어설프게 대처하다가는 또 다른 민란이 일어날 판국이었다. 그러자 체념한 듯 빌라도가 군중들에게 말한다.

"좋소! 모두 진정들 하시오. 여러분이 원하는 대로 바라바를 풀어주겠소. 자, 그렇다면 이제 여러분은 자칭 '유대인의 왕'이라고 하는 그자를 내가 어떻게 처리했으면 좋겠소?"

이 문제에 대해서도 군중들은 이미 유대 종교지도자들에 의해 선동당한 상태였다. 뿐만 아니라 그들 스스로도 예수를 적대시했다. 유대인들은 정치적 메시아를 대망했다. 그들이 생각하는 메시아의 모습은 모세나 다윗처럼 당당하고 강력한 통치자의 모습이었다. 로마 군대를 물리치고, 자신들의 나라를 정치적으로 해방시켜 주는 그런 능력 있는 구원자의 모습이었다.

한때 예수가 그런 모습을 얼핏 보이자 백성들은 예수님에게 잔뜩 기대를 걸었다. 그런데 지금… 포승에 꽁꽁 묶인 채 빌라도 앞에 힘없이 서 있는 나약한 예수의 모습이라니! 기대가 산산이 부서지자, 그 기대가 이제는 미움과 증오로 바뀌었는지 군중들이 큰 소리로 외친다.

"그자를 십자가에 못 박으시오!"

"이제 예수는 더 이상 필요 없소! 그자에게 당장 사형을 내리시오!"

빌라도는 유대 군중들을 이해할 수 없었다. 아무리 살펴보아도 예수에게서 십자가형에 해당되는 죄목을 발견할 수 없는데, 무엇이 군중들로 하여금 그토록 예수를 배척하고 증오하게 만들었단 말인가! 그래서 빌라도가 유대 군중들에게 묻는다.

"도대체 이유가 무엇이란 말이오? 정말 예수가 무슨 죽을죄를 지은 거요?"

그러나 군중들은 막무가내였다. 무언가에 홀린 듯 집단 광기에 사로잡혀 더욱 크게 외쳐댈 뿐이다.

"예수를 십자가에 못 박으시오! 예수를 십자가에 못 박으시오!"

"그자에게 당장 사형을 언도하시오! 그렇지 아니하면, 당신은 로마황제의 충신이 아니오!"

자칫하면 군중 폭동이 일어날 판국이었다. 사태가 이 지경까지 이르자 빌라도는 어찌 해볼 도리가 없었다. 마음이 내키진 않았지만, 빌라도는 군중들의 비위를 맞춰주려고 바라바를 풀어주었다. 그런 다음, 예수에게 채찍질을 가하게 한 후에 그를 십자가에 못 박으라고 군사들에게 넘겨주었다.

결국 빌라도는 불의에 굴복했다. 예수를 재판하는 과정에서 정의를 선택할 수 있는 기회가 그에게 주어졌지만, 빌라도는 일신의 안위와 영달을 위해 그만 불의를 선택하고 말았다. 그 결과, 빌라도는 기독교인들의 사도신경을 통해 예수 그리스도를 박해한 자로 두고두고 상기됨으로써 인류 역사상 최대의 죄인이 되고 말았다.

"전능하사 천지를 만드신 하나님 아버지를 내가 믿사오며, 그 외아들 우리 주 예수 그리스도를 믿사오니, 이는 성령으로 잉태하사 동정녀 마리아에게 나시고, 본디오 빌라도에게 고난을 받으사, 십자가에 못 박혀 죽으시고…." (사도신경 중에서)

로마 군사들에게 조롱받으신 예수님(15:16-20; 마 27:27-31; 요 19:2-3)

로마 총독 빌라도가 예수에게 십자가형을 언도하자, 로마 장교는 예수를 인계받아 총독 관저의 뜰로 끌고 들어간 후 부대원 전체를 집합시킨다.

"들어라, 총독 각하께서 이자에게 십자가형을 언도하셨다. 그러니 즉각 사형을 집행하도록 하라!"

부대장의 명이 떨어지자, 로마 군인들은 십자가형을 집행하기 전에 예수를 조롱하기 시작했다. 예수에게 자색 옷을 입히고 가시관을 엮어 머리에 씌운 뒤 마치 왕에게 하듯 경례하는 시늉을 했다. 그러고는 낄낄대며 예수를 향해 외친다.

"유대인의 왕, 만세!"

"유대인의 왕이여, 만수무강 하소서!"

로마 군인들은 갈대로 예수의 머리를 탁탁 치고, 얼굴에 침을 퉤퉤 뱉는가 하면, 또 한편으로는 땅바닥에 무릎을 꿇고 킥킥거리며 왕을 떠받들듯 예수를 경배하는 시늉을 했다. 예수님을 희롱한 것이다. 로마 제국에서 채찍질과 십자가형은 로마정부를 거슬러 반역을 꾀한 중죄인이거나 흉악한 죄를 지은 노예에게 내려지는 극형이었다. 그래서 십자가형을 집행하는 로마 군인들은 사형을 집행하기 전에 보통 죄수를 능멸하고 조롱했다. 그런데 스스로 '유대인의 왕'이라고 주장하는 이 온순하고 특이한 사람, 곧 예수를 모욕하고 조롱하는 일에 로마 군인들은 큰 재미와 흥미를 느껴 더욱 적극적으로 괴롭혔다. 이처럼 예수님은 일반 죄수들보다 더욱 큰 치욕과 수난을 겪으셨다.

"에이, 뭐 이래? 아무리 때리고 놀려도 도통 반응을 안 보이니 재미가 없네."

"그러게 말이야. 자, 그럼 이제 이자를 형장으로 끌고 가서 처형하도록 하지!"

로마 군인들은 예수를 실컷 희롱하고 모욕한 다음, 예수에게서 자색 옷을 벗기고 예수의 본래 옷을 다시 입혔다. 그런 후에, 군인들은 예수를 십자가에 못 박으려고 예루살렘 성문 밖으로 끌고 나갔다. 당시 죄수들의 공개 처형 장소인 골고다(혹은 갈보리)는 예루살렘 성문 밖에 있었다.

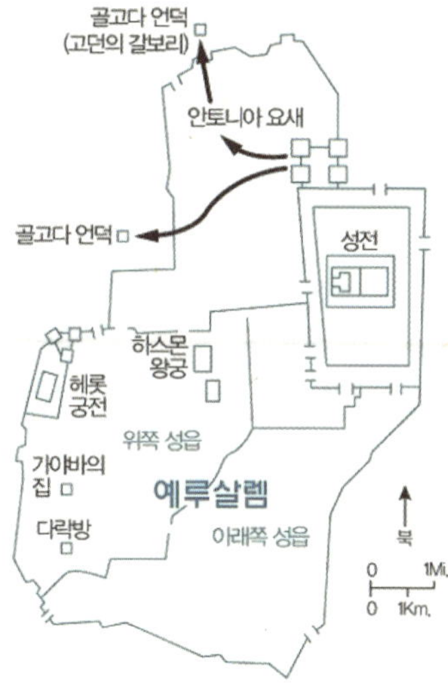

골고다 언덕으로 가는 고난의 길.

십자가에 못 박히시다(15:21-32; 마 27:32-44; 눅 23:26-43; 요 19:17-27)

채찍질을 당해 온몸이 피로 물든 예수님, 머리에 가시관을 쓴 채 무거운 십자가를 지고 골고다 언덕으로 향했다. 예수께서 빌라도에게 재판을 받은 후에 골고다까지 십자가를 지고 간 고난의 길, 그 길을 일컬어 '비아 돌로로사'(Via Dolorosa, '고난의 길'이란 뜻)라 한다.

어제 저녁부터 겟세마네 동산에서 혼신의 철야기도를 하시고, 이른 새벽부터 붙잡혀 이곳저곳으로 끌려 다니시면서 여러 번 재판을 받으시고, 이후에 로마 군인들에게 채찍질과 온갖 능욕을 당하신 예수님의 육신은 그야말로 만신창이가 되어 있었다. 그러니 어찌 무거운 십자가를 제대로 지고 골고다 언덕까지 올라갈 수 있었으랴! 조금 걷다가 픽 쓰러지고, 겨우 일어나 또 몇 걸음 옮기다가 픽 쓰러지고….

"뭐야, 이거! 왜 이리 약골이야! 엄살 피우지 말고 얼른 일어나란 말이닷!"

짜증이 난 로마 군인들은 예수님의 등에 채찍질을 가하며 걸음을 재촉하였다. 그러나 그럴수록 예수님은 더욱 지치고 힘이 빠져 더 자주 쓰러졌다.

"어이, 아무래도 이래 가지고는 이자가 형장까지 십자가를 지고 갈 수 없겠는데, 어쩌면 좋지?"

"내가 보기에도 그래 보이는군! 그렇다면 신체 건장한 놈 하나를 아무나 징발해서 대신 십자가를 지우도록 하세나!"

본래는 죄수가 형장까지 자기 십자가를 지고 가야 했다. 이때의 십자가는 양팔을 못 박을 수 있는 기다란 횡목인데, 대략 20kg 정도 나가는 무게였다. 하지만 예수님은 전날 밤의 철야기도, 거듭된 심문, 가혹한 매질 등으로 인해 체력의 한계에 이르렀기 때문에 더는 십자가를 지고 갈 수 없는 지경이었다. 그래서 로마 군인들은 예수를 대신하여 십자가를 지고 갈 수 있는 사람을 물색하려 한 것이다. 당시 로마법에

십자가를 지시고 골고다 형장으로 올라가시는 예수님.

따르면, 로마 군인들은 제국의 지배하에 있는 식민 백성을 징발하여 즉각적으로 일을 시킬 수 있는 권한이 있었다.

때마침 그 시각에 '시몬'이란 이름을 가진 구레네 사람이 유월절을 지내려고 집을 떠나 예루살렘으로 올라와 그곳(비아 돌로로사)을 지나고 있었다. 그는 알렉산더와 루포의 아버지였다. 구레네(Cyrene)는 아프리카 북동쪽에 위치한 도시로, 당시 본국을 떠나 세상 도처에 흩어진 유대인들이 많이 모여 살았던 곳이다.

"어디 보자… 그래, 저기 저놈이 좋겠군! 야, 너! 이리 나왓!"

"네? 저… 저 말입니까?"

"그래, 너! 빨리 이리 나왓!"

로마 군인들은 건장한 체격을 지닌 구레네 사람 시몬을 붙들어 그로 하여금 억지로 예수의 십자가를 지게 했다. 아프리카에서 올라온 촌사람 시몬은 아무 영문도 모른 채 로마 군인들의 위협에 크게 주눅이 들어 졸지에 예수님의 십자가를 대신 지고 형장까지 올라가게 되었다. 로마 군인들은 예수를 이끌고 '골고다'라는 언덕으로 올라갔다. 그곳은 당시 죄수들을 처형시키던 공개적인 형장이었다.

골고다(Golgotha)는 '해골(骸骨)'이란 뜻을 가진 아람어 '굴갈타'를 헬라어식으로 발음한 것인데, 그곳의 지형이 사람의 해골 같은 형상을 띠고 있었기 때문에 그렇게 불렸다. 오늘날 이곳은 '고든의 갈보리'라 불리는 곳으로, 예루살렘 성읍의 다마스쿠스 문에서 북동쪽으로 230m 가량 떨어진 언덕에 위치해 있다. 큰길 부근에 있으며, 먼 곳에서도 바라볼 수 있다.

"자, 다 왔다! 여기에 십자가를 내려놓아라! 넌 이제 가도 좋다!"

골고다 형장에 도착한 로마 군인들은 예수님 대신에 십자가를 지고 온 구레네 사람 시몬을 돌려보낸 뒤, 본격적으로 예수를 십자가에 못 박을 채비를 하기 시작했다.

십자가형(十字架刑)! 이 형벌은 로마정부가 반역, 해적질, 살인, 강도짓 등 흉악한 죄를 지은 자를 처벌하는 방법이었다. 이는 아주 고통스럽고 잔인한 처형으로 여겨졌기에, 로마 시민들은 이 처형에서 면제되었다.

십자가형에 처해지기 전에 죄수들은 가죽 채찍으로 흠씬 맞았다. 이렇게 해서 쇠약해진 죄수들은 십자가에 붙여질 가로 빗장을 직접 지고 형장까지 올라가서 십자가에 묶이거나 못 박혔다. 죄수들은 십자가에 매달린 채 숨을 쉴 수 없을 만큼 근육들이 약해져서 천천히 고통스럽게 죽어갔다. 이 같은 육체적 고통도 고통이지만, 무엇보다 그 능욕과 수치심 때문에라도 십자가형은 인류 역사상 가장 끔찍한 처형 수단 중 하나였다.

"어이, 유대인의 왕! 이것 좀 먹어 보시지!"

로마 군인들은 예수의 손발에 못을 박기 전에 몰약을 탄 포도주를 예수에게 건넸다. 몰약은 올리브과(科) 나무의 껍질을 벗겨 얻어낸 진액인데, 고대 세계에서 '몰약 탄 포도주'는 일종의 마취제로 사용되었다. 사형 집행관인 로마 군인들이 이것을 예수에게 건넨 이유는, 쓰고 독한 술로 인해 거의 마취되다시피 한 죄수를 손쉽게 다루기 위함이었다. 더불어 십자가형을 당하는 사형수의 극한 고통을 덜어주기 위한 마지막 작은 배려였다. 그러나 예수께서는 그것을 거절하셨다.

"어라? 안 먹어? 엄청 고통스러울 텐데…. 거참, 유대인의 왕으로서 마지막 자존심을 지키겠다는 거야, 뭐야! 뭐, 싫으면 관두시지!"

마침내 군인들은 예수를 십자가에 못 박았다. 사정없이 망치질을 했고, 예수님의 손과 발에서는 붉은 피가 줄줄 흘러내렸다. 십자가 보혈이었다. 예수를 못 박은 십자가를 똑바로 세운 뒤, 군인들은 주사위를 던져 누가 어떤 옷을 가질지 정한 다음, 예수님의 옷가지를 나눠가졌다. 이는 처형당하는 죄수의 옷을 사형 집행자들이 취하는 당시 관례에 따른 것이다. 일종의 부수입인 셈이다.

골고다 형장에서 십자가에 못 박혀 매달리신 예수님.

예수께서 십자가에 못 박히신 날은 유대 종교력으로 정월(아빕월, 니산월) 14일이었고, 때는 제 삼시였다. 오늘날의 시각으로는 아침 9시다(이 날 해질 무렵, 그러니까 대략 저녁 6시 이후부터는 유월절이 시작된다). 예수님을 못 박은 십자가 위에는 '유대인의 왕'이라고 적힌 죄패(罪牌)가 달려 있었다.

그런데 그 날 아침에 강도 두 명도 십자가형을 언도받았는데, 두 강도가 매달린 십자가는 예수님의 좌우에 세워졌다. 그러니까 그 날, 골고다 언덕 위에 3개의 십자가가 세워졌다. 중앙이 예수님의 십자가였고, 하나는 예수님의 오른쪽에, 다른 하나는 예수님의 왼쪽에 세워졌다. 이런 광경은 구약 선지자의 예언을 그대로 성취시킨 것이다.

"그는 범죄자들 가운데 한 사람으로 헤아림을 받았도다" (사 53:12).

손발에 못 박히신 채 인류의 모든 죄를 짊어지시고 십자가에 매달리신 예수님은, 극한 고통 속에서 서서히 죽어가고 계셨다. 그렇게 죽어 가시면서 하늘의 아버지를 향해 부르짖었고, 땅의 사람들을 위해 기도하셨다. 그러나 십자가 아래를 지나가는 사람들은 저마다 머리를 흔들며 예수를 조롱한다.

"아하, 성전을 허물고 사흘 만에 다시 짓겠다던 자야! 어디 한 번 십자가에서 내려와, 네 목숨이나 구해 보아라."

"제 목숨 하나 건지지 못하는 주제에 감히 누굴 구하겠다고 큰 소리 친 것이냐! 이제 보니 순전히 거짓 뻥이었어! 하하하."

이때에 대제사장들과 바리새인들과 율법 교사들도 함께 거들며 예수를 조롱한다.

"참으로 웃기는군! 이자가 남은 구하면서도 정작 자기 자신은 구하지 못하는군."

"이봐, 이스라엘의 왕 그리스도야! 어디 이제라도 십자가에서 훌쩍 뛰어 아래로 한번 내려와 보시지. 그러면, 우리가 믿어 드릴게."

심지어 예수님과 함께 십자가형을 받고 있던 좌우의 두 강도까지 예수께 이런저런 욕을 퍼부었다. 처음엔 두 강도가 다 그랬다. 하지만 시간이 흐르면서 그중 한 강도는 마음이 바뀐다. 누가복음의 기록에 의하면, 한 강도는 회개하고 구원받았다. 아마도 그 강도는 십자가상의 예수님이 로마 군인들을 용서하는 모습을 지켜보고는, 심경의 변화를 일으켜 예수님을 믿기로 결심한 듯하다.

예수께서 숨을 거두심(15:33-41; 마 27:45-61; 눅 23:44-56; 요 19:28-30, 38-42)

"아, 아니, 이게 대체 웬일이지?"

"지금은 한낮인데, 왜 갑자기 어두워진 거야?"

제 육시, 그러니까 예수께서 십자가에 매달리신 지 3시간이 흐른

낮 12시가 되었을 때, 갑자기 온 땅에 흑암이 임하기 시작했다. 하루 중 가장 밝고 환할 정오에 앞뒤를 구분하기 어려울 만큼 캄캄한 흑암이 임한 것이다. 그리고 이 흑암은 제 구시(오후 3시)까지 3시간 동안 계속되었다. 그렇게 오후 3시가 되었을 때였다. 예수께서 십자가 위에서 큰 소리로 부르짖으신다.

"엘리 엘리 라마 사박다니!"

이 말을 번역하면 '나의 하나님, 나의 하나님, 어찌하여 나를 버리셨나이까!'란 뜻이다. 과연 예수님의 부르짖음대로, 아버지 하나님은 십자가에 매달린 예수님을 버리셨을까? 그렇다. 충분히 그럴 수 있다. 왜냐하면 십자가상의 예수님은 죄 없으신 하나님의 아들로서의 본래 예수님이 아니다. 온 인류의 죄를 한 몸에 짊어진 대속(代贖)의 큰 죄인으로서의 예수님이다. 그렇기 때문에 온통 죄 덩어리인 십자가상의 예수님과 죄를 심히 미워하시는 하늘 아버지와의 관계는 응당 끊어질 수밖에 없었다. 그리하여 십자가 위에서 예수님은 영원의 세월 동안 지속되어 왔던 아버지 하나님과의 친밀한 관계가 일시적으로 단절되는 지극한 고통을 맛보았던 것이다.

"어? 예수가 어쩐 일로 엘리야를 찾고 있네?"

"저런, 쯧쯧! 엘리야 선지자에게 도움을 청하고 있군!"

십자가 가까이에 서 있던 사람들은 예수님이 "엘리 엘리 라마 사박다니!" 하고 외치는 소리를 듣고, 예수가 구약시대의 유명한 선지자 '엘리야'를 부르는 것으로 생각했다. 그래서 무리들 가운데 한 사람이 어디론가 달려가 해면에 신 포도주를 적신 후, 그것을 기다란 갈대 끝에 꽂아 예수님의 입에 대어주면서 말한다.

"어이, 이거 먹어봐! 어디 엘리야가 와서 널 십자가에서 내려주나 한번 보자구!"

해면(海綿)은 흡수성이 뛰어나 일종의 스펀지 역할을 했다. 지금의 식초는 일반적으로 사과즙을 발효시켜 얻은 신맛의 액체이지만, 당시에는 포도주로 만들었다. 이것은 대중들의 일반적인 음료였으며 야영할 때에 로마 군인들이 이용하던 음료였다.

이때 그 사람이 신 포도주를 적신 해면을 예수님의 입에 대어주는 행동을 한 것은, 예수의 목숨을 조금이라도 연장시켜 정말로 엘리야가 나타나 예수를 구해주는지 확인해 보고 싶은 천박한 기대 때문이었다. 그러나 그런 일은 일어나지 않았고, 마침내 예수께서는 큰 소리를 한번 지르시고는 마지막 숨을 거두셨다. 고난의 십자가 사역을 완수하시고, 십자가 위에서 운명하신 것이다. 바로 그때였다!

예루살렘 성전의 지성소 휘장이 맨 위에서부터 맨 아래까지 두 폭으로 완전히 찢어졌다. 주목하라! 이 사건은 의미가 아주 깊다. 청색, 자색, 홍색 실로 정교하게 만들어진 지성소 휘장은, 하나님의 지상 임재의 상징적 처소인 지성소로부터 성소를 분리하는 커튼이었다. 그러므로 사실 이 휘장은 지극히 거룩하신 하나님에게서 죄인 된 인간을 분리시키는 거대한 장벽이었다. 그런데 예수님의 죽음과 함께 하나님은 이 휘장을 위로부터 아래까지 둘로 철저히 찢으셨다. 그것은, 예수님의 십자가 죽음으로 말미암아 하나님과 사람 사이의 거대한 장벽이 제거되고, 이제는 사람들이 예수 그리스도의 십자가 보혈의 공로에 힘입어 하나님 앞으로 자유롭게 나아갈 수 있게 되었다는 사실을 극적으로 보여주는 초자연적인 사건이었다.

이뿐 아니라, 예수님의 죽음과 동시에 여러 가지 놀라운 사건들이 일어났다. 땅이 크게 진동하며 커다란 바위가 깨뜨려졌고, 무덤이 열리고 죽은 자들이 살아나기도 했다.

"아, 이분이야말로 참으로 하나님의 아들이셨구나!"

이 말은, 십자가 아래에서 모든 것을 지켜본 로마군대의 한 백부장이 자신도 모르게 내뱉은 고백이다. 백부장은 휘하에 100명의 군인을 거느리고 통솔하는 로마군대의 장교다. 그는 예수님의 마지막 순간을 전부 지켜본 자로, 분명 예수의 십자가형을 주관하고 감독한 자일 것이다. 저 사람 예수, 분명 일반 죄수와는 달랐다. 달라도 너무 달랐다. 예수가 빌라도 앞에서 재판을 받는 모습, 사형을 언도받아 채찍질과 조롱을 당하면서도 끝까지 품위를 잃지 않는 모습, 골고다 형장에 끌려온 뒤 십자가에 매달려 있는 고통의 순간에도 하나님께 기도하고 원수를 용서하는 모습, 숨을 거두면서 부르짖는 모습, 그리고 예수의 죽음과 관련하여 일어난 여러 놀라운 장면들까지 낱낱이 지켜본 백부장, 그의 결론은 이러했다.

"보라, 이 사람이야말로 진실로 하나님의 아들이다!"

때에 몇몇 여인들도 멀찌감치 서서 예수께서 처형당하시는 모습을 줄곧 지켜보고 있었다. 이들은 갈릴리 지방에서부터 예수님을 계속 따르면서 이모저모 시중을 들던 여인들이었다. 사복음서를 종합하여 살펴보면, 골고다(갈보리) 형장에 있었던 여인들은 이러하다. ① 막달라 마리아. ② (작은) 야고보와 요셉(요세)의 어머니 마리아. 이 마리아는 글로바의 아내 마리아와 동일인으로 추정됨 ③ 세베대의 아들들(야고보와 요한)의 어머니, 곧 살로메. ④ 예수의 모친 마리아. ⑤ 예수의 이모 등. 이들 외에도 골고다 형장에는 예수님을 따라 예루살렘에 올라온 많은 여자들이 있었다.

예수께서 무덤에 묻히심 (15:42-47; 마 27:57-61; 눅 23:50-56; 요 19:38-42)

이미 날은 저물었다. 이른 저녁(오후 3~6시)이었다. 예수께서 십자가에 죽으신 그때는 유월절 어린양을 먹는 날(정월 14일)인 안식일 전날(금요일), 곧 안식일을 준비하는 예비일이었다. 이제 몇 시간만 지나면 늦은 저녁(오후 6~9시)이 되어 안식일이 시작되었으므로, 서둘러 예수님의 장례를 치러야 했다. 그 까닭은, 안식일에는 부정한 것으로 간주된 시신(屍身)을 옮길 수 없었기 때문이다.

"총독 각하, 이제 예수는 처형당하여 십자가에 못 박혀 죽었습니다. 그러하오니 그분의 시신을 십자가에서 내려 무덤에 장사지낼 수 있도록 허락해 주시기 바랍니다."

때에 공회(산헤드린) 의원으로서 사람들에게 널리 존경받는 '요셉'이란 사람이 총독 빌라도를 찾아가 청원했다. 공회 의원은 유대인들의 최고 의결기구인 공회의 구성원을 가리키는데, 모두 71명의 의원들로 구성되었다. 그는 아리마대 출신으로, 하나님의 나라가 임하기를 소망하고 기다리는 신실한 사람이었다. 아리마대는 예루살렘 북서쪽에 있는 작은 마을로, 옛적 사무엘 선지자의 고향인 '라마다임소빔'과 같은 마을로 추정된다. 오늘날의 지명은 '렌티스(Rentis)'다. 바로 이 사람 요셉이 개인적인 불이익과 사회적인 따돌림이 뒤따를 것임에도 불구하고 큰 용기를 내어 총독 빌라도에게 예수님의 시신을 내어달라고 요청한 것이다.

로마법에 따르면, 처형당한 자의 가족이나 친척은 죽은 자의 시신을 수습하여 장례를 지낼 수 있었다. 하지만 이러한 법도 일반 죄수에게 해당되었고, 정치범이나 반란죄로 처형당한 자에 대해서는 제한되었다. 때에 예수님은 로마 황제가 인준하지 않은, 자칭 '유대인의 왕'이라는 정치범으로 고발당하여 처형당했기에 시신을 순순히 넘겨받을 수 없었다. 이 같은 로마법에 대해 잘 알고 있었던 공회의원 요셉이 예수님의 시신을 내어달라고 빌라도 총독에게 감히 요청한 것은 큰 용기가 필요한 일이었다. 그는 예수를 처형시키자는 산헤드린의 결정에 동의하지 않았었다.

"흐음, 예수의 시신을 내어달라고? 그렇다면 예수란 자가 벌써 죽은 것이오? 아직 숨이 끊어질 시각이 아닌데…. 또 듣자 하니, 그는 죽은 자도 살린다는 등 워낙 희한한 기적을 행사한다는 소문이 나돌기도 하고…."

공회의원인 아리마대 사람 요셉의 요청을 받고서 빌라도가 머뭇거렸다. 예수가 십자가에 못 박힌 시각은 그 날 삼시(오전 9시)인데, 그로부터 6시간 만인 육시(오후 3시)에 벌써 숨을 거두었다고 하니 쉽사리 믿기지 않았던 것이다. 십자가형을 당한 장정 죄수는 대개 2~3일 동안 고통을 받다가 숨을 거두었다. 무슨 꿍꿍이가 있는 것은 아닐까. 그러나 총독은 평소 요셉 의원의 됨됨이를 잘 알고 있었다.

유대인들의 관습에 따르면, 시신은 밤새도록 십자가에 달린 채로 있어서는 안 된다. 특히 다음날이 안식일과 큰 명절인 유월절이 겹치는 거룩한 날이기에 서둘러 시신을 처리해야 한다. 그러나 로마의 관습은 십자가에 달린 죄수의 시신은 짐승에게 뜯겨 먹히거나 부패할 때까지 그대로 달아놓아야 한다. 장사를 지내려면 로마 지방행정관의 허락을 받아야 한다. 허락을 청할 자의 자격은 죽은 자의 가족이나 친척이어야 했으며, 이 경우에도 정치범의 경우에는 불가하다. 이처럼 죽은 자를 두고 유대법과 로마법이 충돌하고 있는 것이다.

그런데 이때 빌라도가 로마법을 들어 일언지하에 요셉의 요청을 거절하지 않고, 무슨 생각에서인지 예수의 사망 사실에 대해서만 의문을 품은 것은 상당히 협조적인 자세를 취한 것이다. 그 까닭은, 빌라도는 예수를 정치범으로 보지 않았기 때문이다. 뿐만 아니라 예수가 무죄임이 분명한데도 유대 군중들의 위협적인 요구에 못 이겨 사형언도를 내린 데 대해 일말의 양심의 가책을 느끼고 있었기 때문이다. 그래서 로마 총독 빌라도는 예수의 십자가형을 집행한 백부장을 불러 예수가 정말로 숨을 거두었는지 확인한다.

"총독 각하, 예수는 죽었습니다! 그의 숨이 끊어진 것을 분명 확인했습니다."

"그래? 그렇다면… 예수의 시신을 요셉이란 자에게 내어주도록 하라!"

백부장에게서 사실 확인을 보고받은 빌라도는 요셉에게 예수의 시신을 가져가도 좋다고 허락했다. 그러자 요셉은 예수님의 시신을 십자가에서 조심스럽게 내린 다음, 당시 유대인들의 장례법에 따라 시신을 물로 씻고는 향유를 바른 뒤 고운 베로 시신을 곱게 감쌌다. 향료는 시신에서 풍기는 악취를 막기 위함이다. 팔레스타인은 더운 지방이기에 시신이 금방 부패한다.

그런 뒤 요셉은 바위를 깎아 만들어놓은 자신의 새 무덤 안의 평석(平石)에 예수님의 시신을 모셔다놓았다. 그러고는 큰 돌을 굴려 무덤 문을 막았다. 이 돌은 폭이 약 2m 정도 되는 큰 돌이다. 돌문을 움직이려면 여러 명의 장정들이 필요하다.

유대인의 무덤은 삼중 구조다. 먼저 바위를 파내어 무덤을 만든다. 무덤을 이루는 외부 면과 그 안의 현관, 가장 깊은 곳에 위치한 납골실로 구성된다. 무덤을 이루는 외부의 돌(고랄)은 세상과 무덤을 이어주는 경계선이다.

유대인은 종교적 신념으로 두 차례 장례식을 치른다. 1차는 시체를 1년 동안 무덤 안의 현관에 보관한다. 팔레스타인의 무더위에 1년쯤 지나면 시신이 해체되어 뼈만 남는다. 그러면 그 뼈를 모아 납골관에 안장하는 2차 장례식을 치른다. '고킴'이라 불리는 납골실은 무덤 안에 있는 또 다른 무덤이다. 돌을 깎아 납골관이 들어갈 정도의 공간을 여러 개 파놓는다. 그 무덤 속에 가족들이 차례로 매장된다.

고고학적 발굴에 의하면, 한 무덤에 100명이 넘는 사람들이 장사된 경우도 있었다. 이 무덤들은 네모난 하나의 방으로 이루어져 있는데, 늘어날 가족 수에 대비하여 방을 아홉 칸까지 두기도 했다. 이런 납골실에 여러 세대, 여러 가족의 뼈와 물건들이 채워졌다. 그래서 유대인들은 사람이 죽으면 “그의 조상들에게로 돌아갔다”라고 하는 것이다.

‘아, 우리 주님의 시신이 저곳에 모셔지는구나….’

아리마대 사람 요셉이 수하 사람 몇 명을 데리고 예수님의 시신을 장사지내는 동안, 막달라 마리아와 요셉의 어머니 마리아는 예수님의 시신이 어디에 모셔지는지 주의 깊게 지켜보고 있었다. 그녀들은 예수님의 죽음을 크게 안타까워하면서 슬픔을 침묵으로 삼키며 한 순간도 놓치지 않고 예수님의 장례를 줄곧 지켜보았다.

유대인들은 들짐승들이 냄새를 맡고 시신을 훼손하는 것을 막고 보석이나 귀중품을 노리는 도굴꾼들이 쉽게 접근하지 못하도록 보통 사람의 키만한 큰 돌로 무덤 입구를 막았다. 그리고 무덤 입구에는 안내판을 세워 놓는다.

『이 무덤에는 아무 보석도 없다』

『이 무덤을 파헤치는 자에게는 대대로 저주가 내릴 것이다』

그러니 누가 무덤의 돌문을 연다거나 짐승들이 돌을 굴려내는 일은 없다. 더욱이 로마 총독이 직접 지시를 내린 처형범이기에 무덤 문에 손을 댈 사람은 아무도 없다. 여인들은 견고한 무덤 문을 뚫어져라 바라보며 하염없이 눈물을 흘린다.

십자가 위에서 운명하신 예수님은 아리마대 요셉의 새 무덤을 잠시 빌린다. 세상에 들어오실 때에도 마구간의 구유를 빌리더니, 떠나가실 때에도 빌려 쓰고 가신다. 하기야 예수님의 33년 삶 자체가 빌려 쓰다 간 생애다. 갈릴리 호수에서는 베드로의 배를 빌려 교훈을 전했다. 예루살렘으로 입성할 때에는 누구도 타보지 않았던 나귀 새끼를 잠시 빌려 타셨다. 십자가에서 죽으실 때 매달린 십자가는 원래 바라바의 몫이었다. 그리고 죽은 후 장사지낼 때의 무덤은 아리마대 사람 요셉의 것이다. 이렇게 예수님은 모두 남의 것을 그때그때 잠시 빌려서 사용하다가 돌아가셨다.

이처럼 예수님의 생애는 어떻게 보면 '빌려 쓰신' 삶이다. 실상 모든 것의 주인이신 그분께서 아무것도 자신의 것으로 취하신 적이 없으신 무소유의 삶을 사신 것이다. 그렇게 사시다가 이제 모든 것을 내려놓고 무덤 속에 조용히 누워 계신다. 그러나 아직 끝난 게 아니다. 이제 3일만 있으면 인류 역사에 최대의 반전(反轉)이 일어나게 될 것이다. 인류 역사상 최초로 죽음(사망)을 이기는 '부활 사건'이 일어날 터이다.

그렇게 무덤 속의 시간은 흘러갔다. 저녁이 되면 즐거운 소리를 내며 제 집을 찾아가던 새떼들도 그 날만큼은 조용히 날아갔다. 예수님의 죽음 앞에 미물들도 숙연해진 것일까. 안식일이자 유월절을 맞는 저녁이 어둠 속에서 깊어만 갔고, 예루살렘 성 밖의 찬 기운이 무덤 주변을 맴돌았다.

16

예수님의 부활과 승천

부활하신 예수는 막달라 마리아를 만나고
두 제자와 열한 제자에게 나타나시네
너희는 온 천하에 이 복음을 전해라
믿고 세례받는 자는 구원을 얻으리라

예수께서 부활하심 (16:1-8; 마 28:1-10; 눅 24:1-12; 요 20:1-18)

안식일 예비일, 그러니까 그날 오후 6시가 되기 이전의 금요일 이른 저녁에 아리마대 요셉은 서둘렀다. 그날 해지기 전 두어 시간 동안에 하인들의 도움을 받아 부지런히 예수님의 장례 절차를 밟았다. 시신을 옮겨가려면 땅에 박힌 십자가를 뽑아 눕힌 후에 손과 발에 박힌 못을 빼고 시신을 옮기는 채비를 갖춰야 했다. 시신을 옮기는 일, 시신을 씻는 일, 시신에 몰약을 바르는 일 등, 장례에 필요한 일들을 제한된 시간에 하려면 시간이 아주 촉박했다.

고맙게도 같은 산헤드린(공회) 회원인 니고데모도 참석해서 장례식을 거들었다. 니고데모는 예수님의 몸에 바를 몰약과 침향(沈香) 섞은 것을 백 근쯤 가지고 와서 요셉을 도왔다. 정결한 세마포로 예수님의 시신을 감쌌는데, 이 세마포는 질이 좋고 깨끗한 아마 섬유(linen)다. 급한 대로 유대인의 장례법 규칙은 다 지킨 셈이다. 이리하여 예수님의 시신은 아리마대 요셉의 새 무덤에 안치되었다. 무덤 입구는 둥글고 평평한 큰 돌로 막아 들짐승들과 침입자들로부터 보호하였다.

이렇게 해서 안식일의 예비일(금요일) 이른 저녁(오후 6시 이전) 때에 서둘러 무덤에 장사지낸바 되신 예수님의 시신은 한두 시간가량이 흘러 이내 해가 저물자 무덤 안에서 안식일(토요일)을 맞게 된다. 고대 유대인들의 하루 계산법은 오늘날과는 달라서, 해가 진 늦은 저녁(오후 6시 이후)부터 그 다음날 늦은 저녁(오후 6시 이후)까지였다.

그리하여 안식일(토요일)이 끝난 늦은 저녁, 그러니까 예수님의 시신이 장사된 지 사흘째 되던 일요일, 막달라 마리아와 작은 야고보와 요세(요셉)의 어머니 마리아와 세베대의 아들들(야고보, 요한)의 어머니 살로메는 예수님의 시신에 발라 드리려고 향료를 사두었다.

'날이 밝아오는 대로 일찍 일어나 예수님의 시신에 향료를 발라 드려야지….'

세 여인은 날이 밝아오기를 학수고대하였다. 마침내 안식일 다음날(일요일) 동틀 무렵, 세 여인은 서둘러 일찍 일어나 다함께 총총걸음으로 예수님의 무덤으로 향했다.

"그런데 걱정이 있어요. 무덤 입구는 큰 돌로 막혀 있는데, 어떻게 무덤 안으로 들어가 향료를 발라 드리죠?"

"그러게요…. 나도 내내 그 생각이 들었는데…. 우리 셋이 힘을 합쳐도 돌을 굴릴 수 없을 것 같은데… 아, 어쩌죠?"

"그래도 일단 무덤 입구까지는 가보아요. 무슨 수가 생기겠죠."

예수님의 시신이 모셔져 있는 무덤으로 가면서 세 여인은 무덤 입구를 막은 큰 돌을 어떻게 치울지 서로 걱정하는 말들을 주고받았다. 더구나 유대의 종교 지도자들은 사흘 만에 다시 살아난다고 예언한 예수님의 말이 신경 쓰였고, 또한 그런 스승의 말을 거짓으로라도 실현시키려고 예수님의 제자들이 스승의 시체를 몰래 탈취할지도 모른다는 생각에,

안식일 후 첫날 새벽에 예수님의 무덤을 찾아간 여인들.

무덤 입구에 경비병들까지 세워둔 터였다. 그런 상황이니만큼, 세 여인은 예수님의 시신에 향료를 발라 드릴 수나 있을지 걱정하지 않을 수 없었다. 그런데….

"아앗! 이, 이게 어찌 된 일이야! 무덤을 막은 돌이 굴려져 있잖아!"

세 여인이 이런저런 걱정을 하며 무거운 마음으로 무덤 앞에 당도했을 때, 놀랍게도 예수님의 무덤을 막고 있던 큰 돌이 이미 저만치 옮겨져 있었다. 그런 광경을 보고, 여인들은 한편으론 놀라고 한편으론 기뻐하면서 조심스럽게 무덤 안으로 들어갔다. 가슴이 두근거렸다.

"아, 아니, 예수님의 시신이 사라지고 없어!"

무덤 안쪽의 평석 위에 놓여 있어야 할 예수님의 시신이 온데간데없었다. 더구나, 흰 옷을 입은 한 청년이 평석 오른편에 앉아 있는 것이 아닌가! 여인들은 너무나 놀란 나머지 입을 벌린 채 다물지 못했다. 흰 옷 입은 그 청년이 여인들에게 말한다.

"놀라거나 겁먹지 말아라. 너희가 지금 십자가에 못 박히신 나사렛 예수를 찾고 있구나. 이제 그분은 다시 살아나셨고, 여기에 계시지 않는다. 이리로 와서, 그분의 시신을 모셨던 자리를 확인해 보아라."

흰 옷을 입은 그 청년은 사실 천사였다. 예수님의 부활을 알려주기 위해 하늘나라에서 파견된 천사였다. 누가복음과 요한복음은 이때 여인들에게 나타난 천사가 두 명이라고 말한다. 특히 요한복음은 보다 구체적으로 흰 옷을 입은 두 천사가 있었는데, 한 천사는 예수님의 시신의 머리가 놓여 있었던 자리에, 다른 천사는 발치에 앉아 있었다고 기록하고 있다. 천사는 계속해서 세 여인에게 말한다.

"자, 이제 너희는 얼른 예수님의 제자들에게 가서 전해라. 베드로에게는 더욱 더 잊지 말고 전해야 한다. 그들에게 말하기를 '예수께서는 전에 말씀하신 대로 제자들보다 먼저 갈릴리로 가실 것이다. 그러니 거기로 가면, 그분을 뵐 수 있을 것이다.' 하여라."

천사가 특별히 베드로에게 꼭 알릴 것을 명한 까닭이 있다. 베드로는 예수님 생전에 종종 12사도의 대표이자 대변인이었고, 또한 예수님은 베드로의 신앙고백 위에 교회를 세울 것이라고 약속하셨다. 그런데 최근에 베드로는 예수님을 세 번씩이나 부인한 사실이 있었다. 그래서 예수님은 조만간 땅 위에 세워질 교회를 위해 베드로를 이전처럼 회복시킬 필요가 반드시 있었던 것이다.

"아, 아, 주님! 우리 주님이… 우리 주님이 다시 살아나셨다고요? 아, 정말로, 그런 일이…. 아, 주님…!"

천사의 말을 듣고 여인들은 너무나 놀라고 충격을 받아 어찌할 바를 몰랐다. 여인들은 예수님께 대한 순수한 애정과 신실한 섬김의 자세는 갖추었지만 부활에 관한 신앙은 아직 갖추지 못한 상태였다. 여인들은 겁에 질려 정신없이 무덤에서 도망쳐 나왔다. 너무나 놀라고 무서워 한동안 아무에게 어떤 말도 하지 못했다. 그러다가 시간이 조금 흐르고 마음이 진정되자 두려움은 큰 기쁨으로 변했고, 천사의 말에 따라 예수님의 부활 소식을 제자들과 베드로에게 전했다.

[참조 설명] 이하 언급되는 내용은 한글개역성경에 대괄호([ ]) 표로 묶여져 있다. 그 까닭은, 이 부분이 신약성경의 주요 사본들(시내산 사본, 바티칸 사본, 고대 라틴어 사본, 아르메니아 사본들, 조지아 사본들 등)에 모두 빠져 있기 때문이다. 그리고 이 부분에 사용된 문체나 등장하는 단어들은 이전 내용의 마가(Mark) 기록과는 뚜렷한 차이를 보인다. 따라서 대괄호로 묶여 있는 마가복음 16장 9~20절 부분은 마가의 직접 기록이 아닌 다른 사람에 의한 보충적인 내용이라고 봄이 타당할 것 같다.

아마도 마가복음을 접한 초대교회가 갑작스럽게 종결되는 책의 내용을 보고는 분명히 유실된 부분이 있다고 판단하여 나름대로 보충했다고 볼 수 있다. 그렇다고 하더라도 책의 전체적인 내용은 마가의 기록이 분명하므로, 이 책이 마가의 기록이라는 사실에 어떤 문제가 생기는 것은 아니다. 또한 보충된 종결부의 내용에 한 치의 신학적인 오류도 내포되어 있지 않을뿐더러, 도리어 다른 복음서의 병행 본문들과 조화를 이루면서 그것들의 내용을 충실히 보충해 주고 있기에 아주 소중하고 가치 있는 내용으로 인정받기에 충분하다.

막달라 마리아에게 나타나신 예수님(16:9-11; 마 28:9-10; 요 20:11-18)

[생전에 수차례 예고하셨던 대로, 죽은 지 사흘 만에 무덤에서 다시 살아나신 예수님! 그날(안식일 다음날인 일요일) 이른 아침, 부활하신 예수께서는 가장 먼저 막달라 마리아에게 자신을 나타내셨다. 그러니까 부활하신 예수님을 가장 먼저 목격한 사람은 '막달라 마리아'였다. 예수님은 안식일이 지난 첫날 이른 새벽에 무덤을 찾은 막달라 마리아에게 부활의 첫 모습을 보인 것을 시작으로, 이후 승천하시기까지 40일 동안 지상에 머물면서 제자들을 비롯하여 많은 사람들에게 자신을 나타내셨다.

막달라 마리아에게 나타나신 부활의 예수님.

예수님의 부활을 처음 목격한 영광의 주인공인 막달라 마리아, 그 이름은 '막달라 출신의 마리아'란 뜻이다. 이전에 일곱 귀신에게 사로잡혀 큰 고통을 겪다가, 예수님에 의해 치료받은 이후부터 초지일관 예수님을 줄곧 따르면서 정성껏 헌신하고 봉사한 신실한 여인이다. 한편, 막달라(Magdala)는 디베랴 북쪽 5km 지점의 게네사렛 평야 남단에 있는 갈릴리 지역의 4대 도시 중 하나로, 오늘날 '엘-메지델(el-Mejidel)'과 동일 지역으로 추정된다.

"예수님, 예수님이 다시 살아나셨어요! 제가 부활하신 예수님을 만났어요! 제 두 눈으로 똑똑히 그분을 목격하였고, 그분과 이야기도 나누었어요! 정말이에요! 우리 주님께서 부활하셨어요! 다시 살아나셨다고요!"

예수님의 부활을 처음 목격한 막달라 마리아, 처음에는 그녀 자신도 얼떨떨하고 놀랍고 두려워 도무지 믿을 수 없었다. 하지만 분명히 살아계신 모습으로 자신에게 말씀하고 계시는 예수님을 보고는 확신을 갖게 되었다. 그래서 그녀는 기쁨에 벅차올라 큰 슬픔에 잠겨 탄식하며 울고 있는 제자들에게로 힘껏 달려가 예수님의 부활 소식을 전해 주었다.

"마리아, 그런 소리 하지 말아요. 우리를 그냥 위로하려고 그런 말 하는 줄 다 알아요."

"마리아, 정신 차려요. 생각해 보세요, 어떻게 죽은 분이 다시 살아날 수 있겠어요. 아무리 슬퍼도 그런 기대는 하지 않는 게 좋아요."

막달라 마리아의 말을 전해 듣고 제자들은 저마다 고개를 가로 저었다. 누구도 믿지 않았고, 믿으려 하지도 않았다. 평소 신실하고 헌신적인 막달라 마리아가 그토록 진지하게 말하는데도, 제자들은 그저 슬퍼하고 낙담하는 자신들을 위로하려는 말이거니 생각했다. 그녀가 살아계신 예수님을 직접 뵈었고, 또 그분과 이야기까지 나누었다는 말을 듣고서도 누구도 그 말을 마음에 담지 않았다. 그런 제자들의 태도에, 막달라 마리아만 발을 동동 구르며 무척 답답해할 뿐이었다.

"아니에요, 정말이에요! 분명 예수님은 살아나셨다고요! 부활하셨어요! 제가 두 눈으로 똑똑히 보았다니깐요!"

두 제자에게 나타나신 예수님 (16:12-13; 눅 24:13-35)

무덤에서 살아나신 예수님은 막달라 마리아에게 처음 나타나신 후, 다른 여자들과 베드로에게도 나타나셨다. 그리고 한번은 시골길을 걷고 있던 두 제자에게도 나타나셨다. 이들 두 제자는 예수님의 죽음 이후에 크게 낙담한 나머지, 자기들의 고향으로 돌아가 제자로 부름받기 이전의 옛 생업으로 살아갈 작정이었다. 누가복음의 기록에 따르면, 두 제자 중 한 명의 이름은 '글로바'이고, 그들이 가려던 곳은 '엠마오'였다. 엠마오는 예루살렘에서 서쪽으로 12km 정도 떨어진 곳에 위치한 작은 마을이었다.

이때 예수께서는 부활하셔서 신령한 모습으로 나타나셨기 때문에, 두 제자는 낯선 모습의 예수님을 처음에는 알아보지 못했다. 예수께서는 두 제자와 함께 걸으면서 성경에 예언된 메시아 예수에 관해 풀이해 주고, 또한 그들과 함께 음식을 잡수시면서 축복의 말씀을 해주셨다. 그때에야 두 제자는 눈이 밝아져서 자신들과 동행한 그분이 예수님이신 줄을 비로소 알아보았다.

"맞아! 그분께서 엠마오 도상에서 우리에게 성경을 풀어주실 때에

엠마오로 향하던 두 제자에게 나타나신 부활의 예수님.

우리 마음이 활활 불타올랐어! 그래, 그분은 정녕 예수님이야! 아, 우리 주님께서 부활하셨구나!"

두 제자는 즉시 엠마오를 떠나 예루살렘으로 되돌아갔다. 그리고는 다른 제자들에게 자신들이 겪은 체험을 이야기하며 예수님의 부활을 전했다. 그러나 안타깝게도 제자들은 아무도 그들의 말을 믿지 않았다.

이처럼 당시 제자들의 신앙은 여리고 미숙했다. 십자가를 지시기 전에 예수께서는 제자들에게 자신의 부활을 수차례 예고하셨건만, 제자들은 그 말을 까맣게 잊고 여전히 예수님의 죽음만을 슬퍼하며 낙담하고 있을 뿐이었다.

부활하신 예수께서는 승천하시기까지 40일 동안 지상에 머물면서 여러 장소에서, 다양한 사람들에게 나타나셔서 자신의 부활을 확실히 증거하셨다. 성경의 기록을 종합하면, 그 나타난 순서대로 이러하다.

① 무덤에서, 막달라 마리아에게. ② 무덤에서, 다른 여자들에게. ③ 시몬(베드로)에게. ④ 엠마오 도상에서, 두 제자에게. ⑤ 다락방에서, 도마를 제외한 열 제자에게. ⑥ 다락방에서, 도마를 포함한 열한 제자에

게. ⑦ 갈릴리 바다에서, 고기를 잡고 있는 일곱 제자에게. ⑧ 갈릴리의 어느 산(다볼산?)에서, 열한 제자에게. ⑨ 500여 형제들에게. ⑩ 예수님의 육신적인 친동생 야고보에게. ⑪ 올리브산(감람산)에서 승천하실 때, 열한 제자에게.

세상에 복음을 전하라(16:14-18; 마 28:16-20; 눅 24:36-49; 요 20:19-23)

한번은 열한 제자가 다함께 모여 식사를 하고 있을 때였다. 본래 예수님은 열두 제자 곧 열두 사도를 두었지만, 스승을 배반한 가룟 유다는 양심의 가책을 이기지 못하고 스스로 목매어 죽었다. 그래서 이후에 새로운 한 명을 충원하기까지는 '열한 제자'가 전부였다.

예수님의 죽음 이후에 뿔뿔이 흩어졌던 열한 제자, 그들이 이때 한 자리에 전부 모인 것은 이런저런 경로로 예수님의 부활 소식을 전해 듣고는 반신반의하며 모여들었기 때문이다. 오랜 만에 전부 모인 제자들은 크게 반가워하며 서로 안부를 묻는 가운데 한창 식사를 나누고 있었다. 바로 그때, 부활하신 예수께서 그들에게 나타나셨다.

"얘들아, 너희 마음이 어찌 그리 무딘 것이냐! 내가 다시 살아났다고 분명히 전하였거늘 너희가 왜 믿지 않는 것이냐!"

제자들은 부활하신 스승님을 보면서 숨을 죽였다. 인류 역사상 처음 일어난 일을 두 눈으로 목격하고, 그 벅찬 감격으로 가슴이 터져버릴 것 같았다.

"자, 똑똑히 나를 보아라! 죽기 전에 내가 이미 말한 대로, 나는 무덤에서 사흘 만에 부활하였느니라."

열한 제자에게 나타나신 예수님은 자신의 부활을 믿지 않는 제자들의 믿음 없음과 무딘 마음을 꾸짖으셨다. 다시 살아나신 예수님을 보았다는 사람들의 증언을 제자들이 도무지 믿으려 하지 않았기 때문이다. 예수님은 제자들을 꾸짖으신 뒤, 자신이 다시 살아났다는 사실을 다시금 분명히 보여주셨다. 그런 뒤, 예수께서 제자들에게 힘차게 말씀하신다. 그 말씀은, 땅 위에 남아 있는 제자들에게 주시는 큰 사명임과 동시에, 복음 전도자가 될 그들에게 능력을 주시고 끝까지 보호해 주실 것이라는 약속이었다.

"자, 이제부터 너희는 온 세상을 두루 다니며 모든 사람에게 복음을 전파하여라. 너희가 전한 복음을 믿고 세례를 받는 사람은 구원을 얻을 것이다. 그러나 믿지 않고 거부하는 사람은 정죄를 받아 심판을 받을 것이다."

믿는 것(믿음)과 믿지 않는 것(불신)의 결과는 구원과 정죄로서 아주 대조적이다. 믿어야 할 것은 '복음'인데, 그 복음의 핵심은 '십자가'다. 즉, 하나님의 아들이신 예수께서 인류의 죄를 대신 짊어지고 십자가에 매달려 죽으셨다는 사실, 그래서 그분 예수님을 자신의 구주로 믿느냐, 믿지 않느냐가 구원을 얻어 영원한 생명을 얻느냐, 아니면 정죄를 받아 영원한 지옥 심판을 받느냐의 기준이 된다는 말씀이다.

그렇다면 복음을 믿으면 반드시 세례를 받아야 하는가? 세례에는 두 종류가 있다. 자신의 신앙을 회중 앞에서 공개적으로 고백함으로써 받는 '물 세례'와 예수 그리스도를 자신의 구주로 영접함으로써 받는 '성령 세례'가 그것이다. 믿는 자들이 물 세례와 성령 세례를 같이 받으면 가장 바람직하다. 그러나 구원과 영생에 이르는 결정적인 세례는 물 세례가 아니라 성령 세례다. 따라서 어떤 경우에 물 세례는 받지 못할 수는 있어도, 성령 세례는 반드시 받아야만 구원을 얻을 수 있다. 예수님의 말씀은 계속된다.

"보라, 믿는 사람에게는 놀라운 표적이 따를 것이다. 내 이름으로 귀신을 쫓아내고, 새 방언으로 말하며, 손으로 뱀을 만지거나 입으로 독을 마시더라도 전혀 해를 입지 않을 것이고, 또 병자에게 손을 얹으면 병이 나을 것이다."

열한 제자뿐만 아니라, 복음을 믿는 자들 모두에게 주어지는 참으로 놀라운 표적이다. 이때 표적(表跡, sign)은 단순한 이적이 아니라, 어떤 이적이 의미(meaning)를 내포한 상태를 말한다. 따라서 믿는 자들의 모든 표적은 오직 예수 그리스도의 이름으로, 곧 예수 그리스도의 능력과 권위에 힘입어 행사되어져야만 하는 것이다. 그런 놀라운 표적들 가운데 네 가지의 예가 특별히 언급되었다.

① **귀신을 쫓아냄.** 이 권능은 예수님 살아계실 때 이미 제자들에게 주어진 바 있다. 하지만 이후로는 모든 믿는 자들에게 보편적으로 주어질 것이란 약속이다. 따라서 이제 믿는 자들은 예수 그리스도의 능력에 힘입어 귀신을 능히 쫓아낼 수 있다.

② **새 방언으로 말함.** 새 방언은 '낯선 언어'를 뜻한다. 즉, 모국어가 아닌 외국어를 뜻한다. 예수님 승천 이후로 처음 맞는 오순절에 마가의 다락방에 모여 기도하던 120명의 신자들에게 성령이 임했을 때, 그들은 과연 각 나라의 새 방언으로 말할 수 있었다. 이때 새 방언을 알아듣지 못한 사람들은 이들이 술주정을 하는 것으로 오해했다.

③ **손으로 뱀을 만지거나 입으로 독을 마시더라도 전혀 해를 입지 않음.** 실제적인 한 가지 예는, 사도 바울이 로마로 호송되던 중에 폭풍을 만나 멜리데 섬에 표류되었을 때, 독사에 물리고도 멀쩡했던 사건이 있었다. 하지만 예수님의 이 약속은 실제적인 것이 아니고, 비유적인 것으로 보는 것이 좋다. 믿는 자들이 성령의 능력으로 충만한 권능을 받으면 신자들에게 해를 끼치는 뱀이나 독 같은 세상과 사탄의 공격으로부터 능히 보호를 받을 것이라는 의미다.

④ **병자에게 손을 얹으면 병이 나을 것임.** 병 고침은 예수께서 생전에

복음 사역을 하실 때 자주 행하셨던 표적이었다. 예수님의 승천 후에 이 은사는 제자들에게 주어져서 그들은 복음을 전하면서 많은 병 고침의 표적을 베풀었다. 특히 베드로나 사도 바울의 경우에는 죽은 자를 다시 살리는 놀라운 표적을 베풀기도 했다.

예수님의 이 같은 약속에서 주목해야 할 점이 있다. 이 약속은 일차적으로 열한 제자들에게 주어졌는데, 과연 그들이 활동하던 초대교회 당시에 약속된 표적들이 뚜렷하고도 왕성하게 일어났다. 그러나 교회가 차츰 안정되고 성경이 주어진 이후 세대부터는 복음 전도 시에 표적보다는 말씀이 더욱 우선시되는 경향을 띠게 되었다. 그래서 오늘날에는 약속된 표적들이 간혹 희미하게 나타날 뿐이고, 초대교회 당시처럼 뚜렷하거나 왕성하진 않다. 대신에 그런 표적들보다 더욱 능력 있는 말씀의 권세로 믿는 자들은 복음 전도의 큰 사명을 능히 감당할 수 있게 되었다.

예수께서 승천하심 (16:19-20; 눅 24:50-53; 행 1:9-11)

"그러므로 너희는 일어나, 온 세상을 두루 다니며 모든 사람에게 힘차게 복음을 전파하라. 내가 너희와 항상 함께 하겠노라!"

"오, 주님! 주께서는 정녕 다시 살아나셨습니다!"

그제야 제자들은 예수님의 부활을 믿고 감격에 겨워했다. 그들은 근심과 낙담을 떨쳐내고 새로운 힘을 얻게 되었다. 주 예수께서는 제자들에게 말씀을 마치신 뒤, 하늘로 들려 올라가셔서 하나님의 오른편 보좌에 앉으셨다. 무덤에서 부활하신 지 40일 만에 지상 사역을 최종 마무리 짓고 승천하신 것이다. 하나님의 아들 된 본래의 신분으로 되돌아가신 것이다.

"자, 자, 형제들! 우리 주께서 부활하신 게 확실하니, 이제 일어나 주께서 명하신 대로 복음을 전하러 나가도록 하세!"

부활의 확신을 갖게 된 제자들은 새로운 힘을 얻었다. 그들은 밖으로 나가서 각자 삼삼오오 흩어져, 온 땅을 두루 다니며 복음을 힘차게 전파했다.

과연 주께서는 항상 그들과 함께 하셨다. 그들이 주 예수 그리스도의 이름으로 복음을 전할 때마다 약속하신 대로 여러 가지 놀라운 표적이 뒤따르게 하셨다.

귀신들이 쫓겨났고, 새 방언이 혀에서 터졌으며, 병자들이 고침 받았고, 뱀과 독처럼 악하고 해로운 세상과 사탄의 권세가 깨뜨려졌다. 제자들의 발길이 닿는 세상 도처에서 그런 놀라운 표적들이 일어나게 하심으로써 예수님은 자신의 제자들이 전하는 복음이 참되다는 사실을 세상 사람들에게 확증해 주셨다.]

갈릴리 바다에 어둠이 몰려온다. 호수라고 하기에는 너무 크고, 바다라고 하기에는 너무 작은 갈릴리…. 그래서 사람들은 '갈릴리 바다'라고도 하고, '갈릴리 호수'라고도 한다. 그러나 제자들에게는 그런 이름이 별로 상관이 없다. 제자들에게 갈릴리 바다, 갈릴리 호수는 그냥 스승님과 이런저런 많은 추억이 깃든 정겨운 곳이다. 그곳에서 부르심을 받았고, 지난 3년 동안 쓴맛과 단맛을 두루 맛본 곳이다.

그것만이 전부가 아니다. 갈릴리 바다는 스승님에게서 반전이 있었듯이 제자들에게도 반전이 있는 곳이다. 그들은 이곳에서 다시금 큰 사명을 받았다. 그것은 더 큰 세상을 향해 복음 들고 힘차게 나아가라는 것이다. 그곳은 갈릴리 바다보다 백 배, 천 배, 아니 그보다 훨씬 더 큰 세상이다. 그렇게 큰 세상이라는 바다를 향해 이제 제자들은 출항 준비를 갖추고 있다. 3년 전에는 물고기를 잡는 어부였지만, 지금은 그런 어부가 아니다.

지금은 물고기 대신에 '사람'을 낚는 어부로 탈바꿈했다.

사람을 낚는 어부. 참 멋진 말이다. 누가 이런 멋진 인생을 주었을까. 예수님, 부활의 예수님이다. 그들이 나가는 세상 바다는 갈릴리 바다보다 훨씬 큰 만큼, 그 크기만큼이나 고난도 위기도 클 터였다. 그러나 그들은 이미 학습된 사람들이다. 성난 갈릴리 바다를 잔잔하게 하셨던 예수께서 그들과 항상 동행하시며 건져주실 것이고, 갈릴리 바다에서 153마리의 튼실한 고기를 잡게 해주시던 그분께서 세상 바다에서도 수많은 사람들의 영혼을 얻도록 도와주실 것이다.

갈릴리 호수는 이미 어둠에 숨어 가늠이 되지 않는다. 그러나 제자들은 안다. 이제 어둠이 걷히면 동녘 하늘에 찬란한 새벽이 밝아올 것이고, 그러면 새 아침을 맞아 십자가 복음을 품고 세상 바다를 향해 힘차게 나아가야 한다는 사실을…. 저 멀리서 부활하신 주님께서 어서 오라고 손짓을 한다. 제자들의 가슴에 뜨거운 열정이 활활 타오른다.

● 감수자의 말

말씀을 공연(公演)하여 사건 현장을 체험하게 하는 스토리텔링 성경

민영진

감리교신학대학교 교수 역임

대한성서공회 번역실장, 총무 역임

세계성서공회연합회 번역컨설턴트 역임

스토리텔링 성경 마가복음은 로마군대의 중간급 장교 백부장(百夫長)을 소개한다. 그는 휘하에 100명의 군인을 거느리고 통솔한다. 그는 예수의 마지막 금요일의 매 순간을 지켜본 사람이다. 예수가 빌라도 앞에서 재판을 받는 모습, 사형선고를 받아 채찍질과 조롱을 당하면서도 품위를 잃지 않는 모습, 골고다 형장에 끌려온 뒤 십자가에 매달려 있는 고통의 순간에도 하나님께 기도하고 원수를 용서하는 모습, 숨을 거두면서 부르짖는 모습, 등을 낱낱이 지켜본 목격자다. 그리고 그가 했다고 하는 말 한마디, **"보라, 이 사람이야말로 진실로 하나님의 아들이다!"**(막 15:39b, 『스토리텔링 성경』)가 우리에게 전해지고 있다. 백부장이 로마 사람이니까 "로마 말"(이탈리아어)로 말했을 것이다. 그것이 히브리어나 아람어로 통역되어 구전(口傳)되었을 것이고, 어느 단계에서 그리스어로도 통역되어 구전되다가 기록(記錄)으로 정착, 본문이 되었을 것이다.

2019년 12월 31일 현재, 세계 70억 인구가 쓰는 7천여 개 언어

중에서 3,395개 언어의 언중(言衆)이 자기들의 말로 번역된 백부장의 말을 읽고 있다. 스토리텔링 성경을 출간하는 같은 출판사에서 나온 『쉬운말 성경』(성서원, 2012)은 백부장의 말에 예수에 대한 존경을 한껏 더 나타내는 표현을 하고 있다. **"이분이야말로 참으로 하나님의 아들이셨다!"**라고 번역하기 때문이다. 문장 끝에 마침표가 아닌 느낌표를 붙여 그가 얼마나 감격했는지를 독자들이 느끼게 하는 것은 두 번역이 다 같다. 그러나 예수를 "이 사람"이라고 하지 않고 "이분"이라고 하고, "하나님의 아들이다"라고 하지 않고 "하나님의 아들이시다"라고 하여, 두 번역 사이에 백부장이 예수를 대하는 존대(尊待)의 정도가 서로 다른 것을 독자들은 감지한다.

그러나 우리 독자들은 여전히 모른다. 이 말이 다만 백부장의 속마음을 읽은 것이었는지, 혼자 중얼거린 독백(獨白)이었는지, 주변에 같이 있던 여러 군인까지 다 들으라고 크게 외친 말인지(그래서 그가 이런 말을 했다고 알려진 것일 테니까), 어느 정도로 크게 말했는지, 마가의 본문이 우리에게 백부장의 목소리까지는 들려주지 않는다. 여러 언어 번역자에게서 백부장의 말이 굴곡되듯이, 이 장면이 공연(公演)되는 사극(史劇)이나 대하드라마에서는 공연자를 통해서 말씀이 또 다시 굴절될 것이다. 어떻게 굴절되느냐 하는 것은 『스토리텔링 성경』 작가들의 문학적 기교에 달려 있다. 현재까지는 이런 문제에 제일 절실하게 관심을 가지고 실험을 거듭하는 주체는 성서원의 『스토리텔링 성경』 작가들일 것이다. 벌써 12권째다. 성서원의 『스토리텔링 성경』은 성경에 등장하는 인물들의 목소리를 전달하는 일에 크게 공헌할 수 있다. 오직 이 작가들만이 그들이 전개하는 이야기에 등장인물들의 목소리를 독자들에게 스며들게 할 수 있다.

때로 세심하게 사용되는 구두점(句讀點)도 말하는 이의 억양(抑揚)을 상상할 수 있게 한다. 예를 들면, 광야까지 주님을 따라온 청중들이 먹거리가 떨어져 굶는 상황에 직면했을 때의 일이다. 예수께서 그들을 굶은 채로 돌려보내면 길에서 쓰러질 거라면서 그들에게 먹을 것을 가져다주라고 제자들에게 말씀하시자, 제자들은 시큰둥해져서 선생님에게 대들듯이 볼멘소리로 말한다. **"이 빈들에서, 어느 누가, 무슨 수로, 이 모든 사람이 먹을 빵을 장만할 수 있겠습니까?"**(막 8:4, 『새번역 성경』). 어느 독자는 이 대목을 절묘한 번역이라고 평가한다. 이 구절이 제자들의 속내를 고스란히 드러내 보여주고 있다는 것이다. 무리가 겪는 배고픔의 문제는 자기들이 풀기에는 너무 큰 문제라는 것이다. 그들은 오지랖 넓은 그들의 스승 예수가 불편하다. 그래서 그들의 스승더러 현실을 직시하라고 이렇게 **스타카토** 식으로 [세 개의 쉼표를 써서] 말한다는 것이다. 여기 물음표는 질문(質問)이 아니라 트집 잡아 따지고 묻는 힐문(詰問)에 가깝다는 것이다. [『사랑의 레가토: 김기석 목사의 365일 날숨과 들숨 2』, 307-308 (꽃자리, 2020) 참조.]